W0175571

Dieter Seibert

Silvretta und Samnaun

Berge, Täler
Touren
Geschichte

Silvretta

Dieter Seibert

und Samnaun

rosenheimer

Titelbild: Blick in den Talschluß des Val Lavinuoz in der
Südsilvretta mit dem Dreigestirn Chapütschin (links),
Verstanclahorn, Torwache (Bildmitte).

Aufnahme der Seiten 2 und 3:
Der Piz Buin über dem inneren Val Tuoi.

Aufnahme der Seiten 6 und 7:
Piz Malumrainza und Muttler (links hinten)
von Südosten.

Aufnahme rechts:
Die Ballunspitze, das Wahrzeichen von Galtür
im Winterkleid.

Bildnachweis:
Gerhard Dierza: Seiten 75, 79, 87/2; Siegfried Garnweidner:
Seite 82; Lisa Gensetter: Seiten 18/19, 23, 58, 59, 71, 98/99,
118/19; Dieter Seibert: Seiten 2/3, 4/5, 6/7, 10/11, 12, 13, 14,
16/17, 21, 24/25, 27, 28/29, 30, 38/39, 43, 45, 47, 50/51, 54/
55, 57, 61, 63, 64, 65, 66/67, 69, 73, 74, 76, 77, 85, 87, 90/91,
93, 94/95, 101, 102/3, 104, 106/7, 108, 109, 112, 112/13, 113,
114/15, 121, 122, 123, 126/127; Paul Werner: Seiten 34/35;
Franz Zengerle: Seiten 80/81.

Dieses Buch wurde mit aller Sorgfalt geschrieben und
bebildert. Dennoch müssen alle Angaben ohne Gewähr
erfolgen. Weder dem Autor noch dem Verlag ist es
deshalb möglich, für Nachteile oder Schäden, die aus
den gemachten praktischen Hinweisen resultieren, eine
Haftung zu übernehmen.

ISBN 3-475-52675-1
© 1991 by Rosenheimer Verlagshaus

Dieses Buch erscheint in der Reihe »Rosenheimer Raritäten«
im Rosenheimer Verlagshaus Alfred Förg GmbH & Co. KG,
Rosenheim. Es wurde gesetzt von der Firma Typo-Kratzl in
Freising. Den Druck und die Bindung besorgte der
Landesverlag Druck in Linz, die Lithografie der
Farbabbildungen fertigte Color Line in Verona.
Den Umschlag gestaltete Ulrich Eichberger, Innsbruck,
unter Verwendung von Fotos von L. Gensetter,
S. Garnweidner und D. Seibert.

Inhalt

Silvretta und Samnaun

Unser Buch soll nicht die Gebietsführer für diese beiden Zentralalpen-Gebirge ersetzen, die sich durch eine besondere Mannigfaltigkeit auszeichnen.

Diese Vielfalt von den großen, berühmten Gletscher- und Felsbergen über die fast unbekannten Hochtäler, Blumenmatten, Bergseen, Zackengrate usw. bis hin zu den Bergbauernsiedlungen in oft wahrhaft extremer Lage ist das eigentliche Thema. Die damit geweckte Neugier kann und soll der Leser bei eigenen Unternehmungen befriedigen. Es werden ihm eine Fülle von Anregungen serviert; diese wenden sich an alle, an den Bergsteiger, den Skitouren-Begeisterten, den Liebhaber des Stillen und Ungewöhnlichen, den Neugierigen, der Fremdes entdecken will, den Freund alter Kulturen und Strukturen…

Gebirge der Gegensätze

Die Silvretta – das Gebirge der Gletscher und der dunklen, zu Türmen und Zacken verwitterten Felsgipfel! Im Sommer kommen die Bergsteiger in Scharen, ebenso zur Skitourenzeit. Ziele wie der Piz Buin und die Dreiländerspitze, Alpenvereinshäuser wie die Jamtalhütte tragen berühmte Namen. Die Samnaungruppe mit den mächtigen, steilen Schieferbergen im Süden und den fast »gemütlichen« Blockgipfeln im Norden hingegen lockt vor allem mit ihren Gala-Pistengebieten wie Idalpe, Alp Trida und Komperdell. Doch das Bekannte, Beliebte, Bevölkerte ist nur das eine Element. Ruhe, ja Einsamkeit – unmittelbar daneben! – bestimmen in gleicher Weise den Charakter dieses Gebietes. Hütten mit Menschengedränge, völlig unberührte seengeschmückte Hochkare, lebhafte Ferienorte und Bergbauernhöfe in exponierter Lage – alle Elemente zusammen liefern erst ein vollständiges Bild unserer Bergregion!

In kurzen Worten die auffallendsten Gegensätze:

✳ Die Täler rundum werden von drei ganz unterschiedlichen Volksgruppen bewohnt: Bajuwaren (Tirolern), Alemannen (Vorarlbergern, Prättigauern) und Rätoromanen.

✳ Es gibt ungewöhnliche klimatische Unterschiede. Der Nordwesten liegt im Staubereich mit ergiebigen Niederschlägen, das Unterengadin hingegen zeichnet sich durch relative Trockenheit aus.

✳ Die Zentralsilvretta gehört zum stark Vergletscherten, während die Kämme rundum, vor allem jene im Süden und die Samnaungruppe, nahezu eisfrei bleiben.

✳ Die Gesteine im Südosten des Gebietes heben sich deutlich vom Übrigen ab; hier herrschen Kalke und Bündnerschiefer vor, dort bestimmen vor allem die Gneise das Bild.

✳ Selten stehen ausgesprochen beliebte und einsame Bergregionen so unmittelbar nebeneinander wie in Silvretta und Samnaungruppe!

Dieses erste Kapitel wendet sich vor allem an den Liebhaber unserer Bergwelt, der mit offenen Augen unterwegs ist, der die Eigenschaften, ja Eigentümlichkeiten kennenlernen will. Wie überall in den Alpen gilt auch hier: Je länger man sich mit einem Gebiet beschäftigt, desto mehr Neues, Reizvolles drängt sich geradezu auf. Das möchte man noch anschauen, jenes erkunden…

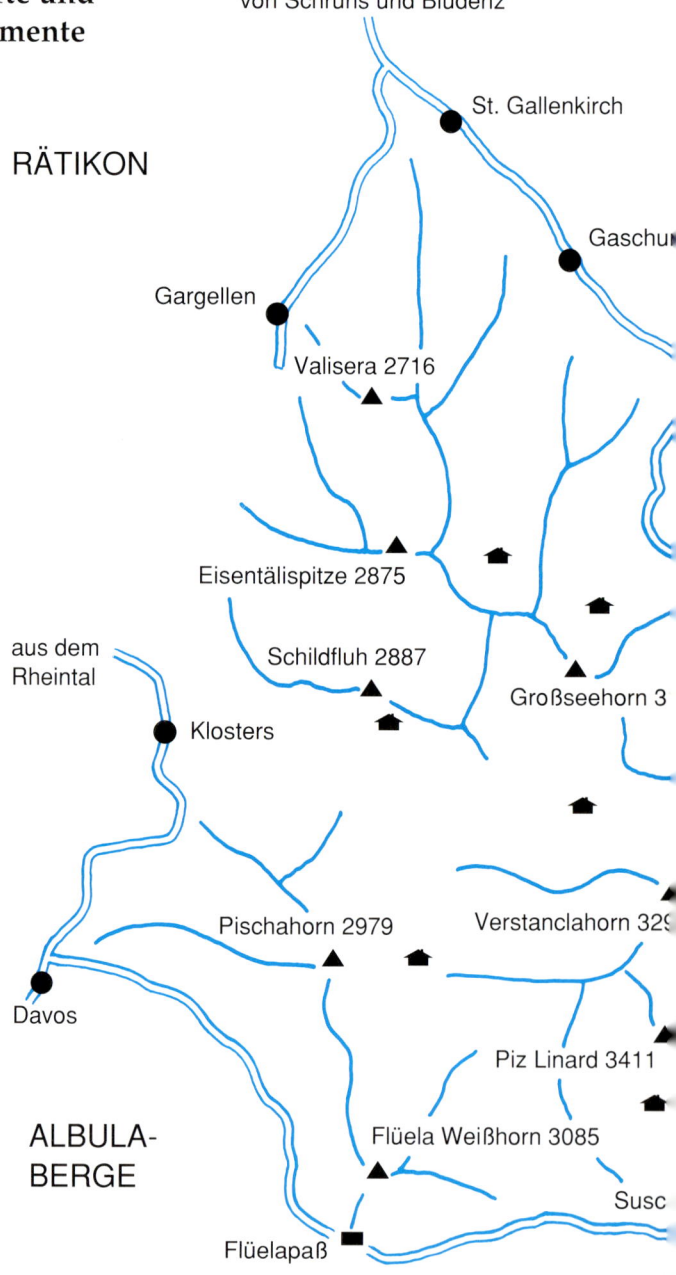

von Schruns und Bludenz

St. Gallenkirch

RÄTIKON

Gaschu

Gargellen

Valisera 2716

Eisentälispitze 2875

aus dem Rheintal

Schildfluh 2887

Großseehorn 3

Klosters

Pischahorn 2979

Verstanclahorn 329

Davos

Piz Linard 3411

ALBULA-BERGE

Flüela Weißhorn 3085

Susc

Flüelapaß

Damit sind weniger berühmte und spektakuläre Ziele gemeint. Piz Buin und Dreiländerspitze, Jamtal- und Wiesbadener Hütte, Davos, Galtür und Silvretta-Hochalpenstraße mit der Bielerhöhe zählen gewissermaßen zum Allgemeingut. Dafür ist keine Werbung, kaum ein Vorstellen nötig. Sehr viele Menschen bevölkern einige wenige Teilbereiche, das weite Bergland rundum aber bleibt für einen kleinen Rest als Tummelfeld und unbegrenzter Spielplatz frei.

Ist nicht der homo ludens, der »spielende Mensch«, der Glücklichste unter den Bergsteigern? Das Entdecken kann bei ihm zur lebenslangen Leidenschaft werden. Er findet immer wieder einen neuen Gipfel, den er so gerne besteigen möchte, einen unbekannten Zackengrat als faszinierende Kletteraufgabe, ein Hochkar mit verträumten Bergseen in voller Abgeschiedenheit. Aber auch die kleinen Dinge können ihn fesseln, die »vergessenen« Bauernhöfe, hoch oben am Hang klebend, wie etwa Gstalden (1715 m) im Tiroler Samnauntal, die

typische Trockenflora über dem Inntal, wilde Schluchten, die niemand beachtet… Er ist es, der auch in einem Tal, das scheinbar wenig bietet, wie das Inntal zwischen Ried und Schalkl an der Grenze zur Schweiz, immer Neues entdeckt und erforscht.

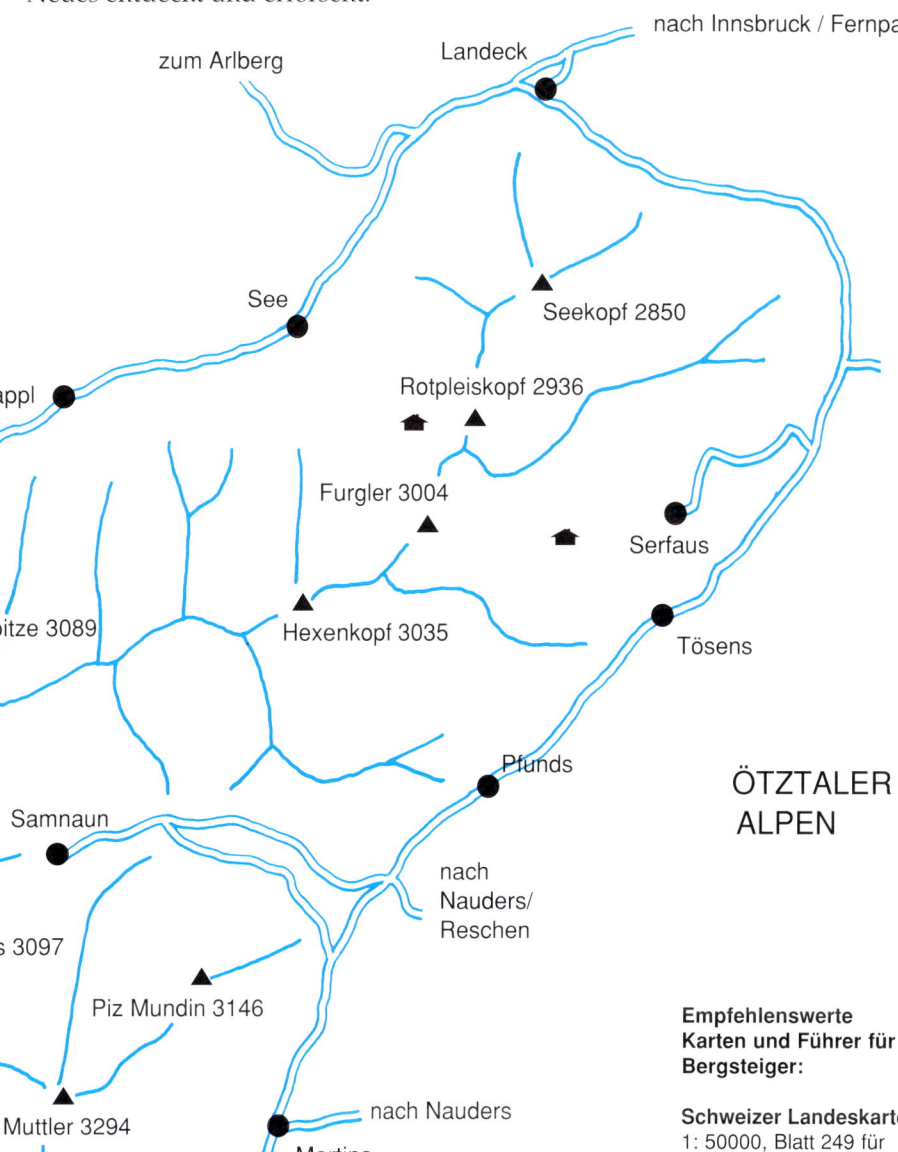

Empfehlenswerte Karten und Führer für Bergsteiger:

Schweizer Landeskarte, 1: 50000, Blatt 249 für fast die gesamte Silvretta und die Südgruppe der Samnaunberge, Blatt 248 für die Westsilvretta. **Alpenvereinskarte,** 1: 25000, Blatt Silvretta für die zentrale Silvretta. **Österreichische Karte,** 1: 50000, Blatt 144 und 171 für die nördliche Samnaungruppe. **Alpenvereinsführer,** Band Silvretta und Band Samnaun (nicht in allem wirklich zuverlässig).

Angaben und Zahlen

Silvretta und Samnaungruppe gehören zu den ostalpinen Zentralalpen. Geographisch bilden sie deutlich eine Einheit, die Grenzen sind besonders klar und ausgeprägt. Man muß lediglich »dreieinhalb« Pässe aufführen, um die Abgrenzungen zu den Nachbargebirgen festzulegen: Zeinisjoch (1842 m) zum Verwall, Schlappinerjoch (2202 m) zum Rätikon, Flüelapaß (2383 m) zu den Albulabergen. Und schließlich gibt es noch die Höhe von Wolfgang (1631 m) zwischen Klosters und Davos, ein ganz unauffälliger Paß, der die Verbindung zwischen Silvretta und Plessurer Alpen herstellt.

Die Scheide zwischen unseren beiden Gebirgen hat hingegen schon zu Streitereien geführt. An der heutigen Festlegung mit Fimbertal – Fimberpaß – Val Chöglias/Sinestra sollte man nicht mehr rütteln, um keine unendliche Geschichte daraus zu machen. Dabei könnte man durchaus über manches diskutieren:

✴ Aus dem historischen Blickwinkel bildet der Cuolmen d'Fenga, der Fimberpaß (2608 m), dieser schon im Mittelalter viel benützte Übergang, die ideale Grenze. Betrachtet man die Sache aber rein geographisch, dann kommt dem benachbarten Pass dals Gips (2593 m) diese Rolle zu. Er ist niedriger und als Übergang direkter.

✴ Man kann die Frage aber auch geologisch untersuchen. Dann steht die Grenze der Fuorcla da Tasna (2830 m) zu. Sie trennt die Felsberge im Westen von den Schieferbergen im Osten, falls man das so vereinfacht ausdrücken darf.

Unsere beiden von Nordosten nach Südwesten ziehenden Gebirge sind zusammen etwa 68 km lang und bis zu 20 km breit. Die Silvretta erreicht mit dem Piz Linard

So sieht die typische Silvretta-Landschaft aus: weite Gletscherflächen mit Spalten und dunkle, zerklüftete Felsgipfel. Blick vom Tirolerkopf über den Jamtalferner auf die Gemsspitze.

(3411 m) ihre größte, am Zusammenfluß von Ill und Suggadinbach bei St. Gallenkirch im Montafon mit 830 m die geringste Höhe. Für die Samnaungruppe bilden der Muttler (3294 m) und die Mündung der Sanna in den Inn (800 m) bei Landeck die Extreme.

Berücksichtigt man nur Berge von einer gewissen geographischen Selbständigkeit, dann kann man für das Silvretta- und Samnaungebiet gut 150 Gipfel angeben. Rechnet man alles mit einem eigenen Namen, dann kommt man leicht auf die doppelte Zahl. Die Dreitausender sind in der folgenden Liste zusammengestellt.

Bizarre, schiefrige und behäbige Berge

Keine andere Gruppe der österreichischen Zentralalpen kann in dieser Beziehung konkurrieren: bis in den allerletzten Nebenkamm bleibt die Landschaft der Silvretta stets malerisch. Das Kleinräumige sorgt dafür, ebenso – es gibt ja keine großflächigen Hochkare, keine ungegliederten Plateaus – die schroffen Gipfelformen. Jeder einzelne Berg zeigt seine Wände, seine Zackengrate,

	Die selbständigen Dreitausender (Si=Silvretta, Sa=Samnaunberge)						
1.	Piz Linard	Si	3411	29.	Großlitzner	Si	3109
2.	Fluchthörner	Si	3399	30.	Piz Zadrell	Si	3104
3.	Piz Buin	Si	3312	31.	Tirolerkopf	Si	3103
4.	Verstanclahorn	Si	3298	32.	Piz Sagliains	Si	3101
5.	Muttler	Sa	3294	33.	Rauher Kopf	Si	3101
6.	Piz Fliana	Si	3281	34.	Piz Urschai	Si	3097
7.	Kleiner Piz Buin	Si	3255	35.	Piz Rots (Vesilspitze)	Sa	3097
8.	Stammerspitze	Sa	3254	36.	Zahnspitze	Si	3096
9.	Silvrettahorn	Si	3244	37.	Vesulspitze	Sa	3089
10.	Chapütschin	Si	3232	38.	Flüela Weißhorn	Si	3085
11.	Augstenberg	Si	3228	39.	Breite Krone	Si	3079
12.	Schneeglocke	Si	3223	40.	Piz Minschun	Si	3068
13.	Westliches Plattenhorn	Si	3220	41.	Verstanclaköpfe	Si	3058
14.	Torwache	Si	3220	42.	Hinterer Satzgrat	Si	3058
15.	Schnapfenspitze	Si	3219	43.	Ochsenkopf	Si	3057
16.	Signalhorn	Si	3210	44.	Piz Mutera	Si	3044
17.	Schattenspitze	Si	3202	45.	Piz Malmurainza	Sa	3038
18.	Östliches Plattenhorn	Si	3200	46.	Hexenkopf	Sa	3035
19.	Dreiländerspitze	Si	3197	47.	Kleines Seehorn	Si	3032
20.	Krone	Si	3188	48.	Bürkelkopf	Sa	3032
21.	Piz Tasna	Si	3179	49.	Piz Cotschen	Si	3030
22.	Jamspitzen	Si	3178	50.	Piz Davo Lais	Si	3027
23.	Gletscherkamm	Si	3173	51.	Vorderer Satzgrat	Si	3022
24.	Rotfluh	Si	3166	52.	Piz Fless	Si	3020
25.	Piz Mundin	Sa	3146	53.	Gemspleisspitze	Si	3015
26.	Großes Seehorn	Si	3121	54.	Finsterkarspitze	Si	3012
27.	Chalausköpfe	Si	3120	55.	Piz Larain	Si	3009
28.	Gemsspitze	Si	3114	56.	Furgler	Sa	3004

*Rechte Seite:
In den südlichen Silvretta-
und Samnaunbergen sind
die Bündnerschiefer das
bestimmende Gestein.
Trotz des scheinbaren
Fehlens von Humus gibt
es eine üppige Flora.
Dieser Mannsschild stand
in 2900 m Höhe!*

Felslandschafts-Ausflüge

Breite Krone, 3079 m
Interessanter Kontrast
zwischen der Schiefer-
Landschaft im
Vordergrund und den
Gneisbergen wie Krone,
Zahnspitze und
Fluchthörner. Von der
Heidelberger Hütte flach
nach Süden, dann
halbrechts über Schutt-
und Schneehänge ins
Falsche Kronenjoch und
links auf den Gipfel,
Pfadspuren, 2 3/4 Std.

Blockwildnis und Gletscherschliffe

Von der Bielerhöhe ins
Bieltal und bis zur
Einmündung des zweiten
Baches von Osten in
2200 m Höhe. Pfadlos im
Süden dieses Baches
über eine Steilstufe zur
Hangterrasse unter der
Madlenerspitze. Auf ihr
nach Süden allmählich
empor über Gras,
Gletscherschliffe und ein
Riesenblockfeld bis ins
Hochkar mit Seeli
(2640 m), 2 1/2 Std.

Gletscher-Aussichtspunkte

Grüne Kuppe, 2579 m
Jenseits des Vermunt-
baches, 40 Min. ab
Wiesbadener Hütte,
ganz nahe die großen
Eisbrüche des
Ochsentalergletschers
und die Wände des
Silvrettahorns.

*Das wichtigere Gestein
der Region aber sind die
Silvrettagneise, die oft
riesige Blockfelder bilden.
Das kantige Stück auf dem
Foto ist etwa 3 m lang!*

auch die sogenannten Kleinen mausern sich zu echten Persönlichkeiten. Viele Ziele lassen sich nur mit Kletterei erreichen, selten erscheint sonst das »mäßig schwierig« für den Normalweg so häufig wie hier. Mehrere Berge, etwa der Großlitzner oder die Zahnspitze, sind auf der einfachsten Route sogar ein Dreier.

Wenn sich die Silvretta dennoch schlechter fotografieren läßt als etwa die Dolomiten, dann liegt das an den harten Kontrasten. Über dem Schnee der Gletscher und Hochkare wirkt der Fels noch dunkler; schön zum Anschauen, ungünstig für das Foto.

Verschiedenartige Gneise der sogenannten Silvrettadecke bauen unsere bizarren Gipfel auf. Das im Zusammenhang mit den Gesteinen scheinbar so unglückliche Wort »Decke« paßt hier ausgezeichnet. Denn das Silvrettakristallin lagert nicht nur auf anderen Schichten, es wurde regelrecht darübergebettet. Bei der Alpenfaltung schob sich das bis zu 120 km breite Gesteinspaket von Südosten kommend in die heutige Lage. Man muß einmal etwa von der Jamtalhütte zu den Gipfeln hinaufschauen, um sich die Mächtigkeit derartiger »Pakete« vorstellen zu können; dabei ist das Sichtbare nur jener bescheidene, zerklüftete Rest, den 50 Millionen Jahre Verwitterung und Abtragung übriggelassen haben.

Das »Unterengadiner Fenster« lieferte den Geologen den Beweis für die sogenannte Deckentheorie, für dieses Verschieben riesiger Gesteinsmassen auch über größere Entfernungen. In der Südostsilvretta kommen nämlich unter dem kristallinen Gestein Schiefer- und Kalkschichten zum Vorschein, die geologisch viel jün-

ger sind. Bei den Fluchthörnern lagert das kristalline Gestein noch in dicker Schicht über den auf der Fimberseite deutlich sichtbaren Kalken. Am Kronemassiv ist es zu einem Rest, zu einer Art Felsruine, zusammengeschmolzen, reichen doch die Schieferböden bis unmittelbar unter die Gipfelwände, während der Piz Tasna dann schon ganz zu den Bündnerschiefern gehört.

Hier, im Grenzbereich von Silvretta zu den Samnaunbergen, beginnt eine Landschaft ganz neuer Prägung. Die schon erwähnten Schiefer sorgen für die weiten Schuttflächen, für die abgerundete Form der Grate, für zwar steile Hänge, doch wenige richtige Wände, während die Wasserläufe als Schluchten besonders scharf ins Gelände eingeschnitten sind. Die 1000 m hohe Nordwestflanke des Muttlers, ein glatter, aber felsloser Riesensteilhang aus Schutt, bietet in den Ostalpen einen wahrlich ungewohnten Anblick. Der Ruf der Schieferberge ist schlechter, als es den Gegebenheiten entspricht. Zwar wird keiner die erwähnte Muttlerflanke begehen, doch führen über die Grate durchaus lohnende Anstiege. So gehört der Westgrat des Piz Rots gewiß zum Schönen, falls man eine Route ohne Kletterei sucht.

Im Nordflügel der Samnaunberge ändert sich dann das Bild noch einmal grundlegend. Das Bizarre der Silvrettagipfel ist hier behäbigeren Formen gewichen, breiten Bergen mit Steilgras, Schrofen, Wänden und den obligatorischen Blockgraten, die den Unternehmungslustigen zu langen Überschreitungen anregen. Das wären einsame Touren ohne Steige (meist auch ohne größere Schwierigkeiten), denn hier sind die Bergsteiger nur auf den üblichen Wanderwegen unterwegs.

Gletscher und Bergseen, Schnee und Trockenheit

Der Jamtalferner gehört durchaus schon zu den stattlichen Gletschern mit einem Höhenunterschied bis zu 700 m. Und doch ist der höchste Gipfel der Umrahmung, die Dreiländerspitze, nur 3197 m hoch. Das Aussehen eines Gebietes hängt nie vom Zufall ab; ganz klare Gesetzmäßigkeiten sorgen dafür. Dem westlichen Teil der Zentralsilvretta verhilft die Lage zum auffallenden Schneereichtum. Er gehört, wie ganz Vorarlberg und das Prättigau, zur niederschlagsreichen Weststauzone.

Der lange Kamm zwischen Vermunt und Ochsental auf der einen, dem Jamtal auf der anderen Seite bildet eine Art Zwischenwetterscheide, die Grenze des ausgeprägten Staubereichs. Ein bezeichnendes Beispiel dazu: An einem Tag mit Nebel und leichtem Schneetreiben hatten wir unsere eigentlich problemlose Skitour zum Ochsenkopf schon bald über der Wiesbadener Hütte aufgeben müssen, während zur gleichen Zeit drüben im benachbarten Jamtal immerhin eine Besteigung des viel weiteren und anspruchsvolleren Augstenberges möglich war. Man kann auch auf der Karte die Vergletscherung der Getschnerspitzen und jene (nicht vorhandene) der höheren Finsterkarspitze vergleichen, um die Unterschiede festzustellen.

Fast gegensätzliche Bedingungen herrschen im Unterengadin. Die Leelage, also die Lage im Niederschlagsschatten hinter den hohen Bergkämmen, sorgt für relativ geringe Schnee- und Regenfälle, dafür gibt es mehr Sonnenschein. Unsere Vergleichszahlen zeigen das am deutlichsten:

	Jahresniederschlag in cm
Unterengadin	65
Klosters	125
Gebiete am Alpennordrand	bis über 170

Auch hier untermauert ein Blick auf die Karte das Gesagte: Nicht nur der Piz Minschun bei Scuol mit seinen 3068 m ist gletscherfrei, das trifft sogar für den Muttler

Gewaltige Spalte auf dem Ochsentalergletscher.

Die fünf größten Gletscher in der Silvretta

	Länge	Breite	Höhenunterschied
Silvrettagletscher	3,2 km	1,6 km	600 m
Ochsentalergletscher	2,7 km	1,5 km	740 m
Vermuntgletscher	2,2 km	1,3 km	600 m
La Cudera	2,0 km	1,6 km	500 m
Jamtalferner	2,3 km	3,0 km	680 m
Larainferner	1,8 km	1,6 km	650 m

14

(3294 m) zu. Die gesamte Landschaft wird von der relativen Trockenheit geprägt, so zeigt auch die Flora die typischen Merkmale (siehe Seite 120).

Doch zurück zu den Gletschern. Sie schaffen die schönste, eindrucksvollste Landschaft in der Silvretta. Mit wenigen Ausnahmen schmiegen sie sich in die Becken und Hochkare, sind eher flach, warten aber doch fast alle mit Spaltenzonen auf. Einen richtigen Steilgletscher gibt es nur in der Laraintalflanke der Schnapfenspitze, und Eiswände findet man überhaupt keine, denn die Nordseiten, etwa der Schneeglocke oder des Piz Fliana, kann man nur als Eisflanken einstufen. Doch in der Schweizer Silvretta hängen immerhin die Eisfelder noch zusammen und bilden ein paar schöne Gletscherpässe wie das Verstanclator und den Silvrettapaß.

Natürlich darf einen richtigen Gletscher nur der entsprechend angeseilte Bergsteiger betreten. Dem »darf« haftet in diesem Fall nichts Schulmeisterliches an, denn die Spalten sind die tückischste Gefahr im Hochgebirge überhaupt. Trotzdem hat sich auch mancher Bergwanderer schon zum Gletscher-Liebhaber entwickelt. Nein, das ist keine Aufforderung zum Leichtsinn; es geht ja nur um das Anschauen von einer möglichst nahen und günstigen Aussichtswarte. Oberhalb der Wiesbadener Hütte gibt es zum Beispiel einen Platz, der drei Sterne verdient: die Grüne Kuppe (2579 m) mit ihrem faszinierenden Blick auf den großen Eisbruch des Ochsentalergletschers.

Zum Thema Gletscher gehört auch der ganz besondere Schmuck unserer beiden Berggruppen, die Hochgebirgsseen. Waren es doch die einstigen Eisströme, die die Moränenwälle aufhäuften oder die entsprechenden Senken ausschürften und damit das Gelände für die Bergseen schufen. Man wird es im ersten Moment kaum glauben wollen: Es gibt mehr als hundert dieser blauen Augen! Sie sind gleichmäßig über alle gletscherfreien Gebiete verstreut, nur in den Schieferbergen des Samnaungebietes fehlen sie weitgehend. Zu den beliebten Ausflugszielen gehören etwa die Jöriseen am Fuß des Flüela Weißhorns und die Glockhauser Seenplatte über dem Komperdell bei Serfaus. Die größte Wasserfläche zeigt der immerhin 400 m breite Schottensee am Westfuß der Seehörner. Den Höhenrekord hält wohl das kleine Wasserauge südwestlich des Falschen Kronenjochs (Fimbertal) mit stolzen 2925 m, während den ungewöhnlichsten Platz das Seeli (2805 m) in der Gipfelmulde des Muttelhorns (2826 m, nordöstlich des Flüela Weißhorns) einnimmt.

Einen eigenen Textabschnitt verdient noch das Rote Seeli, das sich in 2575 m Höhe westlich unter dem Roßbodenjoch (Muttler-Nordgrat) in den weiten Hängen versteckt. Es ist so winzig, daß es sich selbst auf der Karte im Maßstab 1:25000 kaum darstellen läßt, und doch stellt es ein einzigartiges Phänomen dar: es zeigt eine auffallend rote Färbung. Eine Alge sorgt für die ungewöhnliche Erscheinung. Bei meiner Tour 1982 war die Farbe ganz intensiv. Ich hoffe, daß die Umweltverschmutzung hier keinen Schaden anrichtet.

Einige der hochgelegenen Bergseen		
	Höhe (m)	Gebiet
Kronenjochsee	2925	Falsches Kronenjoch
Muttelhornsee	2805	Am Muttelhorn bei Vereina
Roßtällisee	2800	An der Roßtällispitze / Vereina
Tieftalsee	2790	Furgler-Gipfel
Vermuntkopfsee	2765	Westlich des Ochsenkopfes
Fluchthornseen	2696	Fluchthornkar
Rauhkopfgletschersee	2695	Östlich über dem Ochsental
Gmairersee	2672	Gebiet Hexenkopf
Lai Verd	2671	Val Tuoi
Gebiet Davo Lais	2655	Oberstes Val Laver
Lai da Fasch'Alba	2647	Oberstes Val Urschai
Lai da Minschun	2642	Südlich des Piz Minschun
Oberer Hennesee	2623	Terrasse über dem Bieltal
Blankasee	2620	Komperdell
Rotes Seeli	2575	Muttler-Nordgrat
Verhupfsee	2570	Nördlich über dem Klostertal
Oberer Spinnsee	2550	Oberstes Urgtal
Berglersee	2542	Berglerloch
Oberer Jörisee	2519	Zwischen Vereina und Weißhorn

Unverständlich: Die Bergseen sind der schönste Schmuck der Landschaft, und doch wählen die Allerwenigsten sie als Ausflugsziel. Es gibt auch keine extra angelegten Wege dorthin. Nur wenn ein See unmittelbar an der Route liegt, schätzt ihn so mancher als Rastplatz. Da hilft nur eines: eine gute Karte nehmen und selbst zum Pfadfinder werden. Eine richtige Bilderbuchlandschaft bietet zum Beispiel das weite Gelände zwischen Vallüla und Ballunspitze. Drei Erscheinungen bekommt der Besucher serviert:

✳ weiträumige Gletscherschliffe, denn der Eiszeitgletscher strömte von Süden nach Norden über diesen Sattel;

✳ eine Fülle von blauen Augen auf engem Raum mit dem weiten Vallülasee (2150 m), zwei mittelgroßen Seen und etwa zwanzig Miniaugen;

✳ ein Blockfeld (Ganda) von gewaltigen Ausmaßen und mit Blöcken bis zu Hausgröße am Nordostfuß der Vallüla.

Der Zugang ins »gelobte Land« bereitet jedoch einige Mühe: Man wandert vom Kopssee auf einem Steig zum Grassattel vor dem Breiten Spitz, dann pfadlos kurz abwärts (steil) und nach Süden zum Ziel. 1 1/2 Std.

Erschließung

Es ist erstaunlich, daß in den beiden großen Gebirgen nur ein einziges Seitental besiedelt ist, das Tal von Samnaun. Hier finden wir auch die höchsten Orte der Region mit Samnaun (1840 m), Ravaisch (1799 m), Laret (1721 m), auch das österreichische Oberspiss liegt noch in 1682 m Höhe. Zum Vergleich die höchsten Siedlungen in den anderen Tälern: Galtür im Paznauntal

Ausflüge zu Bergseen

Henneseen, 2550 m
Von der Bielerhöhe Richtung Getschnerscharte bis in 2440 m Höhe. Dann links pfadlos längs des Baches (kleiner Wasserfall) zu dem Plateau mit 19 Seen, 1 1/2 Std.

Schottensee, 2469 m
Von Klosters mit dem Bus zur Alp Sardasca und am Feldsee (2062 m) vorbei zum Schottensee, Steig, großartige Felslandschaft, gut 2 Std.

Jöriseen, 2519 m
Von Klosters mit dem Bus nach Vereina, Steig zu den Seen, im Hintergrund das Flüela Weißhorn mit seinem Gletscher, 1 1/2 Std.

Glockhauserseen, 2620 m
Von Serfaus Auffahrt bis Lazid, Wanderung mit Auf und Ab am Furglersee vorbei zur Seenhochfläche mit Glockhauser- und Blankasee, sehr schöner Blick, 1 1/2 Std.

Dieses Kleinod eines hochalpinen Bergsees versteckt sich auf einer Terrasse am Ostfuß der Verhupfspitze. In der schattigen Tiefe liegt das Klostertal. Man kann den knapp 2600 m hoch gelegenen See nur pfadlos über sehr steile Grashänge erreichen.

(1584 m), Gargellen in einem Montafoner Seitental (1423 m), Guarda im Unterengadin (1653 m), Davos im Landwassergebiet (1560 m) und schließlich Klosters-Platz im Prättigau (1179 m), über dem noch das Dörfchen Monbiel (1291 m) liegt.

Typisch für die Region, und für den Urlauber etwas besonders Reizvolles, sind die Orte auf halber Höhe. So thronen im Bezirk Landeck Fiss und Serfaus gut 500 m über der Talsohle auf weiten, grünen Terrassen, während im Engadin sich viele Dörfer hoch oben an die Sonnenhänge schmiegen, wobei Tschlin mit genau 500 Hm über dem Inn den Extremfall darstellt.

Wie nahezu überall in den Alpen führen auch in alle etwas größeren Täler der Silvretta und Samnaungruppe gute Fahrwege, die aber ausschließlich die Anrainer befahren dürfen. Der Bergsteiger ist also für seine Touren auf andere Hilfen angewiesen. Die Hütten erschließen die Gletscherregion bis in den letzten Winkel, und so mancher Gipfel läßt sich mit Hilfe der zahlreichen Bahnen und Lifte ersteigen, wie etwa das gesamte Berggebiet um den Furgler. Nur im Südflügel der Samnaunberge mit seinen mächtigen Gipfeln rund um den Muttler muß man aus den Talorten relativ weite Aufstiege in Kauf nehmen.

Für die Nicht-Bergsteiger bilden die erwähnten Bahnen und Lifte den mit Abstand größten Magneten – natürlich nicht im Sommer, sondern zur Skisaison. Hier reiht sich eine berühmte Pistenregion an die andere. Zum Bekanntesten zählt das Gebiet von Idalpe und Alp Trida zwischen Ischgl und Samnaun, die Silvretta Nova bei Gaschurn und St. Gallenkirch und natürlich die weite Traum-Skiregion von Davos und Klosters, die jedoch zum Hauptteil in den benachbarten Berggruppen wie den Plessurer Alpen mit der Weißfluh liegt.

Das generelle Verteufeln aller Erschließung für den Pistenskilauf hat sich zu einer Art Volksmode ausgewachsen. Mancher schimpft ebenso eifrig darüber wie er höchstpersönlich die Abfahrten bügelt! Offensichtlich ist eine Meinungsbildung ohne allzu grobes Schwarzweiß nicht möglich! Niemand kann doch leugnen, daß viele Bergtäler auf den Gast in der Wintersaison angewiesen sind. Es ist also völlig müßig, sich bei dem »Überhaupt« zu streiten. Um so energischer sollte man jedoch das Zuviel bekämpfen! Man muß sich vor allen Dingen endlich von dem völlig unsinnigen Grundsatz trennen, daß jedes Gebiet für den seltenen Spitzenandrang ausgelegt sein müsse. In allen anderen Bereichen werden ja auch nur so viele Karten verkauft, wie Plätze zur Verfügung stehen.

Das »Nimmersatt« gehört zum Gefährlichsten. Wahrscheinlich war das Skigebiet Idalpe wirklich der Schlüssel für ein Aufblühen des Dorfes Ischgl. Doch wie leicht bekommt diese Spirale eine Art Eigendynamik: Neu erbaute Gasthöfe und Hotels verlangen nach zusätzlichen Bahnen und Pisten, die neuen Anlagen erfordern wieder weitere Hotels usf. Das ständige Schielen nach dem Wachstum ist ein besonderer Fetisch unserer Zeit. Dazu paßt auch das hartnäckige Festhalten an den Plä-

nen, noch den Piz Val Gronda im oberen Fimbertal zu erschließen. Auch der Bau einer Skiabfahrt von Zeblas nach Samnaun durch das enge, lawinengefährliche Tal wäre besser unterblieben. Am Beispiel Galtür sieht man, daß mehr Gelassenheit nicht zum Mißerfolg führen muß. Alles blieb dort um eine Stufe ursprünglicher, »menschlicher«, naturnäher.

Im Kapitel »Erschließung« darf natürlich auch ein ganz anderer Bereich nicht fehlen: die drei Stauseen und die aus diesem Anlaß erbaute Silvretta-Hochalpenstraße. Sie brachten schließlich die auffallendsten Veränderungen. Die Paßstraße über die Bielerhöhe (2036 m, Maut, im Winter gesperrt) mit der relativ bequemen Ostrampe von Galtür und den 30 Serpentinen über dem Montafon schuf erst den Ausflugs- und Rummelplatz im Herzen der Silvretta, aber auch den hochgelegenen Startplatz für viele interessante Bergtouren.

Staumauern, Rohrleitungen und Kraftwerksanlagen tragen nicht unbedingt zur Verschönerung der Landschaft bei. Es wäre jedoch unehrlich, diese Einschränkung auch auf die drei großen Seen auszudehnen. Sie sind außerdem nur ein Teil der so weitverzweigten Anlagen der Illwerke in Vorarlberg, die vom Fimbertal bis ins Gebiet von Feldkirch reichen. Für den Interessierten hier ein paar ganz nüchterne Zahlen:

Speicher Silvretta, Höhe 2030 m, Länge 2,5 km, Fläche 1,31 qkm, Baubeginn 1938, erste Vollstauung 1951, Weststaumauer maximale Höhe 80 m, Kronenlänge 432 m, Oststaudamm auf einer natürlichen Moräne, Kronenlänge 733 m, Fallhöhe bis Vermunt 291 m.

Speicher Vermunt, Höhe 1743 m, Länge 1,2 km, Fläche 0,35 qkm, Baubeginn 1928, erste Vollstauung 1931, Staumauer maximale Höhe 53 m, Kronenlänge 386 m, Fallhöhe bis Partenen 714 m.

Speicher Kops beim Zeinisjoch, Höhe 1940 m, Länge 1,3 km, Fläche 1 qkm, Baubeginn 1962, erste Vollstauung 1967, Staumauer maximale Höhe 122 m, Kronenlänge 400 m, Fallhöhe bis Partenen 780 m. Dieser Speicher erhält Zuleitungen aus vielen Silvrettatälern bis hinüber zum Fimbertal. Von dort aus sind die Rohrleitungen, die meist durch Tunnel verlaufen, 13 km lang.

Ein Bereich der Erschließung wurde hier nicht erwähnt: Die Arbeit des Alpenvereins. Er war es fast alleine, der Wege und Stützpunkte schuf. Er kümmerte sich auch um Führer und Karten. So erschien schon 1909 eine erstaunlich genaue Karte für die Umgebung der Jamtalhütte.

Bergtäler und Gipfelregionen

Eine Übersicht

Zu den auffallenden Gegensätzen in unseren beiden Gebirgen zählen die großen, so deutlichen Unterschiede zwischen beliebten Regionen und solchen der Stille und Abgeschiedenheit. Auch wenn ich ganz persönlich Ruhe und das Unberührte liebe, so kommt doch ganz zwangsläufig die Rede – etwa in den Kapiteln »Hütten«, bei den »Wege-Bergen«, bei den »Großen Gipfeln« – immer wieder auf die gleichen Gebiete wie das Jamtal oder den Bergkranz um die Bielerhöhe. Um hier Wiederholungen zu vermeiden, berichte ich deshalb auf den folgenden Seiten verstärkt von den Tälern und Gipfelregionen abseits der »Bergsteiger-Autobahnen«. Schließlich soll dieses Buch einen echten Gesamteindruck hinterlassen und nicht, wie man das häufig erlebt, ausschließlich das sowieso schon Berühmte zum x-ten Male wiederkauen.

Weder die Silvretta noch die Samnaunberge bieten sich, wie etwa die Dolomiten, dazu an, sie in Untergruppen zu zerlegen. Es fehlen meist die tiefen und markanten Pässe, die wirklich deutlich und für jedermann ersichtlich, ein Gebiet vom nächsten abtrennen. Hier liegt eher eine Einteilung in große Landschaftsräume nach touristischen Gesichtspunkten nahe. Man muß in dieser Beziehung flexibel sein und das Ziel muß lauten, dem Leser ein möglichst typisches Bild einer Region zu servieren. Nur dann kann er ganz gezielt jene Möglichkeiten und Touren herausgreifen, die zu seinen persönlichen Wünschen passen und die ihm dann natürlich auch am meisten Freude bereiten.

Im Grundcharakter der einzelnen Teilgebiete und in der Art der Touren liegen oft erstaunliche Unterschiede. Man braucht nur einmal das Herz der Silvretta auf österreichischem Boden mit der angrenzenden Südsil-

Dieses Sonnengesicht fand die Fotografin am Gletscherkamm. Im Hintergrund sieht man den Piz Linard mit seiner Nordwand und den scharfen Zackengrat der Torwache.

vretta über dem Unterengadin zu vergleichen! Dabei gehören einige Gipfel und bergsteigerische Ziele wie die Dreiländerspitze sogar zu beiden Regionen. In einem Fall bestimmen die weiten Gletscherbecken das Bild, im anderen herrschen dunkle Felsberge mit Wänden bis zu 1400 m Höhe. Und wieder einen völlig anderen Eindruck hinterlassen etwa die Gipfel zwischen Tasna und Piz Rots, die ganz aus Bündnerschiefern aufgebaut sind.

∗

Über den in der Randspalte aufgeführten Punkt »Zahl der Gipfel« ließe es sich natürlich hervorragend streiten. Bei uns werden hier nur jene Berge berücksichtigt, die echte Eigenständigkeit zeigen. Dies trifft zum Beispiel für die Haagspitze, die über dem Bieltal liegt, nicht zu, bildet sie doch lediglich eine Schulter im Nordgrat des Rauhen Kopfes. Wer alle Gipfel zählt, die einen eigenen Namen tragen, käme also auf eine deutlich höhere Zahl. Nicht jeder ist ausschließlich auf Gipfeljagd in einem Gebiet unterwegs. Deshalb werden in der Randspalte auch einige Bergwanderungen kurz vorgestellt, bei denen man das entsprechende Gebiet in besonders eindrucksvoller Weise kennenlernen kann.

Nordwestsilvretta

Die Bergwelt im Osten des Gargellenertales und rund um Garnera mit der Tübinger Hütte schätzen fast ausschließlich zwei Gruppen von Touristen: die Bergwanderer und die Skitouren-Begeisterten. Im Sommer sind einige, doch nicht allzu viele auf dem weitmaschigen Netz von angelegten und markierten Steigen unterwegs, begehen die Höhenrouten etwa von Silvretta Nova zur Tübinger Hütte oder besteigen die wenigen mit einem Weg erschlossenen Gipfel, die Heimspitze, die Westliche Plattenspitze, den Hochmaderer.

Abseits des Gebahnten trifft man jedoch allenfalls Kühe und Schafe, Hirten und Jäger. Grüne Täler, weite, von Matten überzogene Hochflächen wie im Süden über dem Vergaldatal (Roßberg) bieten reiche Weidegründe. Doch das viele Steilgelände und die Hochkare, wo sich oft große Blockfelder ausbreiten und es trotz der relativ geringen Höhe in den geschützten Winkeln so manches Ewigschneefeld gibt, sind echtes Niemandsland. Darüber ragen dann jene typischen Zackenkämme auf, die durchaus schöne, mächtige, selbständige Felsgipfel tragen. Der Silvrettagneis sorgt für die markanten Formen. Er zerfällt weniger in kleines, splittriges Material wie etwa die Bündnerschiefer; Riesenblöcke sind das Übliche. So bilden sich auffallende Kanten, scharf voneinander getrennte Köpfe und Türme, tief eingekerbte Scharten. Zum besonderen Charakter gehört auch das Fehlen richtiger Wände; die Abstürze kann man eher als Flanken bezeichnen, ein ebenfalls sehr zerklüftetes Gelände mit großen Rinnen, Schluchten, Kaminen, durchaus steil und nur dem Kletterer zugänglich, aber eben ohne geschlossene Formen. Diese Flanken können einigermaßen fest sein, dann lassen sie sich vom erfahrenen Bergsteiger ganz gut begehen; andere zeigen eine ausgesuchte Brüchigkeit, wirken wie ein steil aufgeschichtetes Chaos.

Der Hauptgipfel des Gebietes ist die Westliche Plattenspitze (2883 m), eine breite Felsmauer südöstlich der Tübinger Hütte. Vom nahen Plattenjoch führt eine Markierung zum Kreuz hinauf, und so wird dieser Berg zu einem beliebten Abstecher der Höhenwegbegeher Richtung Saarbrücker Hütte. Nur um 8 m niedriger ist die Eisentälispitze (2875 m, II) zwischen Vergalda- und Schlappintal, ein mächtiger, kantiger Felsbau mit steilen Flanken und zerhackten Graten. Auf der Vorarlberger Seite versteckt sie sich hinter der viel bekannteren Rotbühelspitze (2853 m), die jedoch auch nur zur Skitourenzeit bestiegen wird, während ihre höhere Schwester zumindest von Norden nahezu nie Besuch erhält.

Wer Urland liebt, der hat bestimmt viel Spaß am Valgraggeskamm östlich der Tübinger Hütte. Die kleinen Hochkare mit ihren Raseninseln, Schneefeldern, Gletscherschliffen, viel, viel Blockwerk und einer paradiesischen Ruhe eignen sich so richtig zum Träumen und Faulenzen. Am schönsten ist hier das Maderneratäli mit seinem Minisee. Und dann kann man sich natürlich die Gipfel vornehmen, die ja nicht allzu weit entfernt sind. Von Norden nach Süden werden sie immer felsiger, immer zackiger, immer anspruchsvoller. Ab den Valgraggestürmen (2820 m) muß man schon einige Freude am Klettern haben, braucht offene Augen, um den jeweils besten Durchschlupf zu entdecken, mal direkt, mal in der linken, mal in der rechten Flanke der Grate… Das überragende Massiv bilden die Zwillinge (2869 m), die von einigen weiteren Türmen flankiert sind, und bei den – verblüffenderweise – auf der Österreichischen Karte Name und Höhe fehlen.

Außer diesen stark felsigen Hauptgipfeln gibt es natürlich auch einfachere, sanftere Berge, die jedoch ebenfalls kaum je Besuch erhalten. Da stehen zum Beispiel über Gargellen die Ritzenspitze (2650 m), grotesk zerklüftete Massive mit 1000-m-Steilhängen, Blickfang für Sommer- und Wintergäste. Scheinbar unnahbar, und doch kann man fast ohne Fels den höchsten Punkt besteigen. Man wandert aus dem Vergaldatal über die ausgedehnten Weideflächen des Roßbergs zum Palmtaljoch und folgt anschließend stets dem Grat mit seinem herrlich freien Blick. Beim Abstieg vom Joch bieten sich die Südseite und das Valzifenztal als Alternative an.

Nordsilvretta

Straßen und Verkehrsverbindungen wirken oft wie Grenzen. So hält mancher die Bielerhöhe, über die die Silvretta-Hochalpenstraße führt, für den Nordrand der Gruppe. In Wirklichkeit verläuft die Gebietsgrenze über das Zeinisjoch – ganz logisch, ist es doch um 194 m tiefer eingeschnitten. Das Revier zwischen den beiden Pässen, in dem nur vier richtige Berge stehen, bezeichnet man als Nordsilvretta.

Den weit emporragenden Hauptgipfel, die Vallüla (2813 m), werden wir bei den Wege-Bergen noch genau-

Eine Gipfeltour

Ritzenspitze, 2650 m
Von Vergalden durchs Tal zur gleichnamigen Alpe. Rechts empor, über den Roßberg ins Palmtaljoch und zum Gipfel. Abstieg vom Palmtaljoch schräg nach Süden zum Augstenberg, dann durch Winter- und Valzifenztal zurück.
3 1/2 Std. Aufstieg, teilweise ohne Weg.

Nordwestsilvretta
17 größere Berge, höchster Gipfel: Westliche Plattenspitze, 2883 m, durchschnittliche Gipfelhöhe: 2740 m, 1 Hütte, wichtigste Talorte: Gargellen und Gaschurn.

Nordsilvretta
4 größere Berge, höchster Gipfel: Vallüla, 2813 m, durchschnittliche Gipfelhöhe: 2695 m, keine Hütte, wichtigste Talorte: Galtür und Gaschurn.

Herrliche Gneisfelsen. Gipfelgrat der Vorderen Lobspitze oberhalb des Silvrettasees.

er beschreiben. Als gewaltiger Dreikant beherrscht sie das innere Montafon. Markante Felsgrate ziehen zum höchsten Punkt, die nordwestliche Schneide ist mit auffallenden Türmen gekrönt. Klettergelände der mittleren Schwierigkeitsgrade! Ob es eine Art kartographischer Lehrbub war, der für den zwar sehr klangvollen, doch unsinnigen Namen des Berges verantwortlich ist? Das rätoromanische Wort Vallüla bedeutet nämlich »kleines Tal, Tälchen«, eine Bezeichnung, die zwar hervorragend zu dem kurzen Einschnitt im Nordwesten des Berges, doch überhaupt nicht zu ihm selber paßt. In einer Urkunde von 1612 kann man den richtigen Namen des Berges lesen: »Vallüla Spiz«.

Alles andere gehört auch hier zum Einsamen, sogar die Ballunspitze (2672 m), das kecke Wahrzeichen von Galtür. Natürlich kann der Erfahrene auch dieses Ziel ansteuern; es schaut jedoch verlockender aus, als es der Wirklichkeit entspricht. Man steigt nämlich erst durch üppig von Knieholz überwucherte Hänge, dann durch

eine sehr steile, bei Nässe unangenehme Grasrinne empor, während die Kletterei (II) sich auf einen kurzen Gratkopf beschränkt.

Über die Landschaft zwischen den beiden Gipfeln mit ihren Seen und Gletscherschliffen haben wir ja schon auf Seite 15 als reizvolles Beispiel berichtet. Zum besonderen Schmuck zählen zudem die zyklopischen Blockfelder. Eines breitet sich am Nordfuß der Ballunspitze aus und läßt sich von der Straße zum Zeinisjoch rasch erreichen. Das wäre auch ein Ausflug für den Nachwuchs, denn geschickte Kinder turnen oft mit wahrer Begeisterung zwischen gewaltigen Blöcken herum.

Zentralsilvretta

Hier kommen alle zusammen, die den Namen Silvretta kennen und lieben – sowohl die Bergsteiger im Sommer wie die Firnschneebegeisterten zur Frühlingszeit. Sie bevölkern die Täler von Vermunt, Jam und Fimber mit

21

den vier großen, vielbesuchten Hütten, erstürmen die bekanntesten Gipfel, wie den Großlitzner, das Silvrettahorn, den Piz Buin, die Dreiländerspitze, die Fluchthörner… In den folgenden Kapiteln wird vieles davon ausführlich beschrieben; so können wir uns an dieser Stelle kürzer fassen.

Die westliche Hälfte der Region faßt man unter dem Begriff Vermunt zusammen. Eine kleine Anmerkung nebenbei: In allen ehemals rätoromanischen Worten spricht man das »v« stimmlos aus, also wie bei den deutschen Wörtern Vogel und Fuchs. Man könnte also auch Fermunt schreiben, wie dies eine Zeitlang üblich war; und zwischen den Anfangsbuchstaben von Vallüla und Fimber besteht kein Aussprache-Unterschied.

Doch zurück zum Vermunt, dieser ungewöhnlichen Region. Es liegt nämlich ein Teil davon in Vorarlberg und damit im Stromgebiet der Ill, der andere in Tirol und damit im Bereich von Trisanna und Inn. Das vom Bielerspitz herabfließende Wasser kann sich also quasi zwischen Schwarzem Meer und Nordsee entscheiden. Halt! – konnte, muß es heißen. Denn seit dem Bau der großen Kraftwerksanlagen stimmen die natürlichen Abläufe nur noch zum Teil. Auch der Silvretta-Stausee zählt zu diesem Phänomen, liegt er doch genau auf der bedeutendsten alpinen Wasserscheide und ist in beiden (!) Richtungen abgedämmt.

Das Vermunt, vor dem Bau des Sees ein weiter, flacher, teilweise mooriger Boden, bildet auch einen wichtigen historischen Platz. Hier trafen sich die Saumwege aus dem Paznaun, dem Montafon, dem Prättigau über den Klosterpaß und dem Unterengadin über den Vermuntpaß. Letzterer war im Mittelalter gletscherfrei, und die Bauern aus Ardez und Guarda konnten ohne viel Mühe ihr Vieh auf die Almen im Vermunt treiben (Näheres siehe Seite 110). Ein Stein mit der Aufschrift STAINZPERGER GRUNT UND PODEN erinnert daran. Steinsberg ist eine alte Bezeichnung für das heutige Ardez. Später waren dann die sogenannten »Tiraner Viehmärkte« berühmt, ein Kuriosum hier oben auf der Hochalm. Doch schon der ausgefallene Name – Tirano ist der Hauptort des Veltlins – weist auf die Bedeutung und Beliebtheit dieser Treffen hin.

Heute kommen die Ausflügler in Scharen, wandern durch das kurze, offene Ochsental zur Wiesbadener Hütte und bewundern die Gletscherberge. Fast ebenso zahlreich sind die Bergsteiger, für die der Tisch sozusagen reich gedeckt ist. Doch selbst hier, im Herzen der Silvretta, gibt es neben den berühmten Gipfeln wie dem Piz Buin auch kaum bekannte, etwa die Schattenspitze (3202 m), diesen mächtigen Felsberg mit seinen scharfen, schwierigen Graten. Kaum einer erklettert dieses stolze Ziel, obwohl es recht auffallend über dem See und dem Ochsental thront.

Ganz im Westen des Vermunt steht als zweiter Stützpunkt und als Zwischenstation für das Ausnahme-Gipfelpaar Litzner und Seehorn die Saarbrücker Hütte. Der Weg vom Madlenerhaus über Tschifernella zu dieser Hütte gehört ebenfalls zum Schönsten im Wander-

bereich. Und natürlich gibt es auch in diesem Gebiet die Felsgrate, denen wir ja ein eigenes Kapitel gewidmet haben. Zwischen Kromer- und Klostertal fallen etwa die Lobspitzen mit ihrem schönen, rostrotem Gestein auf. Gar 12 km lang ist der Kamm, der das Jamtal vom Bieltal und dem Kleinvermunt trennt. Er trägt nicht weniger als zehn große Gipfel, von denen im Sommer lediglich drei bestiegen werden. Zum Allereinsamsten gehören etwa die Bodmerspitze (2851 m) und der Wildnörderer. Als letzter Vorposten trägt der Grat den Gorfen (2558 m), diesen auffallend schlanken Graskegel »senkrecht« über Galtür. Seine 900 m hohen Steilhänge, vor allem nach Norden, machen ihn zu einem Lawinenberg der Sonderklasse.

Über das Jamtal, das als scharf eingeschnittenes V-Tal nach Süden zieht und sich dann in zwei sehr weite Becken teilt, und dessen Berge braucht an dieser Stelle nicht viel berichtet zu werden. Die Zahl von 220 Schlafplätzen sagt alles darüber aus, wie beliebt das Gebiet ist. 17 Dreitausender gehören zum Tourenbereich – wo gibt es das sonst in Tirol? Auch hier ragt wieder einer der mächtigen Nebenkämme auf, der im südlichen Teil sogar eine besonders eindrucksvolle Landschaft zeigt mit der Mittleren Schnapfenkuchl, einer schmalen, düsteren, von wilden Felsspornen eingerahmten Gletschermulde. Die großen Gipfel, wie die Finsterkarspitzen (3012 m) und die Schnapfenlochspitze, liegen noch heute im tiefen Dornröschenschlaf.

Die Ostgrenze der Silvretta bildet das Fimbertal mit der Heidelberger Hütte, das auch in ganz auffallender Weise die schroffen Gneisberge von den viel sanfteren Schiefergipfeln trennt. Auf den Seiten 12 und 78 kann man mehr darüber lesen. In dieser Region dominiert das Riesenfelsriff der Fluchthörner (3399 m) so sehr, daß die Gipfel im Norden und Süden wenig zur Geltung kommen. An anderer Stelle wäre die schlanke Zahnspitze (3096 m), die auch auf der einfachsten Route Kletterei im Schwierigkeitsgrad III erfordert, bestimmt ein vielbeachteter Berg; hier wird sie allenfalls beim Übergang über das Zahnjoch mal kurz bewundert. Selbst die 3188 m hohe Krone findet kaum Beachtung. Das mag auch ein wenig an der Führerliteratur liegen, die den bequemsten Aufstieg – von Osten zum Nordgrat und mit einiger Kletterei (II) über den Nordgipfel zum höchsten Punkt – gar nicht beschreibt.

Doch vor lauter Bergen wollen wir nicht das Gebiet von Larain, dieses versteckte Tal, übersehen. Ganz unauffällig mündet es in der Nähe von Mathon ins Paznauntal, und auch von keinem der »üblichen« Gipfel hat man einen Einblick. Doch wer je auf der Heidelberger oder der Larainfernerspitze (3009 m, gut 2 Std. von der Heidelberger Hütte) stand, wird die Eindrücke wohl nicht so schnell vergessen. Der Talschluß gehört zum Schönsten in der Silvretta: Aus dem oberen Becken des Larainferners steigen die bis zur 400 m hohen Wände des Nördlichen Fluchthorns und der Schnapfenspitze auf, die – und das ist ungewöhnlich in diesem Gebirge – im westlichen Teil von einem Hängegletscher geschmückt sind. Die günstigste Wanderung durch das Laraintal wird auf Seite 34 vorgestellt.

Auch hier - wie könnte es anders sein - fehlt nicht der sehr lange, die Täler trennende Seitenkamm. Als Mittelpunkt ragt die Gemspleissspitze, die Paraid Naira = Schwarze Wand der Rätoromanen, nochmals auf 3015 m Höhe empor. An diesem schönen, nie bestiegenen Felsgipfel biegt die Landesgrenze rechtwinkelig nach Osten ab. Der Kamm zieht noch weit nach Norden und Nordosten und kulminiert in dem besonders wuchtigen, düsteren, auf hohe Wände gestützten Massiv von Dreiköpfl (2970 m) und Berglerkopf.

Südwestsilvretta

Die Bezeichnung »Südwestsilvretta« umfaßt, betrachtet man die Einteilung aus dem touristischen Blickwinkel, einen ganz klar umrissenen Bergraum: das Flußgebiet der Landquart mit seinen beiden Quelltälern von Vereina und Verstancla und als eine Art Anhängsel im Norden das Schlappintal, im Süden das Flüelatal. Man könnte es auch etwas volkstümlicher ausdrücken: Hier werden die Tourengebiete von Klosters und Davos auf der Silvrettaseite zusammengefaßt. Der aus Deutschland Kommende mag jetzt mit einem »na und« die Schultern zucken. Wer denkt schon hierzulande bei dem Wort Klosters an Wandern und Bergsteigen? Dort kann man von Pisten und Tiefschnee träumen, doch die findet man in den Plessurer Alpen (Parsenn) und im Rätikon, doch nicht in der Silvretta.

Für die Eidgenossen hat jedoch zum Beispiel das Wort Vereina einen sehr wohltönenden Klang. Man kann ganz gemütlich von Klosters mit dem Bus zum Berghaus in 1943 m Höhe fahren und dann für seinen Ausflug zwischen drei Tälern, einem guten Dutzend Bergseen und 15 Gipfeln wählen. Und das ist, wohlgemerkt, keine langweilige Buckellandschaft! So ragen etwa über dem Vernela dunkle, bis zu 800 m hohe Felswände auf, die an den Plattenhörnern (3220 m) malerisch von Eiscouloirs geschmückt sind. Und im Talhintergrund sorgen Chapütschin und Verstanclahorn (3298 m) für den nötigen Schmuck. Da macht auch ohne Gipfeltour ein Ausflug Spaß, zumal die Bergseen in 2358 und 2466 m Höhe als Ziele locken. Und wer einsame Aussichtsberge liebt, der besteigt das Roggenhorn (2891 m, 2 3/4 Std., pfadlos), das im Zentrum der Südwestsilvretta liegt und einen einzigartigen Überblick bietet.

Nach Süden folgt das Süsertal, ein etwas schmälerer Einschnitt mit herber Umgebung. Eine Wanderung, ein Ausflugsziel übertrifft hier alles andere: der Vereinapaß (2585 m). Es ist nicht nur die vom einstigen Gletscher geschliffene Kuppenlandschaft, die begeistert; von einem Schritt zum anderen öffnet sich der Blick quer über das schmale Val Sagliains auf die 600 m hohe Westwand des Piz Linard (3411 m).

Was soll man noch über das Jörital mit seinen so viel fotografierten Seen, über dem das Weißhorn (3085 m) mit seinem Gletscher leuchtet, berichten? Das ist eine Musterlandschaft im Urgestein, eine Komposition aus Blau, Grün, viel Grau und Weiß. Die Schweizer nützen mit Vorliebe die Möglichkeiten, die ihnen das ausgezeichnete Netz an Buslinien eröffnen. All die Pässe von Vereina, Fless, Jörifless und Jöriflüela werden überquert, kann man sich doch anschließend zum Ausgangspunkt zurückkarren lassen. Dafür kommt vor allem die Linie über den Flüelapaß (2383 m) in Frage, diese Route »mit Vergangenheit«. Hier gab es schon vor Jahrhunderten einen regen Saumverkehr, und bereits 1867 wurde der erste Fahrweg fertiggestellt. Die Bergsteiger von heute nützen diese Straße mit ihren hohen Ausgangspunkten für Touren auf das Weißhorn, das Gorihorn und das Pischahorn.

Das zweite der Landquart-Quelltäler führt sozusagen schnurgerade hinein in das Gebiet, das schon immer den Namen Silvretta trug. Das war einst nicht mehr als eine schüsselförmige Alpweide in gut 2000 m Höhe. Offensichtlich hatte vor allem Johann Coaz dieser klangvolle Name so gut gefallen, daß er den bereits 1865 (!) errichteten Stützpunkt Silvrettahütte taufte, obwohl dieser ja im Medji-Bereich steht. Später dehnte man den Namen weiter aus, auf den Gletscher, den Gipfel oberhalb und schließlich auf die gesamte Berggruppe. Uns soll's recht sein; denn dieses Gletscherrevier mit so schönen Gipfeln wie dem Verstanclahorn (3298 m) und dem Gletscherkamm ist ein würdiger Namenspatron! Auch der Bergwanderer sollte auf jeden Fall einmal

Vereinapaß, 2585 m
Vom Berghaus Vereina auf dem oberen Weg nach Süden und hoch am Hang entlang ins Süsertal. Auf kleinem Steig in den Flesspaß (2453 m) mit schönen Seen. Über Böden zum Vereinapaß. Gut 2 Std.

Silvretta-Gletschersee, 2550 m
Von Klosters mit dem Bus nach Sardasca und auf gutem Weg zum Silvrettahaus (2341 m). Auf kleinem Pfad über weite Moränenböden zum Nordwestrand des Silvrettagletschers. Knapp 3 Std.

Der Piz Fliana, einer der größten und schönsten Berge in der Südsilvretta. Man besteigt den Gipfel über den rechten Grat oder über die (in Wirklichkeit viel steilere) Nord-Eisflanke zum oberen, rechten Sattel.

Engadiner Silvretta
40 größere Berge, höchster Gipfel: Piz Linard, 3411 m, durchschnittliche Gipfelhöhe: 3090 m, 2 Hütten, wichtigste Talorte: Scuol, Ftan, Ardez, Guarda, Lavin, Susch.

Ein Ausflug

Las Maisas, 2121 m
Bei der Kirche von Lavin unter der Bahn und der Umgehungsstraße hindurch und auf dem Fahrweg in die Val Lavinuoz. An der unteren und der mittleren Alpe vorbei nach Marangun und rechts der Bäche noch empor nach Las Maisas. 2 1/4 Std. Aufstieg.

hinaufsteigen zum Silvrettahaus und weiter über die ausgedehnten Moränenböden zum Gletscherrandseeli. Die Namen Seebach, Seetal, Seehorn deuten schon auf den besonderen Zauber jenes kleinen, steil ansteigenden Tales hin, das von Sardasca genau nach Norden führt. In 2062 m Höhe liegt der Seetalsee, in 2469 m Höhe der Schottensee, der König unter den alpinen Gewässern der Silvretta. In ihm spiegeln sich auch die Seeschijen (2773 m), senkrecht aufgestellte Felstafeln von gewaltiger Größe. Dort beginnt einer der mächtigen, felsigen Nebenkämme, den wir auf der Seite 66 genauer vorstellen. Mit dem Leidhorn, dem Chessler, dem Fergenhorn und der Schildfluh (2887 m) trägt er vier mächtige, fast gleichhohe Felsgipfel.

Engadiner Silvretta

Die weitgehend fehlende Erschließung durch Hütten und Wege drängt die Vermutung auf, daß die nach Süden abfallenden Silvrettatäler und die sie umrahmenden Berge wenig zu bieten haben. Doch diese Schlußfolgerung wäre naiv; mancher überaus malerische Berg zählt auch heute noch zum Einsamen, während oft ganze Scharen zu relativ reizlosen Zielen unterwegs sind. Über dem Unterengadin sind es zwei Gründe, die für eine recht geringe Zahl von »Berggängern« sorgen. Von wenigen berühmten Gletschertouren wie jener zum Piz Buin einmal abgesehen, sind die meisten Menschen ja fast ausschließlich auf den angelegten und bezeichneten Steigen unterwegs, und diese bilden eine Art Mangelware in der Hochregion der Südsilvretta. Und außerdem gibt es eine »Schmerzgrenze« bei der Länge einer Tour. Wer würde schon volle sechs Stunden bergauf marschieren, um etwa den Augstenberg durch das Val Tasna zu besteigen?!
Dieses längste der südseitigen Silvrettatäler wird fast nur von Ausflüglern besucht, allenfalls wandert gelegentlich einer über die Furcletta (2735 m, gut 4 Std. ab der Straße Ardez - Ftan) hinüber zur Tuoihütte. Doch die Gipfel oberhalb bleiben nahezu unberührt. Die Bergsteiger konzentrieren sich auf das benachbarte Val Tuoi mit der bereits erwähnten Hütte des SAC. Sie liegt im innersten Talboden, direkt darüber ragen die Buine mit ihren fast schwarzen, auffallend steilen Wänden auf. Hier gibt es sogar Kletterrouten bis Schwierigkeitsgrad V. Zudem gehören nicht weniger als zehn der großen Gipfel zum Tourengebiet.
Val Lavinuoz heißt das nächste Tal im Westen. Durch einen sehr scharfen, von gewaltigen Lawinenstrichen bedrohten Einschnitt – die Ostflanke des Piz Linard schießt über 1400 Hm ohne einen Absatz, ohne ein Kar herab – gelangt man in die ebenfalls engen, doch ganz freien Böden von Marangun und Las Maisas. Wild, streng, eindrucksvoll, aber auch schön und harmonisch präsentiert sich dieser Talschluß. In dem Erlebnisbericht auf Seite 102 wird er näher beschrieben. Nach einem so warmen Sommer wie im Jahr 1990 plagt jedoch der Gedanke, die herabhängenden Gletscherzungen von

Maisas und Tiatscha könnten noch weiter abschmelzen. Wieviel ginge dann vom Zauber dieser Landschaft verloren! Der Frühsommer mit seinem reichen Blumenschmuck ist hier die schönste Jahreszeit, zumal ja fast ausschließlich die Talwanderer nach Las Maisas kommen, während die Gipfel rundum – zumindest von dieser Seite – kaum Anhänger finden.

Der Silvretta-Hauptgipfel Piz Linard (3411 m) braucht an dieser Stelle nicht vorgestellt zu werden, ebensowenig sein »privates« Tal, das Val Glims, in dem die Linardhütte liegt. Nach Westen folgt dann als letzter großer Einschnitt das Val Sagliains, das »Tal der springenden Wasser«. Kennen Sie einen Bergsteiger, der je durch dieses Tal einen Gipfel bestiegen hat, etwa die Plattenhörner (3220 m) oder die netten Kletterberge Piz Sagliains und Piz Mutera? Und natürlich gehört auch der Piz Linard mit seiner Westwand zum Tourengebiet. Auch hier trifft zu: Zu tief liegen die Unterengadiner Talorte, zu weit sind die Wege.

Leichter läßt sich das wenig bedeutende Val Fless erreichen, denn dank der Flüelastraße kann man sich einen Teil der Aufstiegsmühen ersparen. Dieses auffallend gebogene Tal, deshalb heißt es im oberen Teil auch Val Torta (torta = krumm), wird etwas schmucklos von hohen Steilgrashängen eingefaßt. So sind hier am ehesten die »Jochfinken« unterwegs, die einen der Übergänge – also Fless- und Vereinapaß oder Jöriflesspaß – begehen.

Südliche Samnaunberge

Das Samnauntal und das Zeblasjoch bilden eine sehr »saubere« Grenze zwischen dem Nord- und dem Südflügel dieses Gebirges. Aber auch der Charakter der jeweiligen Bergwelt schafft zwei unverwechselbare Regionen. Im Südteil bestimmen die Bündnerschiefer das Aussehen: gewaltige Schutthänge aus dem so fein zerfallenden Gestein, aber auch sehr steile und völlig unnahbare Felsabbrüche, dazwischen scharf und tief eingefressene Tobel und Täler. Zu dieser Felsformation gehört auch die Eigenart, wenige, dafür um so selbständigere Gipfel zu bilden. Neulinge sind immer wieder erstaunt über die unerwartete Größe dieser Berge. Der Muttler ist ja immerhin 3294 m hoch, ihm fehlen also lediglich 19 m zum Piz Buin!

Der Hauptgipfel des Gebirges ist zudem das einzige etwas beliebtere Ziel. Die anderen Berge erhalten selten bis nahezu nie Besuch. Beim Piz Mundin liegt das vor allem an den langen und im oberen Bereich auch mühsamen Zugängen, an der Stammerspitze (3254 m) kommen zu diesen Hindernissen noch die Schwierigkeiten im recht brüchigen Gestein (einfachste Route II). Nur der Typ des klassischen Bergsteigers, bei dem Erfahrung, Eigeninitiative und gute Trittsicherheit zusammenkommen, ist derartigen Touren im hochalpinen Gelände wirklich gewachsen, und nur er wird den entsprechenden Spaß daran haben. Aber dies ist eine weitgehend ausgestorbene Menschenrasse. Hier muß man

auch die Ursache für die auffallenden Kontraste zwischen überlaufen und wirklich einsam suchen.

13 Gipfel, darunter sechs Dreitausender – trotzdem gibt es in den südlichen Samnaunbergen keine einzige Hütte. Auch die Wege – wenn überhaupt welche vorhanden sind – führen nur in die Täler; schließlich hatten die Bauern in früheren Jahren an einem Weiterbau oberhalb ihrer Alpweiden keinerlei Interesse. Und auch heute nehmen die Bergwanderer offensichtlich in den Planungen keinen breiten Raum ein. So besteht hier die ungewöhnliche Situation, daß im Inneren kein Joch auf Wegen überschritten werden kann; nur die Grenzpässe von Zeblas und Fimber sind entsprechend erschlossen.

Nördliche Samnaungruppe

So einheitlich sich das Bild der Südlichen Samnaunberge zeigt, die fast runde Form dieser Region ist ein äußeres Symbol dafür, so vielgestaltig präsentiert sich der wesentlich größere Nordflügel. Das beginnt schon beim Thema Erschließung. Da gibt es die Gebiete, die ganz auf Lifte und Pisten ausgerichtet sind, vor allem der Skizirkus um die Idalpe oberhalb von Ischgl, der mit der schweizerischen Alp Trida zusammenhängt. Aber auch um das Komperdell bei Serfaus erobern die Lifte immer fernliegendere Karböden; im Moment sind sie bis ins Masnergebiet vorgedrungen, und mancher Fremdenverkehrskopf träumt von einer Verbindung bis hinüber zur Alp Trida. Als eine Art Gag ließe sich so etwas vielleicht ganz gut verkaufen, mehr aber auch nicht. Und ernste Gefahren bergen Pistenbereiche ohne direkte Talabfahrten allemal. Die Rückkehr der alpin unerfahrenen Gäste über mehrere Scharten in dieser Höhe könnte bei einsetzendem Schneesturm rasch Probleme bringen, und fällt dann gar noch einer der für den Wiederaufstieg nötigen Lifte aus, wird die Situation wirklich kritisch.

Auch im Sommer zeigt sich ein krasser Gegensatz zwischen beliebten Wanderregionen und einsamstem Bergland. Geradezu ein Dorado für Ausflüge, Übergänge und Gipfeltouren findet man zwischen dem Komperdell mit dem Kölner Haus, der Ascherhütte oberhalb von See im Paznaun und dem Kamm, der gegen Fiss nach Nordosten zieht. Die zahlreichen Bergseen, vor allem das Glockhauser-Seenplateau, das engmaschige Wegenetz und die mit alpinen Steigen erschlossenen Gipfel bis in eine Höhe von 3035 m (Hexenkopf) bieten so viel Schönes und Spannendes, daß in diesem Buch immer wieder die Rede darauf kommt, vor allem natürlich im Kapitel mit den Wege-Bergen.

Aber auch die Landschaft zeigt recht verschiedene Bilder. Beim Fimberpaß beginnt der Kamm mit den typischen Schieferbergen, die sich jedoch wegen der allgegenwärtigen Lifterschließung nicht so sehr für Sommertouren eignen. Auch weiter im Osten trifft man südlich der Hauptkette auf ausgeprägte Schieferzonen wie etwa am Pezid mit seinen glatten Hängen. Ganz auffallend sind dann die schwarzen Felsmauern von Bürkelkopf und -spitzen. Diabas heißt das entsprechende Gestein, das erstaunlicherweise vulkanischen Ursprungs ist. Es ist zäh und fest, so konnte das Massiv bei der Verwitterung rundum wie ein Riff herauswachsen. Noch um ein Stufe gewaltiger ragt im Norden als schöner Felsdreikant die Vesulspitze empor, der Hauptgipfel der nördlichen Samnaunberge. Trotz der großen Höhe, trotz der Bergbahnnähe blieb es um diesen Gipfel absolut still. Erst in den letzten Jahren erhält er hin und wieder Besuch (siehe auch Seite 64).

Zwischen diesem Gipfel und dem nächsten Dreitausender, dem Hexenkopf, liegt sozusagen das Samnaungruppen-Niemandsland. Dazu paßt auch so recht die Tatsache, daß das höchste Massiv in diesem Abschnitt, die Grübelespitze (2933 m), auf der Karte weder einen Namen noch eine Höhenangabe trägt. Sie ragt etwas nördlich des überall verzeichneten, aber deutlich kleineren Grübelekopfes auf. Fast die gleiche Höhe erreicht der Gmairer- oder Ochsenkopf (2914 m). Sehen schon diese Hauptkammgipfel selten einen Besucher, so führen die Berge in den nördlichen Seitenkämmen auch 1990 noch einen Dornröschenschlaf. Dabei zählen sie zu den wirklich mächtigen Gestalten, etwa der Riererkopf (2856 m), das Vordere Kreuzjoch (2853 m), der Stillkopf

(2889 m). Die Ursache liegt auf der Hand: Der Höhenunterschied vom Boden des Paznauntals zu den Gipfeln ist ganz einfach zu groß. Allenfalls zu dem immerhin 400 m langen Grübelesee, auf den man ganz überraschend in dem von hohen Steilgrashängen eingefaßten Tal trifft, »verirrt« sich mancher Wanderer.

Das zentrale Massiv mit Hexenkopf und Furgler haben wir ja schon angesprochen. So bleibt nur noch der letzte Kamm, der nördlich der Spinnscharte nochmals vier mächtige Felsköpfe trägt, bevor er dann rasch gegen das so schön gelegene Dörfchen Tobadill (1138 m) und gegen Landeck abfällt. Auch hier wieder das gleiche Bild: die Berge werden kaum bestiegen und beim höchsten Gipfel, dem Seekopf (2850 m), fehlen Name und Höhe in der Karte. Der besondere Akzent: sieben größere Seen und eine Reihe von kleineren Lacken verteilen sich auf die verschiedenen Böden und Hochkare. Und nur die Spinnseen liegen im Bereich der Wanderwege, die anderen Wasserflächen träumen still und einsam vor sich hin.

Zum Schluß noch ein statistisches Kuriosum: Von den 36 Gipfeln in den nördlichen Samnaunbergen gehören nicht weniger als 20 zu den »2800ern«, sind also zwischen 2800 und 2900 m hoch.

Über die Spinnscharte,
2681 m
Von Fiss mit den Liften ins Fisserjoch und Abstieg über die gleichnamige Alm ins Urgtal. Langer Anstieg - vorbei an den beiden Spinnseen - in die Spinnscharte. Dann zur Ascherhütte und mit dem Lift hinab nach See im Paznauntal. Etwa 5 Std. Gehzeit, Bergwege.

Erst hat man das Steinwild im Silvretta-Samnaun-Gebiet »erfolgreich« ausgerottet, dann wurde es wieder eingebürgert. Dieser Bock stand in den Blockfeldern unter dem Tirolerkopf.

27

Hütten und Durchquerungen

Die Hütten erschließen die Gletscher-region der Silvretta bis in den letzten Winkel. 220 Schlafplätze in der Jamtalhütte sind der beste Beweis für die besondere Anziehungskraft dieser Fels- und Gletscherberge. Manches, wie der Piz Buin oder die Dreiländerspitze, gehören im Sommer ebenso zu den Standardzielen wie im Skifrühling. Und während die Bergsteiger tagsüber auf Tour sind, gibt es eine zweite Besucherwelle: die Gäste aus den Talorten lieben die Hütten als Ausflugsziele mehr als alles andere. Die Durchquerung hat in der Silvretta hingegen wohl nicht ganz die Bedeutung wie in manchem anderen Berggebiet.

Ganz anders die Samnaunberge! Hier sind weite Regionen völlig hüttenfrei, und selbst die beiden bestehenden Stützpunkte spielen nur eine mäßige Rolle. Durch die Bahnen von Serfaus, Fiss und See rücken nämlich die Gipfel rundum in den Bereich von Tagestouren.

Die Stützpunkte auf österreichischem Boden entsprechen in ihrer Art den üblichen Alpenvereinshütten. Sie bieten also eine volle Bewirtschaftung mit so ziemlich allem, was sich der Bergsteiger wünscht. Zudem lassen sich die Zugänge mühelos begehen, oft verlaufen sie sogar auf Fahrwegen, was den Ausflügen ein wenig von ihrem Reiz nimmt. Deshalb werden auf den folgenden Seiten auch Alternativen zum Normalweg beschrieben. Man kann jedoch verstehen, daß nur »motorisierte Wirte« die vielen Menschen auf den Hütten ausreichend versorgen können.

In der Schweiz hingegen sind auch heute noch die Hütten wesentlich stärker als reine Bergsteigerunterkünfte ausgerichtet. Einige, wie die Tuoihütte oder das Silvrettahaus, bieten eine einfache Bewirtung, daneben gibt es aber auch reine Selbstversorgerhütten. In diesem Fall muß man seinen Proviant höchstpersönlich im Rucksack hinauftragen. Also Vorsicht – sonst sitzt man plötzlich ohne Essen und Trinken da.

Doch das ganz besondere Silvretta-Kuriosum ist die Hütten-Neubau-Ruine. Sie haben schon richtig gelesen! Es war nicht etwa eine Lawine, eine Mure oder Feuer,

Für die Route von der Bielerhöhe zur Wiesbadener Hütte gibt es einen Wanderweg (Foto) und ein Jeepsträßchen. Beim Aufstieg wird der Blick auf den Piz Buin immer eindrucksvoller. Rechts der große Bruch des Ochsentalerferners.

die die halbe Hütte im Klostertal schuf; nein, hier waren die Schildbürger am Werk. Man wollte noch eine Alpenvereinshütte erstellen, begann zu bauen, bekam finanzielle Schwierigkeiten, und so blieb der Bau recht »roh«. Später schieden sich nicht nur die Geister an der Frage Weiterbau oder Abriß, es entwickelte sich ein regelrechter Glaubenskrieg. Doch so gravierend – wie es mancher darstellte – ist dieses Thema nun doch nicht. In dem eher schmalen Klostertal bildet eine neue Hütte bestimmt keine Notwendigkeit; lediglich die Schneeglocke wäre dann leichter zu erreichen, und vielleicht würde hin und wieder einer auf die so elegante Schattenspitze (3202 m) klettern. Andrerseits hätte sich der Charakter der Silvretta mit diesem einen Neubau auch nicht zu seinem Nachteil verändert.

Der Entschluß des Deutschen und Österreichischen Alpenvereins, keine weiteren Täler mit Hütten zu erschließen, wäre durchaus sinnvoll. Wäre – doch die Praxis zeigt, daß sich dann eben andere um neue Jausenstationen etc. kümmern. So nimmt zum Beispiel die Zahl der bewirtschafteten Almen laufend zu. Damit ist dem üblichen Argument, man dürfe keine Musterbeispiele schaffen, schon jeglicher Boden entzogen!

Es wäre schade um den Platz, die üblichen Hüttenzugänge detailliert zu beschreiben. Schließlich findet sich jeder auf diesen großen Wegen mühelos zurecht.

Tübinger Hütte, 2191 m

Unser Silvretta-Hütten-Reigen beginnt mit einem untypischen Stützpunkt. Die Tübinger Hütte liegt auf einem Geländeabsatz hoch über dem innersten Garneratal. In einem relativ engen Kreis stehen rundum die Gipfel,

Tübinger Hütte
125 Schlafplätze,
4 Std. vom Vermuntsee,
10 Gipfel,
höchster Berg: Westliche
Plattenspitze, 2883 m.

Saarbrückener Hütte
87 Schlafplätze,
2 1/4 Std. vom
Vermuntsee,
10 Gipfel,
höchster Berg: Großes
Seehorn, 3121 m.

schöne, kantige Felsgestalten, teilweise sogar recht wilde Gesellen. Aber es fehlt das Spektakuläre: die Gletscher, die Dreitausender. Wer steigt schon über Blockwerk und Schrofen auf eine Kessispitze (2833 m) oder klettert gar auf die Zwillinge (2869 m, III)! Nein, Gipfelsammler kommen nicht unbedingt hierher. Auch die wandernden Gäste aus dem Tal sind nicht so zahlreich. Der direkte Zugang aus dem Montafon durch das so langgestreckte Garneratal dauert seine 4 bis 5 Stunden, und die an sich sehr reizvolle Tour vom Vermunt-Stausee über das Hochmadererjoch (2505 m) hat einen Schönheitsfehler: Man muß beim Rückweg eine gute Stunde wieder bergauf steigen. Zu den ausgesprochenen Leckerbissen gehört jedoch der Höhenweg von Silvretta Nova (Lifte ab Gaschurn), der stundenlang in schönster Aussichtslage auf und neben dem Kamm nach Süden führt.

Eine große Rundtour: Von Gaschurn mit dem Lift nach Silvretta Nova (2010 m). Bergwege zur Versettla (2372 m) und weiter ins Matschunerjoch. Stets dem höchsten Kamm folgend über Kuchenberg und Vorderberg (2553 m) ins Vergaldnerjoch. Nun quer durch die Hänge zur Tübinger Hütte (2191 m, mindestens 5 Std., evtl. Übernachtung). Weiterweg mit Gegenanstieg zum Hochmadererjoch und Abstieg zum Vermuntsee (2 1/2 Std.). Rückfahrt mit dem Bus.

*Vor der Heidelberger
Hütte ist die Gruppe
zum Aufbruch für die
Bergwanderung zur
Jamtalhütte bereit.*

Saarbrückener Hütte, 2538 m

Ob Tages-Ausflugsziel oder Tourenstützpunkt – es ist stets das Gipfelpaar Seehorn und Großlitzner, das das Besondere des Kromertals schafft und das damit die Besucher anlockt. Beim Zugang beherrscht vor allem der Litzner (3109 m) das Panorama. Als dunkle Felsscheibe ragt er gewaltig aus dem von Spalten und Eisabbrüchen zerfurchten Litznergletscher empor. Selten steht der Hüttenwanderer einem der großen Gipfel so unmittelbar gegenüber. Die einzigartige Lage des Stützpunktes verstärkt noch diesen Eindruck: Die Hütte schmiegt sich sozusagen an die warmen Felsen des Kleinlitzners, thront in beherrschender Lage auf einer Kanzel ein Stück über dem inneren Talboden. Noch ein Detail: sie ist die höchstgelegene Silvretta-Hütte.

Der Besuch ist allemal einen Tourentag wert! Und man sollte sich auf jeden Fall die beim Madlenerhaus beginnende Route über Tschifernella aussuchen (nicht den wenig schmucken Fahrweg vom Vermuntsee durchs Kromertal). Dabei gibt weniger der klangvolle und zungenbrecherische Namen den Ausschlag, es begeistern vielmehr die so schönen, freien Ausblicke. Wer will, kann den Ausflug zudem zu einer Rundtour über den Litznersattel (2737 m) ausbauen.

Eine große Rundtour: Von der Bielerhöhe am See entlang, dann ins Klostertal, wo man immer am diesseitigen Ufer des Baches bleibt. Dann über eine hohe Steilstufe und durchs Verhupftäli in den Litznersattel (2737 m, 3 Std.). Der stets deutlichen Spur folgend über die Firnflächen des Litznergletschers und nach links zur Hütte. Rückweg über Tschifernella zum Madlenerhaus und empor zur Bielerhöhe. Insgesamt mindestens 6 Std.

Madlenerhaus und Bielerhöhe

Das Alpenvereinshaus unter der Weststaumauer und die Gasthäuser auf der Bielerhöhe liegen unmittelbar im Straßenbereich und haben damit natürlich eine andere

Landeck

Prutz

Kappl

⑫

⑭

St. Gallenkirch

Ischgl

Hexenkopf 3035 ▲

⑬

Gaschurn

Galtür

Vesulspitze 3089 ▲

Gargellen

Samnaun

Piz Rots 3097 ▲

Eisentälispitze 2873 ▲

① ②

⑤

Seehorn 3121 ▲

④ Fluchthörner 3399 ▲

Muttler 3294 ▲

Klosters

⑨ ⑧

③ Piz Buin 3312 ▲

Martina

⑦ Piz Tasna 3179 ▲

⑥

Piz Linard 3411 ▲

⑩

Davos

⑪

Flüela Weißhorn 3085 ▲

Scuol

Susch

1	Tübinger Hütte 2191	4	Jamtalhütte 2165
2	Saarbrückener Hütte 2538	5	Heidelberger Hütte 2264
3	Wiesbadener Hütte 2443	6	Chamanna Tuoi 2250
		7	Silvrettahaus 2341
		8	Seetalhütte 2065
		9	Fergenhütte 2141
		10	Berghaus Vereina 1943
		11	Chamanna dal Linard 2327
		12	Ascherhütte 2256
		13	Hexenseehütte 2610
		14	Kölner Haus 1965

Wertigkeit als die übrigen Stützpunkte. Eine ganze Reihe von Touren beginnen in diesem Bereich, die jedoch – von Hohem Rad und Vallüla abgesehen – zumindest im Sommer selten, teilweise nahezu nie durchgeführt werden. Selbst die großen Gipfel im Südwesten, über dem inneren Klostertal, zählen zu den stillen. Nein, das sind trotzdem keine »grauen Bergmäuse«. Ganz im Gegenteil! Die Schattenspitze (3202 m) und die anschließenden Egghörner (3120 m) mit ihren gewaltigen, kantigen Gipfeln und den schmalen, wildzerscharteten Graten gehören zum Eindrucksvollsten überhaupt. Wer einsame Kletterei liebt, kann hier im Urgestein schwelgen (III und IV). Ebenso unberührt sind die Gipfel im Osten des Bieltals, etwas weniger trotzige Gesellen, aber doch mächtige und selbständige Berge.

Wiesbadener Hütte, 2443 m

Dieser Stützpunkt im Herzen der Silvretta ist das Mekka der Tagesausflügler ebenso wie das der Alpinisten mit Seil und Pickel. Piz Buin und Dreiländerspitze muß der

richtige Bergsteiger ganz einfach bestiegen haben! Und auch die restlichen zehn Dreitausender finden manchen Liebhaber. Selbst bei einer ganzen Tourenwoche wird es dem Gipfelsammler auf der hochgelegenen Hütte mit ihrem schönen Gletscherblick nie langweilig. Den Ochsentalergletscher mit seinem großen Eisbruch bestaunen auch die von der Bielerhöhe kommenden Hüttenwanderer. Noch weiter und freier wird die Aussicht, wenn man den Rückweg über den Radsattel nimmt, wo zudem eine begrünte Kuppenlandschaft mit vielen Blumen und kleinen Bergseen ein Paradies zum Schauen und Faulenzen bietet.

Rund um das Hohe Rad: Am Ostufer des Sees bis kurz hinter den auffallenden Bacheinlauf (Überleitung aus dem Bieltal). Hier vom Jeepsträßchen ab und auf dem Fußweg immer schräg aufwärts durch die Hänge zur Hütte (2 Std.).

Auf der linken Seite kurz über eine Stufe empor, dann auf weiter, welliger, aussichtsreicher Hochfläche in den Radsattel (2652 m). Nach Nordosten abwärts, kurzer Abstecher zum großen Bielsee (2477 m), dann durch das

Madlenerhaus
100 Schlafplätze,
Autozufahrt.

Wiesbadener Hütte
200 Schlafplätze,
2 Std. von
der Bielerhöhe,
14 Gipfel,
höchster Berg:
Piz Buin, 3312 m.

keltiefen Pulverschnee wühlen. Er stammt wohl noch vom letzten Schlechtwetter, und der Sturm hat ihn hier im Windschatten aufgetürmt.

In der Scharte stehe ich meinem Ziel, dem Kleinen Seehorn (3032 m), dann Aug in Auge gegenüber. Das ist ein kecker Felsdreikant, zu dem von rechts ein ziemlich steiler Gletscherlappen hinaufzieht. Dieser zeigt heute ein eigenartiges Hell-dunkel-Muster. Ich quere den fast neuschneefreien Seegletscher und bin bald drüben am Fuß der Steilflanke. Das Muster setzt sich aus dicken, angeblasenen Pulverschneeschilden und den dunkleren Harschflächen zusammen. Ehrfurcht packt mich vor diesem Zauberwerk des Windes, wobei die Betonung mehr auf »Furcht« liegt. Die Vorstellung einer Talfahrt auf und in einem dieser Schneeschilde!

So bleiben die Skier zurück, und ich steige ganz an der Seite zu Fuß empor, reichlich steil, dafür aber sicher. In den Harsch lassen sich nur kleine Kerben treten, den Pickel verwende ich als eine Art Spechtschnabel. Wie lange doch hundert Höhenmeter werden können! Endlich legt sich der Hang zurück. Zwischen Blöcken wühle ich mich zum Gipfelgrat hinauf, die letzten Meter – schön luftig und ausgesetzt – würzen noch ein paar vereiste Platten.

Eine Stunde später sitze ich vor der geschlossenen Saarbrückener Hütte in der Sonne. Das Haus schmiegt sich scheinbar an die steilen Felsen des Kleinlitzners, in denen überall das Schmelzwasser tropft und rieselt. Ein herrliches Plätzchen mit diesem Blick in den Kessel des Litznergletschers unmittelbar vor dem Betrachter! Kein Mensch, keine Spur ist zu entdekken, es gibt nur diese endlosen Schneeflächen und die dunklen Felsen darüber.

Bei meinem nächsten Besuch in der Region war der Fels selbst das bestimmende Element. Viel Spaß machte das Turnen über die langgestreckte Zackenkrone der Vorderen und der Mittleren Lobspitze (2835 m, bis III). Rötliche Gneise schaffen dort ein schönes, griffiges Gestein. Anschließend stand die Verhupfspitze (2957 m) auf dem Programm, der Hauptgipfel im Lobspitzkamm. Bei der allzu vagen Beschreibung im Führer bleibt nur eines: die Routen selbst begehen. Der Westgrat entpuppte sich als logischer Anstieg. An einem Gratkopf mit senkrechtem Abbruch schlich ich beim Aufstieg auf abschüssigen, moosigen, recht ausgesetzten Bändern der Nordseite vorbei, beim Rückweg zog ich die stark gegliederte Sonnenseite vor (jeweils II).

Jetzt wandere ich auf breiter Trasse über die Firnfelder des Litznergletschers Richtung Saarbrückener Hütte. Welcher Kontrast zum letzten Besuch! Menschen drängen sich vor dem Haus, in der Hütte, Scharen pilgern auf dem Jeepweg bergauf, der sich als häßliche Narbe durch die weiten Moränenflächen windet.

Zwei Touren bei der Saarbrückener Hütte

Die Saarbrückener Hütte nach der Jahrhundertwende auf einem Bild von E.T. Compton. Darüber der Kleinlitzner, der heute mit einem gesicherten Steig erschlossen ist.

Meine erste Bekanntschaft mit dem Kromertal und der Saarbrückener Hütte stammt aus dem Frühsommer, kurz nachdem die Schneefräsen die Silvretta-Hochalpenstraße geräumt hatten. Noch funkeln die Sterne, als ich durchs innere Montafon fahre und dann die vielen Kehren der Paßstraße hinaufkurve. Beim Start hinter dem Vermuntsee (1747 m) färbt sich der Himmel im Osten apfelgrün. Auf dem hartgefrorenen Schnee und beim Fehlen aller Steilstufen laufe ich mit meinen Skiern – nein, nicht »mühelos«, wie es immer so schön unzutreffend heißt, denn 1300 Hm Aufstieg bleiben stets eine anstrengende Arbeit – aber doch leichter als im Sommer bergauf. Als wuchtiger, dunkler Felsturm, der aus Steilgletschern mächtig emporwächst, beherrscht lange Zeit der Großlitzner das Bild. Die Hütte lasse ich rechts liegen und steige zur Seelücke (2776 m) hinauf. Im letzten Abschnitt muß ich mich durch einen schen-

ganz unberührte Bieltal und schräg nach links zurück zum Ausgangspunkt (2 1/2 Std.).

Jamtalhütte, 2165 m

Selten bietet eine Hütte ein so reiches Tourenangebot wie dieser große Stützpunkt im Jamtal. Eine malerische Umgebung mit rauschendem Bach und gewaltigen Blöcken, zudem der Blick auf den Jamtalferner schaffen eine besondere Note. Der größere Teil der Ziele wird bei sogenannten Gletscherwanderungen erreicht, denn die Bergsteiger sind hier fast ausschließlich auf den Normalwegen unterwegs. Mit dem Begriff »Gletscherwanderung« hat sich ein recht unglückliches Wort eingebürgert, das schnell zu Leichtsinn verführen kann. Die Silvrettagletscher sollte trotz der mäßigen Neigung niemand unterschätzen! Es gibt zahlreiche Spaltenzonen, und auch bei einer dicken Spur kann man nie ein Einbrechen ausschließen. Zu den recht anspruchsvollen Bergfahrten gehört jedoch der Hauptgipfel der Region, das Massiv der Fluchthörner. Schon beim langen Normalanstieg von Süden muß man richtig klettern (II), und zu den ganz großen Unternehmen in der Silvretta gehört die Überschreitung der drei Gipfel, ein mit vielen Zacken gekrönter Grat von einem Kilometer Länge. Ein Gang himmelhoch über allen Bergen rundum!

Über den Zugang gibt's nicht viel zu sagen: von Galtür immer auf dem Fahrweg durch das etwa 8 km lange Jamtal. Doch wer Bescheid weiß, findet auch hier eine spannende Rundtour:
Über die Getschnerscharte: Von Galtür mit dem Bus zur Bielerhöhe. Hinüber ins Bieltal. Beim Erreichen des Talbodens links ab, über eine Stufe in die weiten Kar-böden am Fuß der schönen Madlenerspitze und schließlich über ein Firnfeld in die Getschnerscharte (2839 m). Drüben durch ein steiles Kar hinab und zur Jamtalhütte hinüber. Insgesamt 4 Std. Abstieg durchs Jamtal nach Galtür.

Heidelberger Hütte, 2264 m

Das etwas schmucklose Haus steht im Val Fenga. Jawohl, so heißt das obere Fimbertal ganz offiziell. Es gehört nämlich, obwohl das Tal bei Ischgl ins Paznaun mündet, zu Graubünden. Damit ist die Heidelberger Hütte das einzige Alpenvereinshaus auf Schweizer Boden, aber trotzdem wird dort natürlich in Schillingen bezahlt. Der sehr weite Bergkranz um die Hütte zeigt zwei gegensätzliche Gesichter: im Westen stehen schöne Felsgipfel mit den alles überragenden Fluchthörnern, während im Osten dank der stark verwitterten Schiefer viel sanftere Formen vorherrschen.

Die Hütte besuchen recht unterschiedliche Gäste. In der Skisaison werden fast alle Gipfel rundum bestiegen. Das »fast alle« gilt auch für den Sommer – doch umgekehrt: ein Piz davo Lais (3027 m) etwa sieht dann keinen einzigen Bergsteiger mehr. Tagesgäste und Alpinisten, die die Silvretta-Durchquerung auf dem Programm haben, zusätzlich die Fluchthorn-Aspiranten – so setzt sich das Sommerpublikum zusammen. Der Tagesbesucher, der von Ischgl mit dem Hütten-Taxi hinauffährt, kann anschließend durch das einsame Laraintal nach Galtür wandern.

Rückweg durchs Laraintal: Direkt bei der Hütte beginnt der Aufstieg ins Ritzenjoch (2687 m). Drüben durch ein Kar hinab, dann im teilweise flachen Laraintal – großartiger, vergletscherter Talschluß mit Schnapfenspitze und Fluchthorn – nach Norden talaus und hinüber nach Tschafein bei Galtür (4 Std.).

Chamanna Tuoi, 2250 m

Trotz der so hohen Gipfel leuchtet oberhalb der Tuoihütte kaum ein Gletscher. Das liegt teilweise an den hohen Steilhängen, die die Sicht in die oberen Becken versperren, aber auch an den gewaltigen Felswänden, die wenig Platz für Eisfelder lassen. Der Piz Buin (3312 m) stürzt mit hohen, fast schwarzen Wänden ab, ja, der Südpfeiler fußt erst 800 m tiefer in den Geröllfeldern. Aber auch vom zweiten Ausnahmeberg über dem Val Tuoi, dem so malerisch vergletscherten Piz Fliana (3281 m), sieht man nur die hohen Felsabsätze.

Für den Bergsteiger gibt es hier viele, sehr interessante, sehr lohnende Touren. Doch auch eine Wanderung von Guarda durch das Val Tuoi zur Hütte wird zu einem Erlebnis. Dabei ist man zwar auf einem Fahrweg unterwegs, doch das meist freie Gelände verwöhnt mit den schönsten Ausblicken; vor allem die Buine imponieren.

Chamanna dal Linard, 2327 m

Es ist eine Art Reverenz an den Hauptgipfel der Silvretta, den Piz Linard (3411 m), daß der SAC ihm eine Art Privathaus errichtet hat. Diese Selbstversorgerhütte wird fast ausschließlich von den Linard-Aspiranten besucht. Sie liegt in dem kleinen, nach Süden offenen und dort steil abfallenden Val Glims. Der so schöne Blick quer über das Inntal auf die markanten Felsberge gegenüber, Unterengadiner Dolomiten genannt, würde aber auch einen reinen Hüttenwanderer begeistern. Das Ungewöhnliche bei diesem Aufstieg: man wandert durch kein Tal, sondern steigt »außen« am Berg empor!

Berghaus Vereina, 1943 m

Dieses private, auf einer (gesperrten) Straße zugängliche Haus umgibt ein Bergkranz, auf den manche Clubhütte stolz sein könnte. Das schluchtartig eingeschnittene Vereinatal verzweigt sich im Hüttenbereich in das Vernelatal mit dem Verstanclahorn (3298 m), ins Süsertal, über dem die Plattenhörner (3220 m) dominieren, und das Jörital mit seinem Dutzend schönster Bergseen und dem Flüela Weißhorn (3085 m), dessen leuchtender Gletscher der Landschaft einen besonderen Zauber gibt. Beliebte und allereinsamste Gipfel kann der Besucher hier auf sein Programm setzen.

Jamtalhütte
220 Schlafplätze,
Tel. A-05443/206,
3 Std. von Galtür,
20 Gipfel,
höchster Berg:
Fluchthorn, 3399 m.

Heidelberger Hütte
155 Schlafplätze,
Tel. A-05444/5418,
2 Std. vom Bodenhaus,
18 Gipfel,
höchster Berg:
Fluchthorn, 3399 m.

Chamanna Tuoi
66 Schlafplätze,
2 3/4 Std.
von Guarda,
10 Gipfel,
höchster Berg:
Piz Buin, 3312 m.

Chamanna dal Linard
für Selbstversorger,
40 Schlafplätze,
2 3/4 Std.
von Lavin,
1 Gipfel:
Piz Linard, 3411 m.

Berghaus Vereina
80 Schlafplätze,
Tel. CH-083/42580,
Zufahrt mit Bus,
14 Gipfel,
höchster Berg:
Verstanclahorn,
3298 m.

Es wäre schade, diese besonders schön gelegene Hütte nur bei einer Busfahrt als Brotzeit-Station zu besuchen. Die abwechslungsreichste Rundtour beginnt an der Flüela-Paßstraße in 2207 m Höhe (Bushaltestelle) und führt über die Jöriflüelafurgga.

Die Vereinatour: Von der Flüelastraße auf gutem Steig über Grashänge und durch ein Blockkar in die Jöriflüelafurgga (2725 m) und drüben hinab zu den erstaunlich großen Jöriseen. Am Gegenhang abwärts zum Berghaus Vereina (3 1/2 Std.) und zu Fuß oder mit dem Bus talaus.

Fergenhütte, 2141 m

In erster Linie ist diese kleine, unbewirtschaftete SAC-Hütte für Kletterer gedacht, die an dem erstaunlich schlanken Turm des Fergenkegels ihre Künste erproben wollen. Hin und wieder besucht auch ein Bergsteiger den Hauptgipfel des Gebietes, die Schildfluh (2887 m). Aber auch ein Tagesausflug hat seinen Reiz. Nicht nur die Tiefblicke von der so exponiert gelegenen Hütte begeistern, man schaut auch schnurgerade ins Vereinatal mit dem Flüela Weißhorn. Von Klosters muß man nach Monbiel (1291 m) fahren, talein nach Schwendi wandern, um dann in dem meist äußerst steilen Gelände zur Hütte hinaufzusteigen.

Seetalhütte, 2065 m

Ganz in der Nähe des Fergenmassivs steht eine weitere Hütte ohne Bewirtschaftung. Sie versteckt sich in dem engen, im Westen von gewaltigen Felshängen überragten Seetal. Zwei große Bergseen – zum Schottensee siehe auch Seite 15 – geben dem Einschnitt seinen Namen. Großlitzner und das Große Seehorn lassen sich von dort aus besteigen, sonst kämen wohl nur selten Alpinisten in diesen stillen Winkel. Nur eine gute Stunde dauert der Aufstieg von der Alp Sardasca (1648 m), die man mit dem Silvrettabus erreicht.

Silvrettahaus, 2341 m

Mit der letzten Hütte in unserer Aufstellung kehren wir noch einmal so richtig ins Gletschergebiet zurück. Ja, man möchte fast sagen, man kommt hier in das Stammland des Gebirges. Denn von hier hat sich der Name Silvretta über das ganze Gebiet ausgebreitet. Eine Reihe großer Gipfel vom Silvrettahorn bis zum Piz Buin – umständlich über zwei Scharten zu erreichen - gehört zum Tourengebiet. Auch im Frühjahr zur Skitourenzeit wird die Hütte gerne besucht. Im Sommer erleichtert der in Klosters startende Silvrettabus, der bis zur Alp Sardasca (1648 m) fährt, den Zugang.

Hexenseehütte, 2610 m

Die typischen Schieferberge in der Samnaun-Nordgruppe: Blick vom Gmairerkopf im Gebiet der Hexenseehütte auf den Blautalrücken. Im Hintergrund die Ötztaler Alpen mit Watze- und Wildspitze.

Das schmucke Selbstversorgerhüttchen steht auf einem Geländerücken etwas oberhalb des Hexensees mit frei-

Von drei Hütten aus läßt sich der Gletscherkamm besteigen; trotzdem erhält dieser Gipfel weniger Besuch. Vorne sieht man den Silvretta-, rechts den Kammgletscher.

em Blick nach Südosten. Es ist nicht ganz verständlich, wieso 1975 hier, am Rand des Pistengebietes, ein Stützpunkt dieser Art neu errichtet wurde. Man kann sich jedoch mit einer Übernachtung den langen Höhenweg vom Kölner Haus zur Alp Trida (und evtl. weiter zur Heidelberger Hütte) in zwei gemütliche Etappen verkürzen.

Kölner Haus, 1965 m

Diese Hütte auf Komperdell war einst *der* Samnaunberge-Stützpunkt schlechthin. Schon zwischen den Kriegen schätzten die Bergsteiger das Gebiet als Ski-Dorado und fühlten sich auf der für die damalige Zeit recht modernen Hütte wohl. Heute liegt sie inmitten des großen Skizirkus. Trotzdem ist ein Teil der Tiefschneetouren unberührt geblieben. Auch im Sommer verkehren die Komperdell-Seilbahn und der Lift zum Lazid. In der warmen Jahreszeit laden nicht nur die alpinen Steige zu Gipfeltouren (mit zwei Dreitausendern) ein, die vielen Bergseen geben der Landschaft zusätzlich einen ganz eigenen Reiz.

Die »erleichterte« Rundtour: Von Fiss mit dem zweiteiligen Lift ins Fisserjoch (2432 m). Dann stets über den Grat zum Brunnenkopf (2682 m, Näheres siehe Seite 47) oder auch bis zum Planskopf. Abstieg von einem der beiden Gipfel zum Kölner Haus. Dann mit der Seilbahn nach Serfaus und mit dem Bus zurück nach Fiss.

Ascherhütte, 2256 m

Diese kleine, gemütliche Hütte liegt in einem etwas feuchten Kar hoch über dem äußeren Paznauntal. Es öffnet sich nach Norden, und so gehört zum Beispiel die Parseierspitze (3036 m) drüben in den Lechtaler Alpen zum Panorama. Fast ein Dutzend der typischen Gras- und Blockgipfel im nordöstlichen Samnaungebiet könnte man besteigen. Es sind jedoch nur die mit einem Weg erschlossenen Berge, allen voran der Furgler, die wirklich Besuch erhalten, während man etwa auf einem Gamsbergkopf absolute Ruhe genießen würde.

Durch die Silvretta

Die übliche Durchquerung führt - fast eisfrei - von der Heidelberger zur Saarbrücker Hütte. Den höchsten Punkt erreicht man gleich beim ersten Übergang mit dem Zahnjoch (2945 m) oberhalb der Heidelberger Hütte. Dann weicht man den größeren Gletschern nördlich aus, überschreitet zwischen der Jamtal- und der Wiesbadener Hütte die Getschnerscharte (2839 m) und steigt beim Weiterweg Richtung Saarbrücker Hütte bis zum Stausee ab, um dann das Ziel durch das Klostertal und über den Litznersattel (2737 m) zu erreichen. Das sind keine schwierigen und aufregenden Übergänge, sie bieten jedoch schon einen recht umfassenden Eindruck der zentralen Silvretta. Ganz nahe kommt man an den

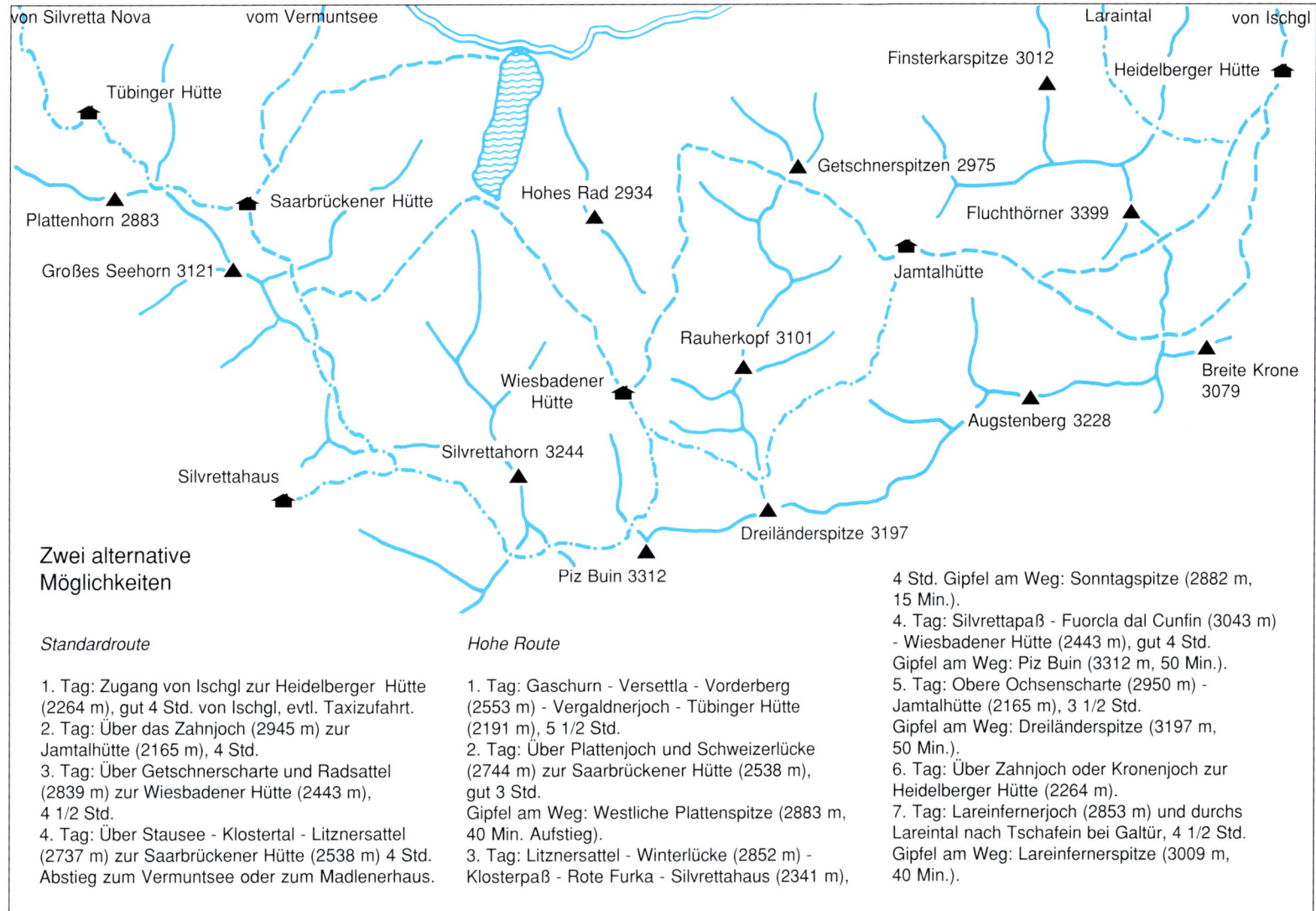

von Silvretta Nova **vom Vermuntsee** **Laraintal** **von Ischgl**

Tübinger Hütte

Finsterkarspitze 3012

Heidelberger Hütte

Plattenhorn 2883

Saarbrückener Hütte

Getschnerspitzen 2975

Hohes Rad 2934

Fluchthörner 3399

Großes Seehorn 3121

Jamtalhütte

Rauherkopf 3101

Wiesbadener
Hütte

Breite Krone
3079

Augstenberg 3228

Silvrettahorn 3244

Silvrettahaus

Dreiländerspitze 3197

Piz Buin 3312

Zwei alternative Möglichkeiten

Standardroute

1. Tag: Zugang von Ischgl zur Heidelberger Hütte (2264 m), gut 4 Std. von Ischgl, evtl. Taxizufahrt.
2. Tag: Über das Zahnjoch (2945 m) zur Jamtalhütte (2165 m), 4 Std.
3. Tag: Über Getschnerscharte und Radsattel (2839 m) zur Wiesbadener Hütte (2443 m), 4 1/2 Std.
4. Tag: Über Stausee - Klostertal - Litznersattel (2737 m) zur Saarbrückener Hütte (2538 m) 4 Std. Abstieg zum Vermuntsee oder zum Madlenerhaus.

Hohe Route

1. Tag: Gaschurn - Versettla - Vorderberg (2553 m) - Vergaldnerjoch - Tübinger Hütte (2191 m), 5 1/2 Std.
2. Tag: Über Plattenjoch und Schweizerlücke (2744 m) zur Saarbrückener Hütte (2538 m), gut 3 Std.
Gipfel am Weg: Westliche Plattenspitze (2883 m, 40 Min. Aufstieg).
3. Tag: Litznersattel - Winterlücke (2852 m) - Klosterpaß - Rote Furka - Silvrettahaus (2341 m),

4 Std. Gipfel am Weg: Sonntagspitze (2882 m, 15 Min.).
4. Tag: Silvrettapaß - Fuorcla dal Cunfin (3043 m) - Wiesbadener Hütte (2443 m), gut 4 Std. Gipfel am Weg: Piz Buin (3312 m, 50 Min.).
5. Tag: Obere Ochsenscharte (2950 m) - Jamtalhütte (2165 m), 3 1/2 Std. Gipfel am Weg: Dreiländerspitze (3197 m, 50 Min.).
6. Tag: Über Zahnjoch oder Kronenjoch zur Heidelberger Hütte (2264 m).
7. Tag: Lareinfernerjoch (2853 m) und durchs Lareintal nach Tschafein bei Galtür, 4 1/2 Std. Gipfel am Weg: Lareinfernerspitze (3009 m, 40 Min.).

Fluchthörnern und am Großlitzner mit seinem zerklüfteten Gletscher vorbei.

Einen ganz neuen Akzent bekäme die Tour bei einem Start in der Nordwestsilvretta. Auf Seite 30 wurde der Zugang von Silvretta Nova zur Tübinger Hütte schon beschrieben. Kurzweilig ist dann die Route über das Plattenjoch und die Schweizerlücke zur Saarbrückener Hütte; man quert dabei zwei kleine Gletscherkessel.

✳

Schleppt man Seil und Pickel mit, dann läßt sich die Silvretta-Durchquerung mit ein paar weiteren Glanzlichtern aufpolieren. Vor allem wird man das Silvrettahaus besuchen. Vier Scharten und drei Gletscherfelder muß man von der Saarbrückener Hütte aus überqueren. In der Winterlücke (2852 m) erreicht man den höchsten Punkt dieser reizvollen und aussichtsreichen Route. Auch der folgende Tag mit seiner großen Gletschertour führt über drei Scharten, den Silvrettapaß, die Fuorcla dal Cunfin und die Lücke im Wiesbadener Grätle. Der Piz Buin läßt sich dabei im Handstreich erobern. Auch zwischen der Wiesbadener und der Jamtalhütte gäbe es eine Eistour: die Überschreitung der Oberen

Ochsenscharte (2950 m) und den Abstieg über den spaltenreichen Jamtalferner. Hier bietet sich die Dreiländerspitze zum »Mitnehmen« an. Und der Gipfelhungrige kann mit einer Variante auch die vorletzte Etappe interessanter gestalten. Überquert er das Kronenjoch, dann sind es nur noch Katzensprünge zu den Dreitausendern Bischofspitze, Grenzeckkopf und Breite Krone (3079 m). Und statt des langgestreckten Fimbertal-Marsches nach Ischgl wird der Genießer das Lareinfernerjoch (2853 m, Abstecher auf die Lareinfernerspitze, 3009 m) überschreiten und dabei den so schönen vergletscherten Hintergrund des Lareintals bewundern.

✳

Für alpine »Marathonläufer« wurde auch in der nördlichen Samnaungruppe eine besondere Möglichkeit geschaffen. Vom Kölner Haus steuert man als erstes die Hexenseehütte an. Dann geht es weiter über Ochsenscharte, Fließerscharten, Martinskopf zum Berghaus Alp Trida (2263 m, privater Berggasthof, etwa 7 Std.). Weiterweg über Salaasereck und -kopf zum Zeblasjoch und am Piz Val Gronda vorbei zur Heidelberger Hütte (2264 m, ca. 4 1/2 Std.).

37

Die Berge mit Weg

Selbst in einem Gebirge von der Höhe der Silvretta findet man noch ein Dutzend mit Wegen erschlossene Gipfel, und das nordöstliche Samnaungebiet ist sogar ein Schlaraffenland in dieser Beziehung. Mancher Bergsteiger übersieht diese Art von Zielen gerne, mögen sie noch so auffällig und gewaltig im Blickfeld stehen. Zu unrecht fühlt er sich über derartige Touren erhaben, wenn nebenan die großen Gletscherberge warten. Oft bieten gerade die Gipfel, die nicht ganz so hoch aufragen, einen besonders eindrucksvollen Überblick, wie etwa das Gamshorn oder das Hohe Rad mit ihren Eisbergpanoramen. Und gibt es denn etwas Schöneres, als zwischen den warmen Felsblöcken zu lümmeln, frei von aller Spannung und Aufregung, die Gipfel rundum zu bewundern, neue Pläne zu schmieden…

Bielerhöhe und Hochmaderer im ersten Morgenlicht.

Die Wege-Berge der Silvretta lassen sich in zwei Gruppen einteilen. Im Inneren liegen die bereits erwähnten Eisberge-Aussichtsgipfel, während die Ziele in den Nebenkämmen mehr von den Gästen aufgesucht werden, die in den Talorten logieren. Eine Sonderstellung nimmt die Vallüla ein, denn an diesem spitzen Felshorn muß man trotz des Weges ein wenig klettern.

Ganz anders in der Samnaungruppe! Sind in der Silvretta sozusagen nur Ziele zweiter Ordnung erschlossen, wird hier mancher der Hauptgipfel zum Bergwanderziel wie die beiden Dreitausender Furgler und Hexenkopf. Das Gebiet von Fiss und Serfaus ist sowieso ein Paradies für die Liebhaber von Touren auf alpinen Steigen. Es lassen sich lange Grate überqueren, Gipfel miteinander kombinieren usw. Und selbst auf den alles überragenden Hauptgipfel, den Muttler (3294 m), führt zwar kein richtiger Weg, doch die deutlichen Steigspuren sind eine recht gute Hilfe.

Bei einwandfreien Bedingungen stößt der erfahrene Bergwanderer nur an wenigen Stellen auf Schwierigkeiten. Doch bei Höhen von 2600 bis über 3000 m darf man nie die Verhältnisse außer acht lassen. An den geschützten Stellen , vor allem in den Rinnen, hält sich bis weit in den Sommer hinein der Schnee, der ja manchmal beinhart gefroren ist. Natürlich kann auch nach einer kalten Nacht eine feine Eisschicht alles überziehen. Selbst Nässe kann Schwierigkeiten bereiten, sie sorgt zum Beispiel für schmierige Moose und Flechten auf den Felsen.

Fällt Ihnen bei der folgenden Statistik etwas auf? Die Zahl der »Sa-Gipfel« ist überproportional hoch!

	Die höchsten Berge mit Weg (Si = Silvretta, Sa = Samnaungruppe)		
(1.	Muttler	Sa	3294)
2.	Hexenkopf	Sa	3035
3.	Furgler	Sa	3004
4.	Westliches Gamshorn	Si	2987
5.	Pischahorn	Si	2979
6.	Rotpleiskopf	Sa	2936
7.	Hohes Rad	Si	2934
8.	Flimspitze	Sa	2929
9.	Westliche Plattenspitze	Si	2883
10.	Hochmaderer	Si	2823
11.	Vallüla	Si	2813
12.	Planskopf	Sa	2804
13.	Kleinlitzner	Si	2783
14.	Pezid	Sa	2770
15.	Kreuzjoch	Sa	2698
16.	Heimspitze	Si	2685

Vallüla, 2813 m

Das ist der Einzelgänger und Ausnahmeberg der Nordsilvretta. Im positiven Sinn! Der auffallende Felsdreikant ragt hoch über seine Umgebung empor und fällt zum Beispiel schon im oberen Montafon ins Auge. Kein Wunder also, daß schon 1866 der Gaschurner Battlogg seinen »Hausberg« bestieg. Heute geht das ungleich müheloser, kann man doch zur Bielerhöhe mit dem Auto fahren und dann auf dem Vallülasteig den Gipfelfuß erreichen, doch einfacher ist's nicht geworden. Denn auf den oberen gut 100 Hm muß man noch heute über die Blöcke und Platten (I+) turnen, eine anregende Beschäftigung bei trockenem Fels, eine Stufe anspruchsvoller und gefährlicher bei Nässe oder gar Neuschnee. Nur wenige Gipfel verdienen es, daß man die Aussicht besonders erwähnt (der Rundblick gehört ja schließlich zu jedem Berg), die Vallüla jedoch zählt zu diesen wenigen. Dank der zentralen »Alleinlage« schaut man hinab ins Montafon, ins Paznaun und auf den Silvrettasee, genießt aber gleichzeitig ein einzigartiges Panorama. Dazu gehören nicht nur viele der großen Silvrettagipfel, sondern auch die Verwall-Dreitausender und ein Stück des Rätikon.

Die Route: Von der Bielerhöhe nach Norden auf eine nahe Kuppe. Ein Stück noch gerade empor, dann rechts durch sehr steile Hänge mit Rüfen auf die Maißböden. Unter der Kleinen Vallüla und auch unter dem folgenden Gratkopf südöstlich hindurch, dann recht steil durch eine Rinne empor auf die Schulter am Gipfelfuß. Drüben wenige Meter abwärts, dann über Bänder, Rinnen, Felsstufen und Gras auf den Gipfel mit Kreuz und Buch.

Predigberg, 2645 m

Galtür und das hier ausmündende Jamtal haben ihre beiden Wächter. Im Südwesten steht als schlanker, fein zugespitzter Graskegel der Gorfen (2558 m), zu dem zwar undeutliche Steigspuren führen, der aber in dem so steilen Gras eine Portion Trittsicherheit verlangt. Der Predigberg jenseits des Jamtals bietet ein Kontrastprogramm. Handelt es sich doch um ein breitgelagertes Massiv mit einem Felskamm. Hier führt ein kleiner Steig bis zum höchsten Punkt. Die große Überraschung gibt es dann auf dem Gipfel: Man schaut nämlich nicht nur in das obere Laraintal mit seinem Gletscher und der 400 m hohen Fluchthorn-Nordwand, im Osten, ganz nahe, ragt auch ein mächtiges Felskastell auf, ebenso wild wie unbekannt. Das ist das Dreiköpflmassiv (2970 m).

Die Route: In Galtür kurz vor der Kirche zur Jambachbrücke. Hier auf dem linken Weg zu einem Minilift. Oberhalb dessen Bergstation in den sehr steilen Wald, später über freie, aber ebenfalls steile Hänge auf einen weiten Rücken. Über ihn kurz aufwärts, dann nach rechts durch ein Kar und schließlich über steile Gras-, Block- und Schrofenhänge auf den Gipfel.

Westliches Gamshorn, 2987 m

Wie eine Felsfestung steht das Westliche Gamshorn über dem inneren Jamtal und der Jamtalhütte. Kein anderer Gipfel schiebt sich so auffallend gegen das Tal

Vallüla, 2813 m
Aufstieg von der Bielerhöhe, 780 Hm, 2 1/4 Std., kleiner Steig, am Gipfel Kletterei in gutem Fels, I. Anspruchsvolle Tour.

Predigberg, 2645 m
Von Galtür, 1060 Hm, 3 Std., kleiner Steig in teilweise steilem Gelände, Turnen über Blöcke.

Westliches Gamshorn
(Westgipfel), 2987 m
Aufstieg von der Jamtalhütte, 820 Hm, 2 1/2 Std., Bergweg in teilweise steilem Gelände, evtl. Schneefelder.

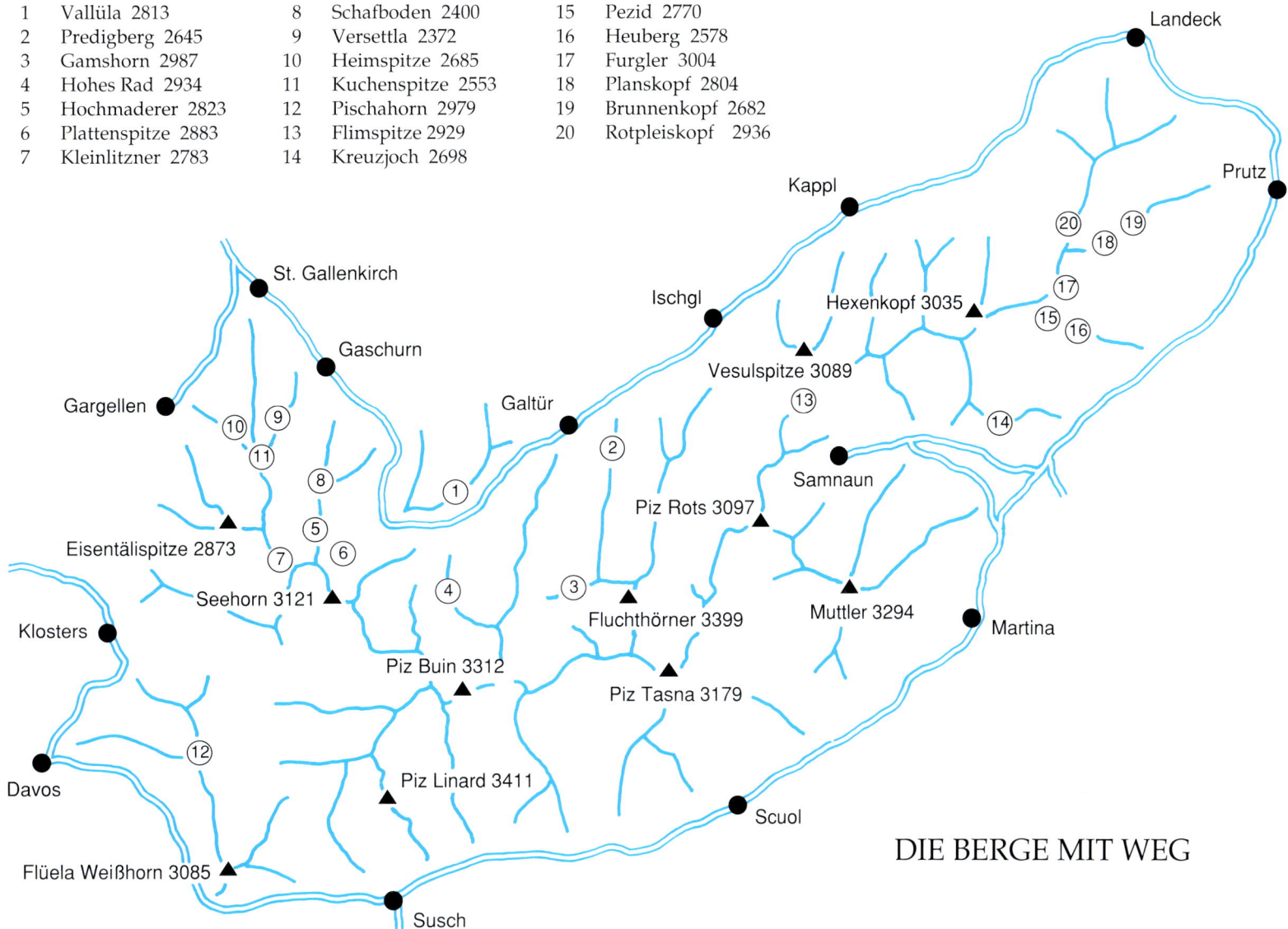

1	Vallüla 2813	8	Schafboden 2400	15	Pezid 2770
2	Predigberg 2645	9	Versettla 2372	16	Heuberg 2578
3	Gamshorn 2987	10	Heimspitze 2685	17	Furgler 3004
4	Hohes Rad 2934	11	Kuchenspitze 2553	18	Planskopf 2804
5	Hochmaderer 2823	12	Pischahorn 2979	19	Brunnenkopf 2682
6	Plattenspitze 2883	13	Flimspitze 2929	20	Rotpleiskopf 2936
7	Kleinlitzner 2783	14	Kreuzjoch 2698		

DIE BERGE MIT WEG

vor. Das stempelt ihn zu einem Aussichtsberg der Extraklasse! In einem weiten Bogen liegen die Gipfel um den Jamtalferner vor dem Betrachter, und im Osten ragen ganz nahe die Fluchthörner mit ihrer 400 m hohen, stark zerklüfteten Westwand auf. Der kleine Pfad führt von der Hütte recht rasch und direkt über die steilen Hänge empor, wobei anfangs der reiche Blumenschmuck auffällt. Hier blüht zum Beispiel im Frühsommer die Schwefelanemone in großer Zahl. Im oberen Teil wird das Gelände steil, und der Weg führt schließlich nach links zum Kreuz auf dem Westgipfel hinaus. Eine kleine Überraschung: Der Ostgipfel ist mit 2996 m sichtbar höher. Natürlich läßt er sich ebenfalls besteigen. Man folgt dem Grat und klettert schließlich über ein paar feste Felsen (II) zum höchsten Punkt hinauf.

Die Route: Von der Jamtalhütte nach Osten über den Futschölbach und noch ein kurzes Stück talein zu einer Wegverzweigung. Über die Hänge immer ziemlich direkt empor, erst relativ bequem, dann in steilem, rutschigem Gelände, zwischenzeitlich auch über eine Schrofenstufe, bis unmittelbar unter den Grat. Jetzt nach

links unter den Felsen hindurch und zum Kreuz auf dem Westgipfel.

Hohes Rad, 2934 m

Das ist das würdige Gegenstück zum Gamshorn! Genau im Zentrum über Ochsen- und Bieltal gelegen, bietet es einen idealen Überblick. Besonders schön präsentieren sich Schattenspitze, Silvrettahorn und der Piz Buin mit dem Ochsentalergletscher. Bei etwa gleichen Abständen zur Bielerhöhe wie zur Wiesbadener Hütte wird es nicht nur von beiden Seiten bestiegen, es bieten sich auch mehrere Möglichkeiten für abwechslungsreiche Rundtouren. Das lockt die Wanderer wie die Bergsteiger, und deshalb wird das Hohe Rad häufiger besucht als die anderen Berge dieser Art.

Von der Bielerhöhe: Auf dem Oststaudamm des Silvrettasees zum Bergfuß. Bei der Verzweigung links zu einer weiteren, unauffälligen Verzweigung. Nun entweder auf breitem Weg schräg durch den Hang hinüber ins Bieltal, durch den schmalen Einschnitt einwärts, dann

Hohes Rad, 2934 m
Von der Bielerhöhe
900 Hm, 3 Std.,
von der Wiesbadener
Hütte 500 Hm, 2 Std.
Alpine Steige, am
Gipfelaufbau steil,
Sicherungen.

rechts über eine Stufe empor und über schöne Böden in den Radsattel (2652 m). Hier im spitzen Winkel wieder nach rechts und nur wenig steigend auf die Radschulter (2697 m). Oder bei der zweiten Verzweigung in Kehren über den Steilhang empor, dann über Böden und durch ein Kar auf die Schulter (deutlich kürzer, aber steiler). Über Blockwerk und Schrofen steil nach Westen auf den Gipfel.

Hochmaderer, 2823 m

Schaut man von der Bielerhöhe nach Westen, so fällt – genau über dem Einschnitt des Großvermunt – ein wuchtiger, rotbrauner Felsberg auf. Mit seinen bis zu 500 m hohen, für ein Urgestein auffallend steilen Wänden schaut er so gar nicht nach einem Bergwanderziel aus. Doch wie so oft findet sich auch am Hochmaderer eine »schwache« Seite, in diesem Fall die Südwestflanke. Dort schlängelt sich ein Steiglein zwischen den Felsabsätzen des steilen Geländes hindurch, führt über Gras, Schutt und grobes Blockwerk zum obersten Westgrat und dann sozusagen von hinten auf diese gewaltige Felsenburg. Eine reizvolle, abwechslungsreiche, spannende Tour für den Trittsicheren!
Die Route: Man startet auf dem Parkplatz am Südende des Vermuntsees. Auf dem Fahrweg Richtung Saarbrücker Hütte über die Böden zu einer Verzweigung neben dem Kromerbach. Hier rechts und schräg aufwärts durch die sehr steilen Hänge ins kleine Maderertäli, wo man den wilden Wänden unseres Gipfels ganz nahe kommt. Im rechten Teil des Tälchens über Böden und Hänge ins Hochmadererjoch (2505 m). Jenseits kaum absteigend um den auffallenden Schartenturm zur Wegverzweigung. Nun auf dem sogenannten Gunserweg über die steile Flanke zur Westgratschulter und etwas nördlich ausholend zum mächtigen, freistehenden Gipfel.

Westliche Plattenspitze, 2883 m

Man braucht schon die Alpenvereinskarte, um sich mit all den Plattenspitzen, -türmen und -scharten auszukennen. Nur unser Gipfel, die Westliche Plattenspitze, ist leicht herauszufinden. Sie ragt am höchsten empor, und zudem führt ein Steig auf den mit einem Kreuz geschmückten Gipfel. Unmittelbar über der Tübinger Hütte aufragend und zudem als höchster Punkt im Bergkranz rundum, wird sie zu *dem* Ziel über dem Garnera schlechthin. Nur bei alpinen Langstreckenläufern wäre auch die Plattenspitze eine Tagestour, Otto-Normalverbraucher hingegen wird einmal in der Tübinger Hütte übernachten. Und der Bergsteiger-Feinschmecker nützt das natürlich für eine Rundtour und Kombination der Extraklasse mit zwei Gipfeln, fünf Scharten und zwei Hütten.
Der kürzeste Anstieg: Vom Vermuntsee auf dem üblichen Weg über das Hochmadererjoch zur Tübinger Hütte (2191 m, gut 3 Std.) im Garnera. Nach Südosten über

Grashänge, dann in einem steilen Blockkar zu den Resten des Garneragletschers. Über die Firnfläche in den tiefen Einschnitt des Plattenjochs (2728 m, Grenze). Auf und links neben dem Grat nach Westen über Schutt und Blockwerk auf den alles überragenden Gipfel. Großartiger Seehorn-Blick!
Die Zwei-Tages-Rundtour: Wie beschrieben aus dem Vermunt über das Hochmadererjoch - von dort Abstecher auf den Hochmaderer (2823 m, 1 Std. Aufstieg) - zur Tübinger Hütte. Besteigung der Westlichen Plattenspitze. Dann Höhenweg vom Plattenjoch zur Schweizerlücke (2744 m), Querung der obersten Böden von Schweizer- und Kromergletscher in die Kromerlücke und Abstieg zur Saarbrücker Hütte (1 1/2 Std. ab Plattenjoch, sehr von den Verhältnissen abhängig, gutes Wetter und alpine Erfahrung wichtig). Auf dem Hüttenweg zurück zum Vermuntsee.

Kleinlitzner, 2783 m

Die Saarbrücker Hütte lehnt sich sozusagen an die Felsen des Kleinlitzners. Vielleicht will sie auch ein wenig von der Wärme des rostroten Gesteins aufsaugen. Früher stieg trotz der Hüttennähe und der begeisternden Aussicht nur selten ein Mensch auf diesen Felsgipfel. Die Südrinne ist wenig angenehm, und der Südwestgrat mit seinen Zacken etwas umständlich. Doch nach dem Bau eines gesicherten Steiges durch die immerhin fast 200 m hohe Flanke wird der Kleinlitzner zu einem ausgesprochen reizvollen Ziel, das sich für jeden wirklich Trittsicheren und Geschickten eignet. Eine Beschreibung erübrigt sich: Von der Hütte Richtung Kromerlücke – Tübinger Hütte kurz aufwärts, dann durch die Felsflanke zum Grat und Gipfel.

Schafboden, 2400 m

Im Süden über Gaschurn steht der wenig auffallende Gras- und Schrofenberg, der hier mehr wegen der Vollständigkeit aufgeführt wird. Man kann mit dem Schrägaufzug von Partenen nach Tromenier (1732 m) fahren, von dort die Hänge nach Westen zum Tschambreubach queren, um dann den Berg von Norden zu besteigen (gut 2 Std.). Eine Route führt dann direkt nach Norden hinab zum Ganeu-Maisäß, von dem aus man durch die Garneraschlucht ins Tal zurückkehrt.

Versettla, 2372 m

Silvretta Nova heißt *das* Pistengebiet des inneren Montafon. Die zweiteilige Sesselbahn von Gaschurn verkehrt auch im Sommer. Und so wird die Besteigung der Versettla zur einstündigen Bergbummeltour über hochalpine Matten. Die vorgeschobene Lage schafft einen schöneren Rundblick, als man bei einem Berg von nur 2372 m Höhe erwarten würde. Ganz frei ist vor allem die Sicht ins Garneratal, wo über die Felstürme des Valgraggeskammes auch Litzner und Seehorn (3121 m) lugen.

Man kann von der Versettla aus noch weiter nach Süden wandern, die Heimspitze besteigen oder über den Vorderberg die Tübinger Hütte erreichen.

Die Route: Von Gaschurn mit der Bahn zur Bergstation (2010 m) auf einem weiten Rücken. Nun in den Hängen östlich um den Gratkopf Burg, dann über den Grasrükken auf den Gipfel.

Heimspitze, 2685 m

Hinter der wuchtigen Valisera (2716 m) mit ihren hohen Felsabbrüchen versteckt sich noch ein echter Wege-Berg mit dem gemütlichen Namen Heimspitze. Es sind eher die Gäste etwa aus Gargellen oder dem Montafon, die diesen Gipfel schätzen, während die meisten Bergsteiger den Namen wohl noch nie gehört haben. Zu Unrecht! Die Routen sind durchaus schön und abwechslungsreich, beim Gargellen-Anstieg bewundert man die wilden Felsabbrüche an den Ritzenspitzen, der Valisera usw., während beim Versettla-Höhenweg die weiten Ausblicke begeistern. Der Linienbus ermöglicht zudem eine große, reizvolle Rundtour.

Anstieg von Gargellen-Vergalda: Von Gargellen noch mit dem Auto hinauf nach Vergalda (1550 m). Nach Osten ins Vergaldatal und bis kurz hinter die gleichnamige Alpe. Hier nun links ab und über eine hohe Steilstufe auf die Schafbergböden. Nach Norden zum Grat, rechts um den sogenannten Zwischenspitz und auf die nach Norden vorgeschobene Heimspitze.

Grattour von Silvretta Nova: Wie beschrieben auf die Versettla und über deren Südgrat bis vor die Madrisella (2466 m, die man »mitnehmen« kann), links an ihr vorbei und wieder auf den Grat bei den *Matschunerköpfen* (2425 m). Mit etwas Auf und Ab über und um die netten Köpfe zum Wegkreuz in dem gleichnamigen Joch. Nach Westen weiter, wo man bald auf den Gargellener Anstieg trifft. Beide Routen zusammen ergeben eine abwechslungsreiche Rundtour.

Kuchenberg, 2523 m, Vorderberg, 2553 m

Diese beiden unauffälligen, begrünten Köpfe stehen in dem langen Kamm zwischen Heimspitze und Hinterberg und werden wohl für sich alleine kaum je bestiegen. Und doch bieten sie etwas für die Silvretta Einmaliges: Eine stundenlange Wanderung auf und neben sehr hohen, aussichtsreichen Kämmen mit viel Gras, Blumen und ein paar Miniseen. Man beginnt die Tour auf Silvretta Nova, überschreitet den ganzen Kamm über die Versettla, die Matschunerköpfe und unsere

Moränenseeli unter dem Rauhkopfgletscher, dahinter Radsattel und Hohes Rad. Der Südsüdostgrat führt genau auf den Betrachter zu, deshalb wirkt er sehr stark verkürzt.

Heimspitze, 2685 m
Von Vergalda, 1130 Hm, 3 1/2 Std.
Erst Fahrweg, dann alpine Steige über Gras und Schutt.

43

beiden Gipfel bis hin zum Vergaldnerjoch, umgeht dann den Hinterberg im Osten und erreicht schließlich die Tübinger Hütte (4 Std. von der Bergstation).

Pischahorn, 2979 m

Die Davoser besitzen gewissermaßen ihren privaten Silvretta-Aussichtsgipfel. Das Pischahorn gehört zu den ungewöhnlichen Bergen, es ist ein mächtiges, breitgelagertes Massiv, zu dem gleich ein Halbdutzend Grate emporziehen. Die Hänge im Westen dachen relativ sanft ab, während es im Nordosten eine 1000-m-Steilflanke gibt, deren hohe Wandabbrüche dem Vereinatal sein wildes Aussehen verleihen. Der Gipfel selbst besteht aus einer kleinen Hochfläche. Besonders eindrucksvoll zeigen sich von dort oben die Plattenhörner und der Silvretta-König Piz Linard.
Von der Bergbahn: Von Davos etwa 4 km Richtung Flüelapaß, dann mit der Pischa-Seilbahn zur Bergstation in 2483 m Höhe. Hinauf zum nahen Kamm und dann immer auf oder etwas südlich neben dem Grat weit empor zum Gipfel.
Abstiegsmöglichkeiten: Es gibt verschiedene Möglichkeiten für kleinere oder größere Rundtouren. So kann man über den Nordwestgrat zur Pischa-Hochfläche absteigen und dann entweder zur Bergstation der Bahn zurückkehren oder durch das Tal des Mönchalpbachs nach Drussetscha und zum Davosersee hinauswandern. Oder man bleibt auch nach dem Bergbahngebiet dem Grat treu, erreicht über ihn das Hüreli (2444 m) und den breiten Sattel vor dem Seehorn, von dem man ebenfalls nach Drussetscha absteigt.

Muttler, 3294 m

Aus gutem Grund steht in der Aufstellung, die Sie am Anfang des Kapitels finden, der Muttler in Klammern. Dem weniger Erfahrenen mag es nicht so recht einleuchten, daß gerade ein aus verwittertem Schiefer aufgebauter Berg am stärksten den herrschenden Verhältnissen unterliegt. Das läßt sich jedoch leicht begründen: Die Hänge aus Schieferschutt sind so steil, daß man sie gerade noch ordentlich begehen kann, wenn das Gestein trocken ist. Schon bei Nässe wird's unangenehm, frieren die Steinchen zusammen, dann hat man eine perfekte und nicht ungefährliche Rutschbahn. Und da es an dem 400 m hohen, steilen Nordgrat keinen angelegten Weg mit Serpentinen, sondern nur eine von den Begehern ausgetretene Trasse gibt, die meist steil und schnurgerade emporführt, kommt mancher bei vereistem Schieferschutt rasch zu dem Punkt, wo das »unmöglich« beginnt. Deshalb wird der Muttler nicht hier, sondern auf Seite 62 ausführlich behandelt.

Flimspitze, 2929 m

Der Trennungskamm zwischen Idalpe und Alp Trida trägt mehrere mächtige Gipfel mit der Flimspitze als höchstem Punkt. Die Pistenerschließung mit Liften und riesigen planierten Hängen bis zu den Graten empor bietet im Sommer kein allzu schönes Bild. Das beeinträchtigt zum Beispiel die Überschreitung der Greitspitze (2871 m) auf ihren so aussichtsreichen Graten oder die Besteigung des Palinkopfes (auch Paulineroder Pellinkopf, 2864 m). Die reizvollste Tour bietet noch die Flimspitze, ein hoher Berg mit auffallenden, fast schwarzen Felsgraten und dem ungewöhnlichen Blick auf den Bürkelkopf (3032 m, siehe auch Vesulspitze, Seite 64) gleich gegenüber mit seiner wilden, rostroten Felsmauer im Süden. Die Seilbahnen machen die Flimspitze zu einem der »schnellsten« Hochgipfel in den Samnaunbergen überhaupt.
Die kürzeste Route: Von Ischgl mit der Seilbahn zur Idalpe (2307 m). Auf einem Fahrweg parallel zu den Skiliften nach Osten empor, dann auf einem Steig durch ein unberührtes Blockkar ins Flimjoch (2757 m). Hierher auch in etwa gleicher Zeit von der schweizerischen Alp Trida (ebenfalls Seilbahn). Über einen noch hohen Grat auf den Gipfel.

Hexenkopf, 3035 m

Etwas kompliziert (doch nur in der Formulierung): Im Ostteil des Samnaun-Nordflügels ist der Hexenkopf der Hauptgipfel, bildet also eine Art Hexen-König. Halt, das ist kein so ganz passender Ausdruck für diesen eher etwas breit-behäbigen Berg mit seinen dunklen Gipfelfelsen, den man auf einer wirklich schönen, interessanten Route überschreiten kann, und der eine Rundsicht sozusagen ohne Grenzen bietet. Die Aufstiegsroute unterliegt einer ganz scharfen Zweiteilung. Erst wandert man durch das Pistengebiet mit all seinen Attributen, die wahrlich nicht zu übersehen sind, während man dann im Gipfelbereich, vor allem auf dem Nordostgrat, in stiller, unberührter Hochgebirgswelt unterwegs ist. Der Hexenkopf gehört außerdem zu jenen Bergen, die man nur bei schönem Wetter besteigen sollte. Es wäre nicht nur schade um den hindernislosen Blick, man sollte sich in diesem unregelmäßigen Gelände auch besser nicht verlaufen!
Die einfachere Route: Von Serfaus mit der Seilbahn nach Komperdell und mit dem Lift auf den Lazid (2346 m). Nun stets im Pistengebiet über den Kamm in die Scheid und ein Stück abwärts ins Ladermoos. Sanfter Anstieg ins Arrezjoch (2587 m) und quer durch die Hänge zum Hexensee und der unbewirtschafteten Hexenseehütte. Vom Hexensattel erst über Hänge, dann auf einer Geländerippe, schließlich über den Südwestgrat zum Gipfel.
Der Nordostgrat: Vom Arrezjoch auf dem oberen Steig durch kurzzeitig äußerst steile Hänge ins nahe Masnerjoch (2685 m). Den spärlichen Wegspuren und Markierungen folgend über den Rücken, meist jedoch – ganz unnötigerweise – in dessen Südflanke (viel schöner wäre es jedoch über den Rücken selbst!) auf eine Art Nordgipfel. In eine scharfe Lücke hinab und mit leichter

Kletterei (I) zwischen mächtigen Felsquadern zum Gipfel. Bei einer Rundtour sollte man auf jeden Fall diese Route für den Hinweg nützen.

Kreuzjoch, 2698 m

In dem Dreieck zwischen Inn- und Samnauntal liegt ein hoher Gras-, Schrofen- und Waldberg, den man nur von Nauders aus in seiner ganzen Größe sehen kann. Das ist das Kreuzjoch, ein Doppelgipfel mit einer Aussicht der besonderen Akzente: Im Süden ragt die Mundingruppe (3146 m) auf, das mit Abstand wildeste Felskastell der gesamten Samnaunberge, daneben stehen Muttler und Stammerspitze, während im Osten der Glockturm als mächtiger Felsdom ins Auge fällt. Gut 1700 Hm liegen zwischen Pfunds und dem Gipfel, zu viel für eine gewöhnliche Bergwanderung. Doch auf Absätzen inmitten der steilen Hänge stehen in herrlicher Terrassenlage noch die Höfe von Vorder- und Hinterkobl, und da-durch kann man auf einem bescheidenen Straßerl bis in 1600 m Höhe fahren. Der Weg ist im oberen Teil schmal, die Parkmöglichkeiten sind sehr begrenzt, deshalb sollte man diese Strecke nicht zum Spazierenfahren auswählen, sondern allenfalls als Zubringer zu einer Tour. *Die Route:* Von Stuben bei Pfunds erst auf ordentlicher, ab Vorderkobl ganz schmaler Straße bis 600 m oberhalb von Hinterkobl (1640 m, Parkgelegenheit auf einem Rücken). Beginn eines Fußwegs (bei Nässe unangenehm morastig). Auf ihm oder auf der Straße hinauf zur schmuck ausgebauten Kobleralm (1921 m, Jausenstation). Hinter der Hütte in ein Tälchen, dann immer im Bereich des Südgrates in abwechslungsreichem Gelände mit kleinen Felsabsätzen und ebenen Rasenplätzen empor. Schließlich nach links über eine Schrofenstufe und auf dem steilen Grashang zum Kreuz, wo das Gelände auf der anderen Seite steil abbricht.

Westgipfel (2705 m): Die zweite Erhebung des Kreuzjochs steht als netter Gras-Fels-Gipfel im Westen und

Kreuzjoch (Ostgipfel), 2698 m
Vom Wald bei Hinterkobl, 1050 Hm, gut 3 Std. Kleiner Steig über Grashänge, bei Nässe schmierig.

Der Blick auf die großen Eisgipfel gehört zum Besonderen manches Silvretta-Wege-Berges. Hier schaut man vom Weg zum Kleinlitzner auf den Großlitzner.

ragt um sieben Meter höher auf. Der Erfahrene kann über und knapp neben dem Grat mit etwas Kletterei (I+) in 25 Min. den Übergang durchführen.

Pezid, 2770 m

Als Vis-à-vis des Hauptkammes mit seinen wuchtigen, kantigen Gneisfelsen fällt der Pezid, der ganz aus zerfallenen Schiefern besteht, doppelt ins Auge. Dem von Nordosten Kommenden präsentiert er sich als eine Art Zelt mit steilen Flanken, eine durchaus formenschöne Gestalt, die jedoch nur bei Schnee wirklich elegant aussieht. Anders als im Gneis kann in diesem so glatten Gelände das Steile viel eher Schwierigkeiten bereiten. So wird nur der Trittsichere auch wirklich Spaß an der Pezid-Überschreitung haben, die der Unternehmungslustige noch auf Riefenkopf und Hinteren Heuberg ausdehnen wird.

Die Rundtour: Wie beim Hexenkopf beschrieben von Serfaus bis kurz vor das Arrezjoch. Hier nach links, dann über eine Steilstufe auf den Westgrat und über die schmale Schneide zum höheren Westgipfel. Hinüber zum Ostgipfel und in den folgenden Sattel. Jetzt links ab, über die steilen Nordhänge ins Moos zurück und auf dem Böderweg im Süden um den Lazid herum wieder nach Komperdell.

Riefenkopf, 2654 m

Als Riefen oder Rüfen bezeichnen die Einheimischen tief ins Gelände eingeschnittene »Dreckrinnen«, die es natürlich vor allem in den Schieferzonen mit ihren relativ weichen Gesteinen und den großen Steilhängen gibt. Am Riefenkopf sind sie bis zu 500 m hoch! Bei diesem Berg im Ostgrat des Pezid handelt es sich um keinen selbständigen Gipfel, steigt doch der Grat gleich weiter an zu einem 2725 m hohen Eck. So ist die Besteigung auch für sich alleine wenig lohnend, wird nur in der Kombination mit den Nachbargipfeln interessant (siehe Hinterer Heuberg).

Hinterer Heuberg, 2578 m

Im Gegensatz zum Riefenkopf bildet dieser abgerundete Gipfel mit seiner riesigen Gras-Steilflanke nach Nordosten ein mächtiges und selbständiges Massiv. Es springt gegen Südosten vor, 1700 m tiefer zieht das Inntal vorbei, und gegenüber ragen als endlos lange Kette die Dreitausender des Glockturmkammes auf.

Der direkte Anstieg: Von Serfaus mit der Seilbahn nach Komperdell. Gegenüber an den Hängen des Lazids ein Stückchen empor, dann quer durch die teilweise steilen Grashänge nach Westen zu einer Abzweigung. Auf dem unteren Steig an der Böderhütte vorbei zum Böderbach und drüben über Grashänge, dann über eine äußerst steile Flanke auf eine Schulter mit Kreuz. Ganz kurz abwärts, dann auf dem Grasrücken, der links steil abfällt, zum höchsten Punkt.

Drei-Gipfel-Tour: Wie beim Pezid beschrieben (siehe Spalte links) in den Sattel hinter dessen Ostgipfel. Kurz empor auf den Kopf 2725 und über die recht scharfe Grasschneide (kein richtiger Weg, nur Trittspuren) zum Riefenkopf und in Gratnähe steiler abwärts auf die erwähnte Schulter mit Kreuz. Weiter wie oben beschrieben. Vom Pezid zum Heuberg je nach Geschicklichkeit 1 1/4 bis 2 Std.

Furgler, 3004 m

Der Gerade-noch-Dreitausender gehört zu den ausgesprochen beliebten und begehrten Zielen. Die Bahnen von Serfaus verringern die Anstiegsmühen, zwei Wege ermöglichen zudem eine reizvolle und abwechslungsreiche Überschreitung. Und für einen besonderen Akzent sorgen die verschiedenen Seen. In einem Minikar, das er vollständig ausfüllt, versteckt sich der Tieftalsee, ein Phänomen, liegt er doch in der wahrlich stolzen Höhe von 2790 m und zudem mitten in den 500 m hohen Steilhängen. Über den Neubau von alpinen Wegen wird immer wieder gewettert; doch wem schadet etwa der neue Südanstieg zum Furgler? Wohl keinem, während er schon Hunderten ausgesprochen viel Freude bereitet hat, und es ihnen ermöglichte, das Ereignis Tieftalsee aus der Nähe zu bestaunen. Außerdem hat sich so die Möglichkeit für eine Überschreitung und Rundtour eröffnet.

Aufstieg: Von Serfaus mit der Seilbahn nach Komperdell und dem Lift auf den Lazid (2346 m). Über den Kamm in die Scheid (2429 m). Gleich gegenüber knapp neben der Südkante steil aufwärts, dann links durch die Hänge in einen winzigen Boden, mit dem das Tieftal ausmündet. Auf der Rippe neben dem Tälchen empor, im Bogen um den oft noch zugefrorenen See in ein kleines Hochkar und über Block- und Trümmerhänge steil zum Gipfel mit mächtigem Kreuz.

Abstieg: Nördlich des Gipfels ist das Furglerjoch (2748 m) tief eingeschnitten. Über den verbindenden Grat führte ursprünglich der einzige Aufstieg. Uns dient diese Route – teilweise weiträumiges Gelände, teilweise deutlicher Grat – für den Rückweg. Vom Joch dann durch ein schmales Kar hinab zum Furglersee, schließlich über Hänge und einen Rücken ziemlich direkt zurück zur Seilbahn.

Planskopf, 2804 m

Plan ist die rätoromanische Bezeichnung für Ebene, und damit hat unser Berg einen ganz logischen Namen. Der Gipfel besteht nämlich aus einer Hochfläche von etwa 150 m Durchmesser mit je einem runden Höcker im Süden und Norden. 150 m – das klingt uninteressant, und doch werden Sie erstaunt sein über die Ausmaße dieses grünen Gipfelpultes. Sonst fällt der Berg wenig auf, malerisch wirkt allenfalls der mit zerklüfteten Felsen gespickte Nordgrat, der tief ins kaum besuchte Urgtal hinabzieht. Die wenig anstrengende Besteigung

wird man auf jeden Fall zu einer Rundtour ausdehnen.
Die Überschreitung: Von Serfaus mit der Seilbahn nach
Komperdell. Am Kölner Haus vorbei über die Wiesen
empor, dann links durch teilweise steile Grashänge zum
Unteren Glockhausersee. Wegverzweigung. Gerade über
hohe Steilhänge zum Grat und nach rechts auf den
breiten Gipfel. Weiter stets der Schneide folgend bis in
den Sattel vor dem Brunnenkopf. Jetzt rechts hinab in
die Hänge und erst steil, dann über flache Grasböden
zurück nach Komperdell.

Brunnenkopf, 2682 m, Zwölferkopf 2596 m

Das »Sonnenplateau« von Fiss und Serfaus beschützt
ein hoher, jedoch ganz von Gras überzogener Kamm
gegen Nordwesten. Er trägt sechs größere und kleinere
Gipfel, die zu einer gemütlichen, blumen- und aussichtsreichen Bummeltour einladen. Man kann sich
nämlich mit dem Lift gemütlich ins Fisserjoch hinauftragen lassen und braucht dann nur auf dem Steiglein über
diesen so hohen First zu wandern. Fleißige beginnen mit

einem Abstecher auf das Schönjöchl (2493 m), überschreiten anschließend den relativ mächtigen Zwölferkopf und die beiden Sattelköpfe (2596 und 2670 m) zum
Brunnenkopf und steigen dann noch weiter zum Planskopf (siehe oben) an. Ein Abstieg – es gibt Wege vom
Brunnen- und vom Planskopf – nach Komperdell und
damit zur Seilbahn verkürzt den Rückweg. Mit dem Bus
kehrt man nach Fiss zurück.

Rotpleiskopf, 2936 m

Nördlich des Furglers ragt dieser breite Berg mit seinen
dunklen Felsen noch einmal deutlich über seine Umge-

bung empor. Er ist der Hauptgipfel über dem Urgtal, in das
er mit einer beachtlichen Wand
abbricht. Aber nicht von dort,
sondern genau aus der entge-
gengesetzten Richtung wird
der Berg, dessen zwei Wege zu
einer Überschreitung einladen,
bestiegen. Dort liegt in einem
grünen, etwas feuchten Hochkar die Ascherhütte des Alpenvereins, ein rasches Ziel vom
Medriglift aus.
Aufstieg: Von der Ascherhütte
(2256 m) nach Osten ein wenig
hinab zu einem Bach, dann über
die grünen Hänge aufwärts,
wobei es immer wieder etwas
nach links geht, bis in die Spinnscharte (2681 m). Man folgt dem
teilweise felsigen, teilweise aus
großen Gneisblöcken aufge-

bauten Grat bis zum Gipfel, weicht dabei den steileren
Stufen allerdings rechts aus.
Abstieg: Vom Kreuz kurz nach Westen abwärts, dann
nach links in die steile Flanke und ein gutes Stück nach
Süden in ein Hochkar. Von dort über erst steinige, dann
begrünte Böden wieder hinab zur Hütte.

Drei Lifte, zwei Alpenvereinshütten und die vielen Bergwege zwischen Fiss, Serfaus und dem Paznaunort See
ermöglichen die verschiedensten Rundtouren und Gipfelkombinationen. Ein Beispiel: See – Medriglift – Furgler –Kölner Haus (Übernachtung). Kübelgrubenscharte
- Rotpleiskopf – Ascherhütte – See.

*Oben: Blick von der
Idalpe auf die Flimspitze,
einer der typischen Gipfel
der Region aus wuchtigen
Felsköpfen und mit viel
Blockwerk.*

*Links: Der Hexenkopf,
der Hauptgipfel in der
nordöstlichen Samnaun-
gruppe. Rechts der obere
Nordostgrat.*

Brunnenkopf, 2682 m
Vom Fisserjoch (Lift),
400 Hm, 1 1/2 Std.
Kleiner Steig über
Grasgrate.

Rotpleiskopf, 2936 m
Von der Ascherhütte,
680 Hm, 2 Std.
Bergwege über die
Nordwestflanke ohne
Probleme, etwas
anspruchsvoller der Steig
vom Gipfel nach Süden.

Hier zwei Fotos zu unseren »großen Gipfeln«, die den höchsten und den anspruchsvollsten Berg zeigen. Auf dem rechten Bild der Piz Linard, der Hauptgipfel in der Silvretta, mit seiner Südflanke, durch deren linke Hälfte der übliche Anstieg führt. Davor das Val Glims, rechts der Südostgrat.

Der Gipfelturm des Großlitzners, links die Ostseite, über die der einfachste Anstieg führt, rechts der Verbindungsgrat zum Großen Seehorn.

48

Die großen Gipfel

Ursprünglich wollte ich dieses Kapitel »Parade der großen, klassischen Gipfel« nennen. Das hätte für die Silvretta mit Litzner und Piz Buin, Dreiländerspitze und Fluchthörnern auch bestens gepaßt. Doch das Wort »klassisch« mußte dann wieder gestrichen werden, nachdem die Großen der Samnaungruppe ebenfalls zu diesem Aufgebot gehören. Schon ihr Hauptgipfel, der Muttler, ist trotz seiner beachtlichen Höhe erstaunlich wenig bekannt, und Berge wie Stammerspitze und Piz Mundin lassen sich sozusagen nur zu den Exoten rechnen. Aber auch in der Silvretta treffen wir auf eine Art Zweiklassengesellschaft. Auf österreichischem Boden gehört alles, was deutlich hervorragt und gut über 3000 m hoch ist, zum Bekannten und Begehrten. Drüben im schweizerischen Teil hingegen zeigen ein paar Felsberge – allen voran das Verstanclahorn und die vier Plattenhörner – so wilde Formen, daß sich nur wirklich gute Alpinisten an eine Besteigung wagen. Selbst um den Hauptgipfel des Gebirges, den Piz Linard, bleibt es relativ ruhig.

Acht Hütten diesseits und jenseits der Grenze erschließen die Silvretta vollständig. All ihre großen Berge lassen sich von dort aus besteigen. Anmarsch über Gras, Blockwerk und Moränenfelder, dann der Gang über einen Gletscher und schließlich noch der Felsaufstieg zum Gipfel sind das Übliche. Nur in Ausnahmefällen trifft man auf steile Eisflächen, doch Spaltenzonen gehören zu fast allen Gletschern. Der vernünftige Silvretta-Gipfelstürmer sorgt deshalb nicht nur für die entsprechende Ausrüstung, sondern beherrscht auch die Kunst der Spaltenbergung. Trotz der so wilden Formen lassen sich die Standardgipfel meist in leichter Kletterei (Schwierigkeitsgrad I) erreichen, nur selten gibt es Zweierstellen. Anders bei den wenigen ausgesprochenen Felsbergen unter den »Großen« wie Litzner, Fluchthörner, Piz Linard, Stammerspitze. Da muß man schon fester zupacken, mehr von der Kletterei im kristallinen oder schiefrigen Gestein verstehen!

Eine Auswahl zu treffen, wie sie auf den folgenden Seiten erscheint, entpuppt sich für einen Autor stets als eine teuflische Sache. Ist ein Leser mit neunzehn erwählten Zielen einverstanden, während ihm das zwanzigste nicht paßt, dann gehört gleich der ganze Beitrag zum… Außerdem sucht der eine seine Favoriten nach dem bekannten Namen, der zweite nach der Höhe, wieder ein anderer nach der Größe des Berges oder der Art des Anstieges aus. Ich habe eine Mischung gesucht und bin dabei zu folgendem Ergebnis gekommen.

Großes Seehorn, 3121 m

Unsere Gipfelreise durch die Silvretta beginnt gleich mit einem echten Höhepunkt. Die Westliche Kromerspitze (2865 m) oberhalb des Weges von der Saarbrückener zur Tübinger Hütte gehört zwar nur zu den Kleinen, und doch ist der Gipfelblick einzigartig: Ganz nahe im Südosten ragt urgewaltig ein leicht gekrümmter Dreikant steil auf, in dessen sehr steiler Flanke der Gletscher ein Stück hinaufleckt. Das ist das Große Seehorn. Über seinen linken Grat lugt ein Felsturm, zu dem ohne Übertreibung die Bezeichnung Daumen paßt, so steil, schmal und glattwandig ist der Großlitzner (3109 m). Auch der Nachbar auf der anderen Seite, das Kleine Seehorn (3032 m), zeigt eine ungewöhnliche Form als kantiger, tiefgescharteter Doppelgipfel mit auffallendem Steilfirn.

Genau über die von der Kromerspitze so abschreckend aussehende Flanke führt der übliche Anstieg auf den Lieblings- und Galaberg im Bereich der Saarbrückener Hütte. Man sieht es schon: der 250 m hohe Gipfelaufbau eignet sich für keine Gelegenheitsbergsteiger. Im steilen Firn, auf abschüssigen Bändern, auf ausgesetztem Grat mit Zweierkletterei sollte man sich schon sicher fühlen! Die günstigsten Verhältnisse? Der goldene Mittelweg wäre richtig, denn bei zu wenig Schnee apert die Flanke zu Eis und schuttigem Fels aus, zu viel Schnee erschwert das Begehen der Bänder.

Großes Seehorn - Nordwestflanke
Gut 2 Std. von der Saarbrückener Hütte, Steig in die Seelücke, dann steile Firnflanke, ausgeaperte Platten, schließlich Gratkletterei bis II. Hochalpine Tour.

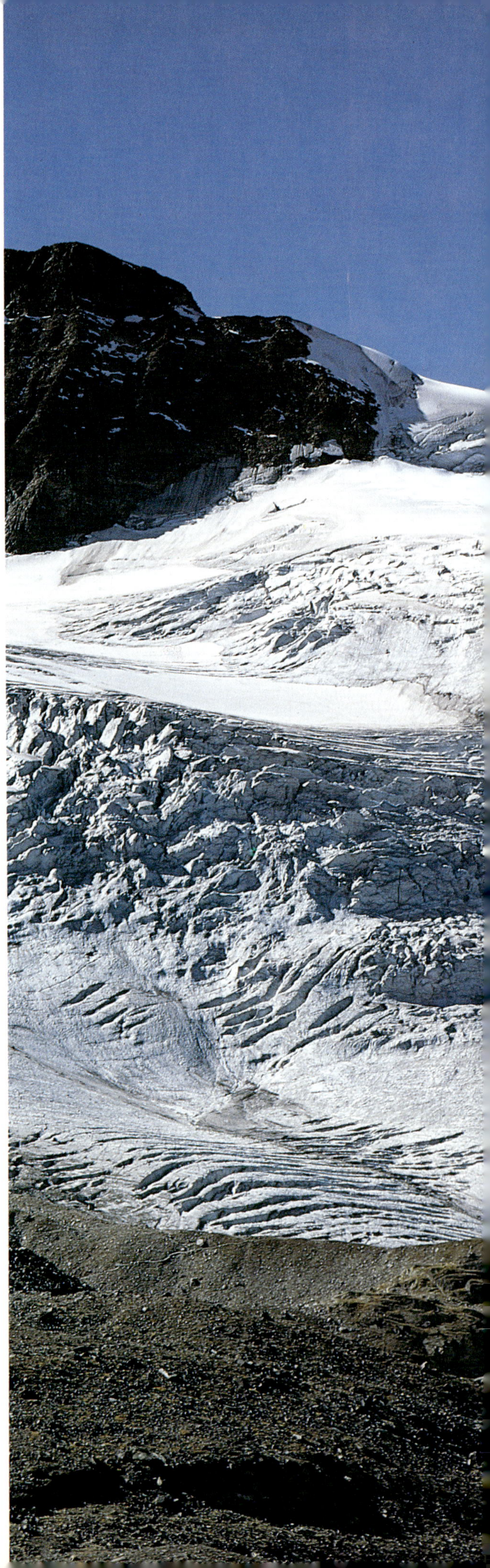

Der Normalanstieg: Von der Saarbrückener Hütte auf einem Steig in die Seelücke (2776 m, Grenze). Auf dem Seegletscher um den Felsfuß herum und gerade über die bald ziemlich steile Flanke hinauf. Etwas oberhalb der Flankenmitte auf Bändern nach links zur deutlichen Schulter im Nordwestgrat. Auf der Felsschneide (II) zum Gipfel.

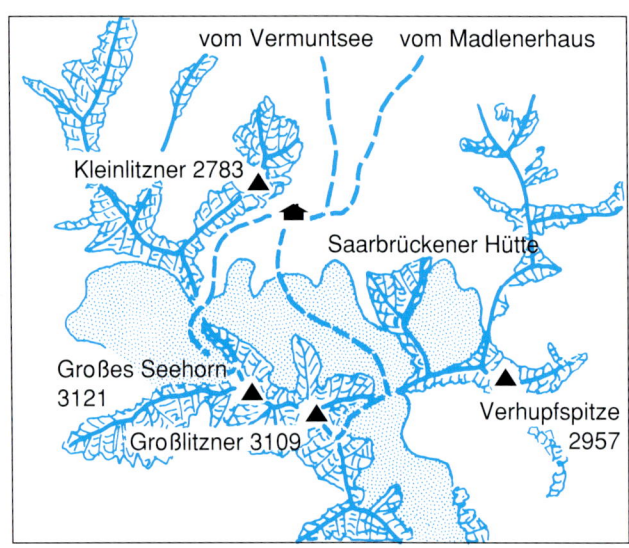

vom Vermuntsee *vom Madlenerhaus*

Kleinlitzner 2783 ▲

Saarbrückener Hütte

Großes Seehorn 3121 ▲

▲ Verhupfspitze 2957

Großlitzner 3109 ▲

Großlitzner, 3109 m

In den gesamten Zentralalpen Österreichs findet man nichts Vergleichbares! Ragt je ein Turm so schlank auf wie der Großlitzner, dann fehlt ihm jedoch die Höhe, das Gewaltige, die freie Lage dieses Silvretta-Ausnahmebergs. Von Südosten und Nordwesten gesehen wächst er als der erwähnte Daumen über den Grat auf, die Wände auf beiden Seiten wirken senkrecht. Über den Ostpfeiler dieses Turmes klettert man empor (III), der feste, kantige Granitgneis gehört zum Schönen im Urgestein. Doch nur der Könner wird ihn genießen, bei den anderen zerrt das allzu Luftige dieser Route an den Nerven. Ja, es gibt noch eine Steigerung: Über das Litzner-Hochjoch führt der großartige, aber anspruchsvolle Grat hinüber zum Seehorn. Zwei der auffallendsten Silvrettaberge an einem Tag!

Nach der Litzner-Tour können Sie dann erzählen, Sie wären auf dem Großen Schattseitigen gewesen. Die Walser sagen nämlich zur Schattseite (nordseitige Hänge) Litze oder Litzi. Irgendein schattiger Winkel verhalf also diesem Turm zu seinem etwas unpassenden Namen. Oder ist es nur dessen verstümmelter Rest? Auf einer Karte von 1873 hieß er – wohl richtiger – noch Litznerspitze.

Der einfachste Anstieg: Von der Saarbrückener Hütte in den Litznersattel (2737 m), nach Süden um einen Eisbuckel und einen Felssporn herum, dann durch eine steile Firnmulde, schließlich über eine kurze Felsstufe auf den Grenzgrat. Im Blockwerk aufwärts, links um einen größeren Kopf und einen Turm an den Fuß des Gipfelaufbaus (Litznerscharte). Er wird etwas links der

Ostkante in sehr steilem Fels mit zwei Überhängen erklettert (genaue Beschreibung siehe AV-Führer).

Silvrettahorn, 3244 m

Silvrettahorn - Südgrat
Gut 3 Std. von der Wiesbadener Hütte. Begehung eines spaltenreichen Gletschers in die Nördliche Egghornlücke. Felsgrat (II), dann steiles Blockwerk (oder Schnee).

Silvrettahorn - Westflanke
3 Std. vom Silvrettahaus. Begehung eines sanften Gletschers (Spalten), dann 300 m hohe Steilflanke und -rippe mit Blockwerk und Schnee.

Piz Buin – über das Wiesbadener Grätle
Gut 3 Std. von der Wiesbadener Hütte. Begehung von zwei Gletschern mit Spalten, steiler Schartenübergang und steiler Gipfelaufbau mit einer Kletterstelle (I+), bei Vereisung gefährlich. Sehr beliebt.

Der Name scheint viel zu versprechen, und wer den Gipfel erstmals beim Zugang zur Wiesbadener Hütte sieht, wird ehrfürchtig staunen. Die 350-m-Nordwand und der gezackte Ostgrat imponieren! Doch von den anderen Seiten, vor allem von Westen, verliert der Berg seinen Nimbus, zeigt eine eher unscheinbare Geröll-, Schrofen- und Schneeflanke. Deshalb gehören auch die Anstiege, gute Verhältnisse vorausgesetzt, nicht zum Anspruchsvollen. Am gefährlichsten sind dabei noch die Spalten auf den Gletschern! Und doch läßt sich die Besteigung zu einem besonderen Erlebnis und Höhepunkt ausbauen: Das Silvrettahorn eignet sich in ganz besonderer Weise für Gratübergänge und Gipfelkombinationen, ja, selbst für einen Rückweg von der Wiesbadener Hütte zur Bielerhöhe. So erscheint hier gleich ein ganzes Bündel von Tourenmöglichkeiten.

Normalweg von der Wiesbadener Hütte: Von der Hütte zur Zunge des Vermuntgletschers und bei den Grünen Köpfen vorbei zum Ochsentalergletscher. Unter dem großen Eisbruch nach Westen, dann zwischen Spalten empor bis unter das Signalhorn. Hier wieder nach Westen und Nordwesten in die Nördliche Egghornlücke am Gipfelfuß. Über Schrofen und Geröll, den Felsen links ausweichend, steil auf den Gipfel.

Normalweg von der Silvrettahütte: Auf dem Steig über die Moränenböden zum Silvrettagletscher und an seinem Nordufer entlang (Spalten) ins oberste Becken. Nun von rechts steil über Firn und Geröll auf die Westrippe und über sie zum Gipfel.

Über das Signalhorn (3210 m): Wieder hinab in die Nördliche Egghornlücke, dann östlich auf dem Gletscher um die folgenden Zacken in die südliche Lücke (3040 m). Über Schnee und steiles Blockwerk auf das *Silvretta-Egghorn* (3147 m) und drüben hinab in die nächste Scharte. Nun über den Grat auf das nach Nordosten mit erstaunlich steiler Wand abstürzende Signalhorn (etwa 1 1/2 Std. vom Silvrettahorn). Über die Schneide noch zum Südostgipfel, dann rechts hinab auf den Gletscher. Entweder über die Fuorcla dal Cunfin zurück zur Wiesbadener Hütte oder über den Silvrettapaß zum gleichnamigen Stützpunkt.

Zur Schneeglocke und Abstieg ins Klostertal: Mit nur wenig Kletterei, meist auf Firn und Geröll, über einen Zwischenkopf auf die *Schneeglocke* (3223 m, 1 Std.). – Den Zwischenkopf (3190 m) als einen Gipfel mit dem Namen Knoten zu deklarieren, ist unsinnig! Walther Flaig wollte mit seiner Bezeichnung nur andeuten, daß sich hier die Grate verzweigen. – Von der Schneeglocke kurz über den Grat zurück, dann nach Westen auf den Klostertalergletscher und auf dem Steig durch das Klostertal hinaus zur Bielerhöhe. Wiesbadener Hütte – Silvrettahorn – Klostertal – Bielerhöhe etwa 7 Std.

Piz Buin, 3312 m

Manchmal drängen sich die Kleineren schon arg in den Vordergrund! Fast 100 m niedriger als Piz Linard und Fluchthörner heimst doch der Piz Buin den Ruhm für sich ein, ist bestimmt der bekannteste und wohl auch der am häufigsten bestiegene Berg der gesamten Silvretta. Er versteht es aber auch, sich in Positur zu setzen. Er steht nämlich nicht nur genau im Hintergrund des Ochsentales, so daß er schon von der Bielerhöhe aus ins

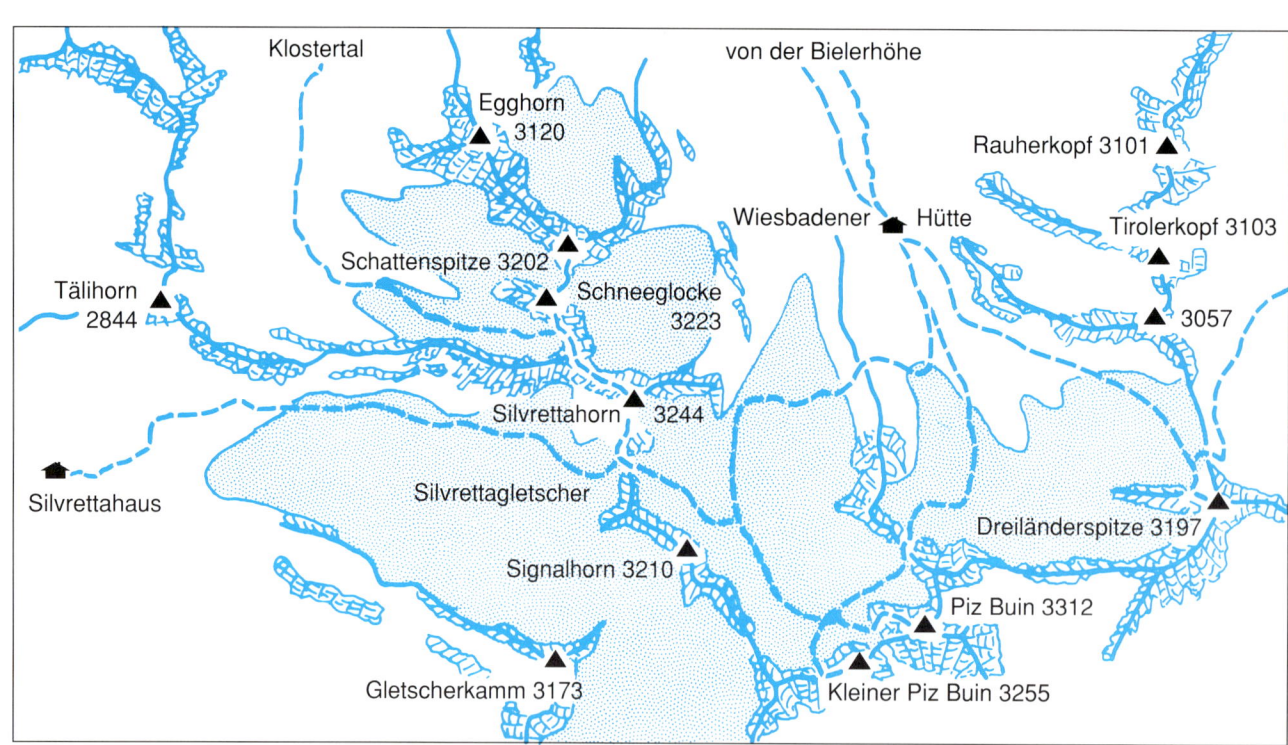

Auge fällt, sondern er beherrscht auch das schweizerische Val Tuoi, ja, er zeigt sich dort als ausgesprochen wilder und eleganter Felsdom in einem fast schwarzen Gewand. Und noch etwas spricht für den Buin: Er liegt genau im Herzen der Silvretta, und viele markante, hohe Gipfel umgeben ihn wie seine Vasallen. Und schließlich steht ihm noch ein Superlativ zu: Er ist der höchste Gipfel in Vorarlberg.

Von drei Hütten kommen die Bergsteiger, und doch wird der Piz Buin fast ausschließlich über die Westflanke bestiegen. Und man wird es kaum glauben: Man kann diesem Berg von so steilem Aussehen mit einer einzigen und noch dazu unschwierigen Kletterstelle aufs Haupt steigen.

Der Normalanstieg: Von der Wiesbadener Hütte auf den Vermuntgletscher. Rechts hinüber und zwischen Spalten steiler empor zum Wiesbadener Grätle, einem ganz auffallenden Zackenkamm. In eine scharfe Lücke, drüben kurz hinab auf den obersten Ochsentalergletscher und fast eben zwischen Spalten um den Felsfuß des Piz Buin herum auf die Westseite. (Hierher auch von der Silvrettahütte über den Silvrettapaß und die Fuorcla dal Cunfin, bzw. von der Tuoihütte über Plan Mezdi und Fuorcla dal Cunfin.) Auf einem Steiglein im Geröll zur Nordwestkante, links in einer Rinne über eine kleine, etwas ausgesetzte – einzige etwas schwierigere Stelle – Felsstufe und dann auf der geröllreichen Gratrippe zum Gipfelkreuz.

Kleiner Piz Buin, 3255 m

Im Schatten seines großen Bruders bleibt für den Kleinen Piz Buin nicht viel Aufmerksamkeit und Anerkennung übrig. Dabei gehört er zu den höchsten Silvrettabergen, zeigt sich von allen Seiten als schöne, dunkle Felsgestalt und ist durch die nur 3054 m hohe Fuorcla Buin wahrlich tief und deutlich abgetrennt. Zudem wäre er die ideale Nachspeise, da seine Besteigung nur eine zusätzliche Aufstiegsstunde kostet. Allerdings muß man bergsteigerisch schon mehr können, als für den Großen Buin nötig ist. Außerdem: die Mischung aus deutschem und rätoromanischen Worten im Namen ist eine sprachliche Mißgeburt, hat sich aber bei uns so eingebürgert. Richtig heißt der Berg Piz Buin Pitschen (pitschen = klein).

Der Normalanstieg: Wie beim Piz Buin beschrieben auf den obersten Ochsentalergletscher und nach Westen unter dem Kleinen Piz Buin hindurch, bis man über eine kurze, steile Firnstufe den Westgrat in einer Lücke erreichen kann. Über den Grat mit einiger Kletterei (II) auf den Gipfel.

Dreiländerspitze, 3197 m

Die Grenzen von Tirol, Vorarlberg und Graubünden laufen in dieser schönen, schlanken Felsspitze zusammen. Auch die umgebenden Gletscher spiegeln diese Gegebenheiten wieder, der Jamtal*ferner,* der Vermunt-

gletscher und der *Vadret* Tuoi. Nach dem Piz Buin ist die Dreiländerspitze der bekannteste und begehrteste Gipfel, zumal er zum Tourenbereich der beiden größten Silvretta-Hütten gehört. Rasch und einfach erreicht man den Bergfuß von der Wiesbadener Hütte aus, etwa doppelt so lange ist man von der Jamtalhütte unterwegs und muß dabei gut auf die Spalten des großen Jamtalferners achten. Für den Gipfelaufbau lauten die Idealbedingungen: guter Schnee in der kurzen, steilen Firnflanke und apere Felsen auf dem am Schluß scharfen und ausgesetzten Grat.

Von der Wiesbadener Hütte: Auf dem linken oberen Weg stets nahe unter den Felsen von Vermunt- und Ochsenkopf weit empor und erst oberhalb von 2800 m auf den Vermuntgletscher. Erst gegen Südosten, dann nach Süden – an der Oberen Ochsenscharte vorbei – an den Fuß der auffallenden Firnflanke. Über sie schräg nach rechts empor (bei Blankeis über die Nordgratfelsen) auf die deutliche Schulter des Nordwestgrates. Über und neben der Felsschneide auf einen Vorgipfel und in ausgesetztem Gelände zum Kreuz.

Von der Jamtalhütte: Von der Hütte auf dem Steig schräg durch die Hänge talein zur Zunge des Jamtalferners. Über die weiten Firnflächen auf den Ochsenkopf zu. An seinem Fuß nach links einschwenkend über spaltenreiche Hänge in die Obere Ochsenscharte. Weiter wie oben.

Kleiner Piz Buin - Westgrat
Gut 3 Std. von der Wiesbadener Hütte. Begehung von zwei Gletschern mit Spalten, Bergschrund und Firnstufe, dann noch hoher Felsgrat, Kletterei bis II. Selten begangen.

Dreiländerspitze von Norden
Zugang von der Wiesbadener Hütte 2 1/2 Std., von der Jamtalhütte 4 Std. (von dort großer Gletscher mit Spalten). Firnflanke zum Grat, einfache Kletterei (I), letztes Stück ausgesetzt. Sehr beliebte Tour.

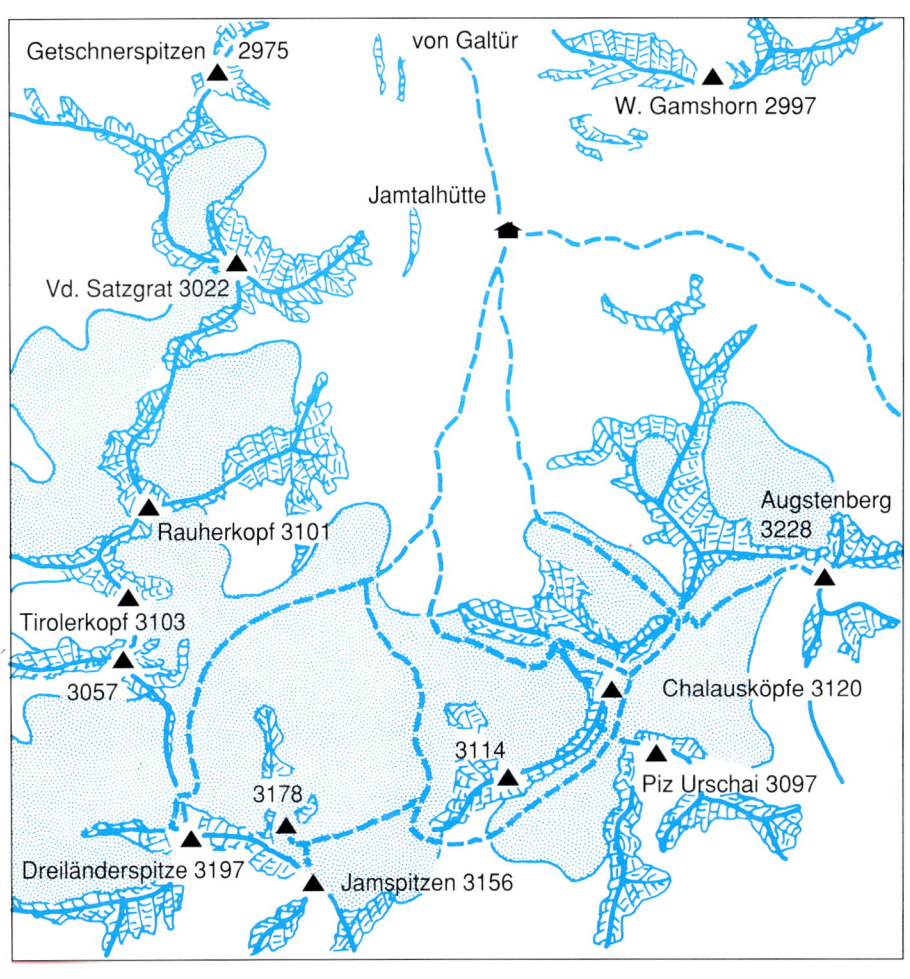

Die Vordere Jamspitze von Nordwesten (Tirolerkopf), davor der oberste Jamtalferner. Im Hintergrund der Ortler.

Vordere Jamspitze von Süden
4 Std. von der Jamtalhütte, Begehung eines großen Gletschers, viele Spalten, kurzer, steiler Gipfelaufbau, I.

Augstenberg über die Fuorcla Chalaus
3 1/2 Std. von der Jamtalhütte, kleiner, aber steiler Gletscher mit Spalten, Querung einer schmalen Firnschneide, einfacher Gipfelaufbau.

Jamspitzen, 3178 m

Jeder sollte einmal auf den nahen Ochsenkopf (3057 m, gut 1 1/2 Std. ab Wiesbadener Hütte) steigen. Dann liegt ihm das oberste, wildzerklüftete Becken des Jamtalferners unmittelbar zu Füßen. Ein eindrucksvoller Tiefblick! Doch dieses Bild bekommt seinen wirklich einmaligen Effekt erst durch das Gewirr von fast schwarzen Felszacken und -nadeln an der Dreiländerspitze und der Vorderen Jamspitze. Verkörperung bizarrer Silvretta-Landschaft! Letzterer ist ein schöner, spitzer Berg, der absolute Herrscher über dem Jamtalferner. Er schaut so abweisend aus, und doch gibt es auch hier nur eine kurze Felsstufe am Gipfel, die dem Erfahrenen zudem wenig Mühe bereitet. Damit ist, wohlbemerkt, die Vordere Jamspitze gemeint, der höhere, der interessantere, der formschönere Gipfel. Es gibt nämlich auch noch eine Hintere Jamspitze (3156 m), eine im Verhältnis recht unscheinbare Gestalt. Sie zählt zu den einfachsten Dreitausendern überhaupt (nur darf man die Spaltengefahr nicht unterschätzen).

Der übliche Anstieg: Von der Jamtalhütte auf dem Steig schräg durch die Hänge talein zur Zunge des Jamtalferners. Über die weiten, meist sanften Firnflächen (Spalten) nach Süden gegen das Urezzasjoch. Kurz vor ihm nach rechts abbiegend über Hänge und flache Böden ins Jamjoch (3078 m). Nun entweder nach Süden über Schnee und Schutt auf die Hintere Jamspitze, oder nach Norden zu den Gratfelsen des vorderen Gipfels. Den höchsten Zacken ersteigt man von rechts durch eine Rinne.

Augstenberg, 3228 m

Man könnte sagen: Der Augstenberg versteht es meisterlich, sich zu verstecken. So ist den wenigsten Bergsteigern bewußt, daß er hier - nach den Fluchthörnern - den höchsten Gipfel der Ostsilvretta findet. Die Skifahrer haben ihn allerdings schon lange zu einem ihrer Lieblingsberge erkoren. Doch auch im Sommer sorgt die Route mit dem schmalen, spaltigen Chalausferner, dem Blick nach Süden, der sich in der Chalausscharte von einem Schritt zum anderen öffnet, und jenem wohl einmaligen »Schneeschwert« mitten im Vadret da Chalaus für Abwechslung. Eine ausgeprägte Gratrippe ist wohl der ursprüngliche Grund für diesen, den Gletscher teilenden Kamm, den dann Wind und Schnee zu dieser messerscharfen Schneide formten.

Der Normalanstieg: Von der Jamtalhütte auf dem kleinen oberen Steig über die Gras- und Blockhänge schräg empor zum kleinen, versteckten Chalausferner. Auf der linken Seite (Spalten) empor in die Fuorcla Chalaus (3004 m). Nach Osten quer über den Schneefirst, dann bequem über den oberen Gletscher zum Grat und auf den Gipfel.

Varianten für Gipfelhungrige: Von der Fuorcla Chalaus aus kann man die Nördliche Chalausspitze (3161 m, II) überschreiten. Von deren Ostgrat steigt man dann am besten auf den Gletscher ab und gewinnt über ihn den

Aufstiegsseite des Südlichen Fluchthorns. Links die im oberen Teil noch verschneite Weilenmannrinne, darüber die Südwestschulter. Von dort führt die Route durch die sichtbare Südwand.

Südliches Fluchthorn Südflanke
Gut 4 Std. von der Jamtal- und der Heidelberger Hütte, Zugang auf Bergwegen, sehr hohe Steilflanke mit Geröll, Blockwerk und Schnee, Gipfelwand mit Kletterei bis II. Anspruchsvolle Hochtour.

Piz Tasna von Norden
4 Std. von der Heidelberger Hütte. Langgestreckter Zugang teilweise auf Wegen, dann Firn- und Gletscherflächen, Gipfelgrat aus Schiefern, Trittsicherheit notwendig.

Piz Fliana Nordwestflanke
3 1/2 Std. von der Tuoihütte, etwas mühsamer Zugang über steiles Moränengelände, Steilstufe zum Grat, dann einfache Kletterei. Im Sommer relativ wenig begangen.

Augstenberg. Auch der Grat westlich der Fuorcla Chalaus mit der Südlichen Chalausspitze (3096 m), den Chalausköpfen (3120 m) und der Gemsspitze (3114 m) bietet noch manche Möglichkeit. Auf dem Grat selbst gibt es Kletterei bis II, man kann ihn aber auch auf dem Gletscher traversieren und zu dem Gipfel (den Gipfeln) seiner Wahl direkt aufsteigen.

Fluchthörner, 3399 m

Braucht es zum Beweis der besonderen Vielgestaltigkeit, die in der Silvretta herrscht, mehr als einen Vergleich der drei Hauptgipfel? Da gibt es eine ebenmäßige Riesenpyramide, einen dunklen, abgerundeten Felskopf und… Ja, die Fluchthörner lassen sich nicht mit einem Begriff beschreiben. Von Osten und Westen gesehen zeigen sie sich als Felsmauer von der Breite eines Kilometers und mit Wänden bis zu 500 m Höhe. Der First trägt nicht nur drei Gipfel, er ist zusätzlich – typisch Silvretta! – mit Zacken und Türmchen gespickt. Sieht man ihn hingegen genau von Süden, etwa von der Krone, dann ist der Berg kaum wiederzuerkennen. Ein erstaunlich schlanker, mit Schneerinnen verzierter Dreikant ragt gewaltig in den Himmel. Der Amphibolit, der den Gipfel aufbaut, scheint ein besonders widerstandsfähiges Gestein zu sein. So wächst der Berg um Haupteslänge über seine Umgebung empor, zum Beispiel um 211 m über den südlichen Nachbarn Krone (3188 m).

Der Blick auf die Südflanke, über die der übliche Anstieg führt, schreckt eher ab. Die untere Hälfte mit ihrem Schrofengelände, dem Geröll, den Schneerinnen wirkt unangenehm, der sehr steile Fels am Gipfel recht wild. Das ist kein Gelände für den Unerfahrenen! Nur wer sich mit voller Sicherheit im steilen Schnee, im unübersichtlichen Schrofengelände, im ausgesetzten Fels des Schwierigkeitsgrades II bewegt, wird die richtige Freude an einer Durchsteigung dieser 450-m-Flanke haben. *Der Normalweg:* Entweder von der Jamtalhütte durch das Futschöltal oder von der Heidelberger Hütte über das Zahnjoch an den Fuß der Südflanke. Von der Schulter links des Gipfels zieht die Weilenmannrinne herab, die nach dem Erstbegeher von 1861 benannt ist. Bei gutem Schnee in der Rinne selbst, sonst - vor allem im oberen Teil - lieber auf der Rippe rechts daneben zur Südwestschulter. An den steilen Gipfelturm heran, dann rechts in der Südwand steil auf den Gipfel (detaillierte Beschreibung siehe AV-Führer).

Piz Tasna, 3179 m

Krasser können die Unterschiede kaum ausfallen als zwischen den wuchtigen, bizarren und rostroten Felsbergen, den Fluchthörnern, der Zahnspitze, der Krone, und dem nächsten Massiv im Südosten mit dem Piz Tasna als Herrscher. Es sind die Bündnerschiefer, die dort für das fein verwitterte Material sorgen und damit auch für die steilen Flanken und die abgerundeten Grate.

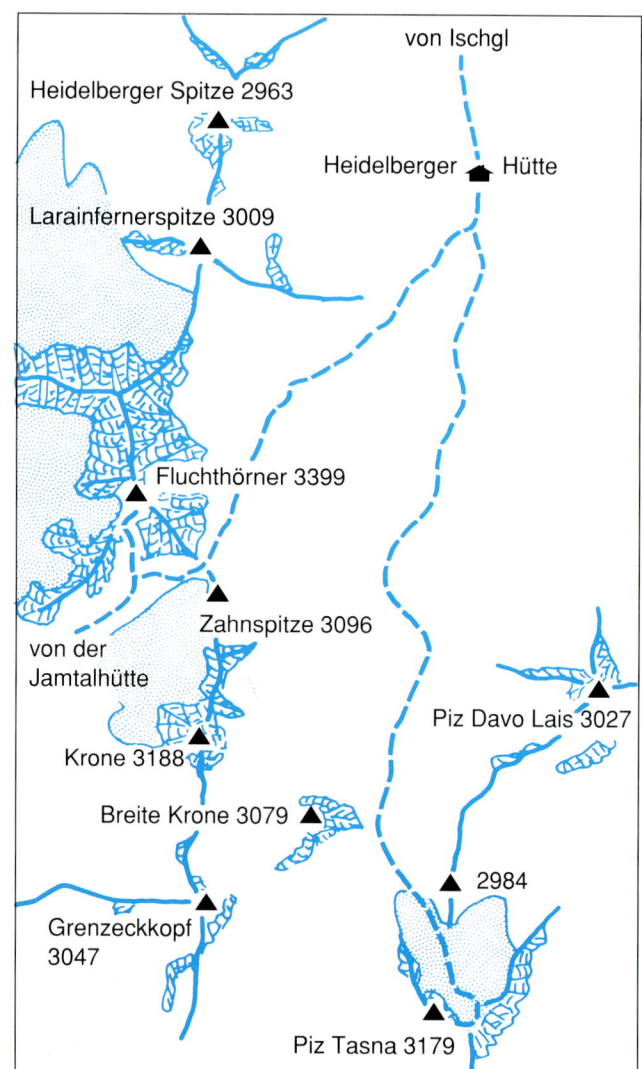

Aus der Ferne schaut das Gelände eher harmlos aus. Man kann aber so seine Überraschungen erleben! Schon bei Nässe wird's unangenehm, und ist der Schieferschutt zusammengefroren, dann lassen sich diese glatten Flächen ohne Gliederung oft überhaupt nicht mehr begehen. Bei den Skitourenfreunden steht der Piz Tasna in hohem Ansehen, im Sommer möchte ich ihn mehr jenen Bergsteigern empfehlen, die Spaß am Bummeln, die viel Zeit und Muße haben. Denn der Aufstieg läßt sich nur mit flach und langgestreckt charakterisieren. Böden sind das Typische, Böden mit Gras, mit Geröll, mit Schieferschutt, mit Firn und Eis. Und der Lohn für die Mühe: ein Gipfelblick mit besonderen Akzenten wie Stammerspitze und Muttler, den Fluchthörnern, der Augstenberg-»Rückseite« mit dem Hängegletscher von Futschöl usw.

Der übliche Anstieg: Von der Heidelberger Hütte auf dem Steig über die Böden nach Süden und in einer begrünten Mulde in einen kleinen Talkessel. Jetzt meist über Schuttflächen erst im Talgrund, dann über weite Hänge auf die Breite Krone zu. An ihren Felsen links vorbei in die Fuorcla da Tasna (2815 m). Unter dem Piz Laver hindurch, dann über die Flächen des Vadret da Tasna ohne

Probleme auf den Nordostgrat des Piz Tasna. Auf der Schieferschneide, am Schluß steil über einige Felsen (links ausweichen), auf den Gipfel.

Piz Fliana, 3281 m

Wäre ein bekannter Namen wirklich ein Gradmesser für einen Berg, dann müßte man den Piz Fliana beim Langweiligen einreihen; es sind nämlich recht wenige, die den Berg kennen. Ganz falsch! Dieser Gipfel genau südlich des Piz Buin, also ganz auf Schweizer Boden, gehört in Wirklichkeit zu den interessantesten in der Silvretta. Es ist ein gewaltiges Massiv mit vier langen Graten, teilweise hohen Wänden und einem Eismantel auf der Nordseite, der ihm ein unverwechselbares Aussehen verleiht. Die große Höhe, der komplizierte Aufbau und die interessanten Routen sorgen für einen Berg der Extraklasse. Bei gutem Firn ist die Besteigung zwar ein hochalpines Unternehmen, bereitet dem Erfahrenen dennoch keine größeren Schwierigkeiten. Der klangvolle Name läßt sich zudem gut übersetzen; Fliana ist das rätoromanische Wort für Pflugschar, und das paßt zur Form des Berges.

Der übliche Anstieg: Von der Tuoihütte auf dem Steig nach Norden, dann auf Steigspuren nach links in die steile Kehle zwischen den Felsen des Piz Buin und dem Cronsel. Ab 2650 m Höhe dann flach über Moränenböden und die sanften Gletscherflächen von Plan Rai in den weiten Firnsattel (2875 m) unter dem Plan Mezdi. Nun entweder schräg nach rechts, um den Fliana-Nordwestgrat schon in der untersten Lücke (Bergschrund, kurze Steilstufe) zu erreichen. Oder gerade empor, über den hier oft großen Schrund und einen sehr steilen, gut 100 m hohen Firnhang auf den Grat in 3100 m Höhe. Über die Block- und Schrofenschneide auf den weiträumigen Gipfel.

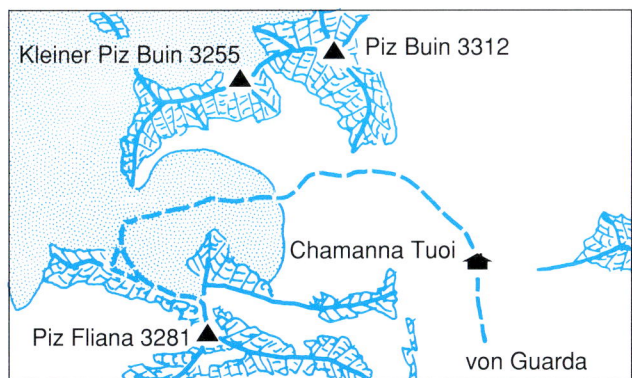

Verstanclahorn, 3298 m

Vom vierthöchsten Silvrettaberg schwärmt Walther Flaig: »Was die Dent Blanche für das Wallis, ist das Verstanclahorn für die Silvretta – der rassigste, schwierigste Gipfel von wildestem Aussehen. Seine finstere Nordwand bietet mit jener der Verstanclaköpfe die düsteren Verstanclawände, das Schaustück der Umrah-

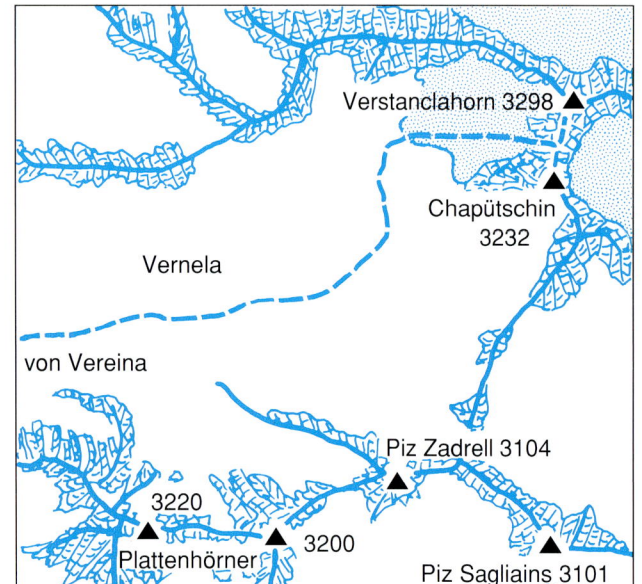

Verstanclahorn 3298 ▲

Chapütschin 3232 ▲

Vernela

von Vereina

Piz Zadrell 3104 ▲

3220 ▲

▲ 3200

Plattenhörner

Piz Sagliains 3101 ▲

Verstanclahorn - Südgrat

5 Std. vom Berghaus Vereina, langer Zugang, sehr steile Block- und Firnflanke zum Nördlichen Vernelasattel, steile Grat- und Flankenkletterei bis III-. Recht anspruchsvolle und einsame Tour.

Piz Linard - Südflanke

3 1/2 Std. von der Chamanna dal Linard, Grasböden und Geröllhänge beim Zugang, dann eine knapp 400 m hohe Steilflanke mit Schrofen, Blockwerk und evtl. Schnee, schließlich Felsgrat zum Gipfel, Kletterei bis II.

mung des Silvrettagletschers.« Das Horn hängt über einen schmalen Zackengrat mit der Torwache zusammen, dieser messerscharfen Schneide mit der fast senkrechten Südwand. Ein Kuriosum: Ein ungeschickter Kartograph setzte den Namen »Torwache« zu dem 3186 m hohen Westgipfel statt zum höchsten Punkt von 3220 m. Seitdem wird in allen Führern etc. der Berg mit falscher Höhe geführt. Das noch mächtigere, aber etwas zahmere Pendant zur Torwache ist der Chapütschin (3232 m), unverkennbar durch die Firnkappe in Gipfelnähe. Da lag der Name Chapütschin = Kapuziner natür-

lich nahe. Auch die beiden anderen Bezeichnungen des Massivs lassen sich erklären. Verstancla hieß einst Val Stankel, und eine »stankel« ist eine abgestorbene, schon kahle, aber noch aufrechtstehende Fichte. Und bei der Torwache handelt es sich natürlich um den Wächter über dem Verstanclator.

Kletterer der alten Schule haben an diesem Massiv den meisten Spaß. Die Grate zu den beiden Nachbargipfeln bieten rassige Aufgaben in großer Einsamkeit und inmitten einer wilden Hochgebirgswelt. Aber auch der einfachste Aufstieg aus dem Vernelatal erfordert einen guten Bergsteiger.

Normalanstieg: Vom Berghaus Vereina durch das Vernelatal in das innerste Becken mit seinen Bergseen. Vom oberen See (2466 m) erst nach Norden, dann nach Osten auf den bescheidenen Vernelagletscher. Von dort bei gutem Firn schöne Eistour über die 200-m-Flanke (bis 40°, bei teilweiser Ausaperung unangenehm und steinschlaggefährlich) zum Vernelasattel, wobei man gleich den linken, höheren Einschnitt ansteuert. Über den Grat, um einen Aufschwung rechts herum, später am besten in der linken Flanke auf den Gipfel.

Piz Linard, 3411 m

Mit seiner Vierkantform von verblüffendem Ebenmaß gehört der Piz Linard zu den elegantesten und unverwechselbarsten Bergen überhaupt. Als würdiger Silvretta-Hauptgipfel ragt er ganz gewaltig über seine Umgebung auf und beherrscht auch das Engadin zwischen Susch und Zernez. 1200 m fällt die Ostflanke in

Blick über den Silvrettagletscher auf das Verstanclahorn mit seiner Nordwand. Links anschließend die Torwache (3220 m), das Verstanclator und als breiter Fels-Eis-Gipfel der Gletscherkamm.

das Val Lavinuoz ab, 500 bis 600 m sind die drei anderen Wände hoch - also ein Felsberg der Extraklasse! Trotzdem stehen relativ selten Bergsteiger aus Deutschland oder Österreich auf seinem Gipfel. Die nach Süden gegen das Engadin vorgeschobene Lage mag zur fehlenden Popularität beitragen. Vielen mag es zu umständlich sein, extra nach Lavin zu fahren und zur Linardhütte hinaufzusteigen, diesem Stützpunkt in dem kleinen, weltabgeschiedenen Glimstal, von dem aus sich nur ein einziger Gipfel, eben der Piz Linard, besteigen läßt. Anders unsere alpinen Vorfahren! Es gibt so manche Geschichten von sehr frühen Besteigungen, aber auch der erste verbürgte Erfolg stammt immerhin von 1835, und zwar durch den Schweizer Botanik-Professor Oswald Heer mit dem Führer Johann Madutz (siehe Seite 88).
Der Berggänger (wie es in der Schweiz heißt) von heute steigt meist durch die Südflanke empor. Wer diese Route als »streckenweise monoton« einstuft, beweist damit nur sein fehlendes Wissen und Einfühlungsvermögen. Es gibt ja gar keine andere Möglichkeit, denn ein gletscherfreier Aufstieg auf einen Gipfel von 3400 m Höhe muß längere Zeit auch über Schrofen und Blockwerk führen. Man denke nur an die riesigen Geröllmengen – die ungleich unangenehmer sind! –, durch die man an so manchem großen und »anerkannten« Dolomitengipfel stapfen muß. Der Empfängliche spürt das Abenteuer bei dem Linard-Südanstieg, bei dieser Route durch eine so gewaltige Flanke. Er genießt die einzigartigen Ausblicke nach Süden, etwa zur Bernina, und das allmähliche Versinken aller Berge der Umgebung.
Etwas anspruchsvoller wäre der Grat oberhalb der Fuorcla da Glims, zu dem die Bezeichnung Südgrat paßt und gehört. Hier ist nämlich der »Wurm« in die Namensgebung geraten. Ein Unaufmerksamer hatte einst Süd- und Südwestgrat durcheinandergewürfelt, und seitdem schreiben alle brav diesen Fehler wieder ab. Vom Linardgipfel läuft der die Täler trennende Grat in einem Bogen zur Fuorcla da Glims und weiter zum Piz Glims, Gesamttendenz Nord-Süd; deshalb paßt hier einzig der Name Südgrat. Beim sogenannten Hörnli zweigt von ihm eine Rippe nach Südwesten, eine nach Westen ab. Es gibt somit keinen Südwestgrat, sondern nur einen Südgrat und eine Südwestrippe, die auf den Südgrat mündet. Wie gedankenlos viele sind, zeigt schon die Tatsache, daß sie den Südgrat und den sogenannten Südwestgrat in der gleichen Scharte beginnen lassen, was ja schlicht unmöglich ist. In Wirklichkeit müßte man von der Fuorcla da Glims die Steilhänge 500 m nach Nordwesten queren, um auf die Südwestrippe zu kommen.
Der übliche Anstieg: Von der Linardhütte auf Steigspuren zu den Glimsseen und gerade auf die Schutt- bzw. Schneehänge am Südwandfuß zu. Das Steilkar in der Wandmitte erreicht man von links nach rechts auf der ausgeprägten Rampe. Immer links bleibend durch das Kar, dann rechts neben der Rinne über Felsstufen steil aufwärts zum Grat oberhalb des Hörnli. Über ihn zum Gipfel.

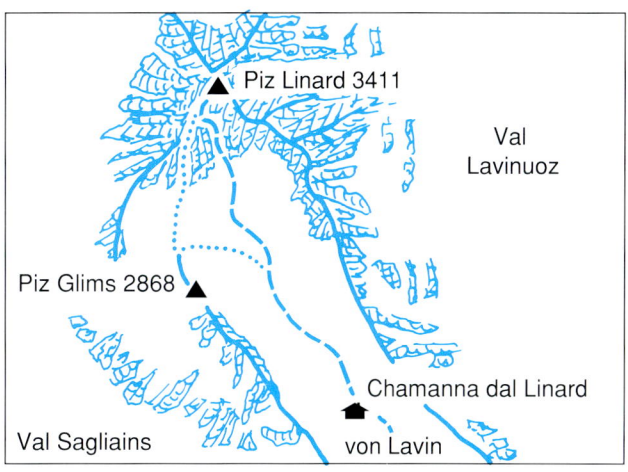

Südgrat: Etwas anspruchsvoller als die Südwandroute. Aus dem oberen Tal nach links in die Fuorcla da Glims (2802 m). Über Blockwerk zu den Felsen und stets über den Grat, das Hörnli rechts auf einem Band umgehend auf den Gipfel (II+).
Südostgrat: Aus dem oberen Tal nach rechts, steil auf den Grat, dessen viele kleine Aufschwünge und Zacken man überklettert, während man die große Stufe links umgeht. Interessant und anspruchsvoll (III).

Der Bergsee auf dem Jöriflesspaß, dahinter der Piz Linard mit seiner Westwand.

Einer der ungewöhnlichsten Berge überhaupt: Aus den Schieferhängen wächst die Stammerspitze als bizarre, unnahbare Kalkruine empor.

Flüela Weißhorn über die Winterlücke
3 Std. von der Flüela-Paßstraße, teilweise alpiner Steig, dann langer Grat mit einfacher Kletterei, schließlich noch eine kurze Felsschneide (eine Stelle II).

Piz Rots - Westgrat
3 Std. ab Heidelberger Hütte, Schieferschuttstufe zur Fuorcla Rots, dann langgestreckter Grat, meist mit Schieferschutt, zum Gipfel. Selten bestiegen.

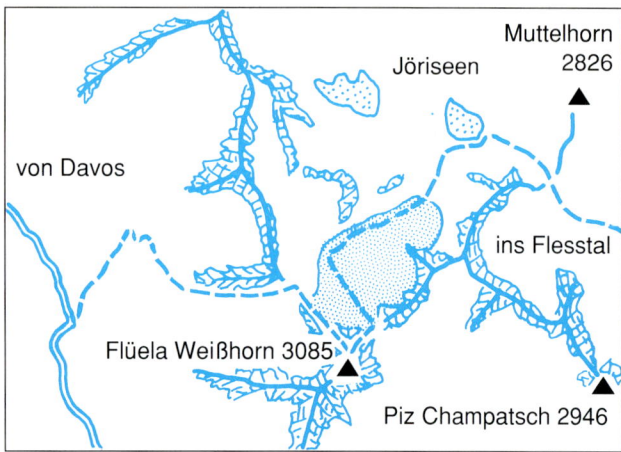

Flüela Weißhorn, 3085 m

Natürlich kann man von Wägerhaus über die Winterlücke »mal auf die Schnelle« das Flüela Weißhorn besteigen, dieses mächtige, aus vielen verwinkelten Graten zusammengesetzte Massiv über dem Flüelapaß. Für den Namen sorgte zudem der helle Flüelagneis, der einen so kräftigen Kontrast zu den dunklen Amphiboliten am gegenüberliegenden Schwarzhorn in den Albulabergen bildet. Aber alle Eile wäre hier jammerschade! Eine Weißhorn-Tour ohne Jöriseen (siehe auch Seite 15) ist nur eine halbe Sache. Die guten Busverbindungen über den Paß laden zu Rundtouren ja richtig ein. Da kann man zum Beispiel den Jöriflesspaß in das Val Susasca überschreiten, ohne daß die Tour allzu anstrengend wird. Ein Tip: Das Auto am Endpunkt der Route abstellen und vor der Tour mit dem Bus fahren. Es ist nämlich viel einfacher, am Morgen und mit Auto pünktlich zur Abfahrt zu kommen als am Ende eines vielstündigen Ausflugs.

Aufstieg über die Winterlücke: Start beim Wägerhaus (2207 m) an der Westrampe der Flüela-Paßstraße. Auf dem Steig schräg durch die Hänge aufwärts. Verzweigung. Gut 100 Hm gerade empor, dann mehr nach rechts und um den Fuß eines Felsgrates herum in das folgende mit Blockwerk und Schnee gefüllte Hochkar. Durch die Kehle in die Winterlücke (2787 m). Auf Blockwerk über den langen Nordwestgrat auf einen Vorgipfel und über eine kurze scharfe Schneide (eine Stelle II oder Umgehung rechts) zum höchsten Punkt.

Abstieg über Jöriseen: Zurück zum Vorgipfel, dann zur Abwechslung über den Nordostgrat (etwa gleiche Schwierigkeit) in die erste Lücke (2905 m). Nun über den Firn des Jörigletschers nach Nordwesten bis vor die Winterlücke. Erst jetzt nach Norden, vor der Felsinsel nach Nordosten und schließlich über die Block- und Geröllfelder zu den Jöriseen. Am Nordufer des rechten, oberen Sees trifft man auf einen Weg. Auf ihm flach in den Jöriflesspaß (2561 m, mit weiterem See). Über Weideflächen und kleine Stufen hinab in das Val Fless, das man bei der Alp Fless Dadaint erreicht. Knapp eine Stunde talaus zur Ostrampe der Flüela-Paßstraße direkt bei einer Bushaltestelle.

Plattenhörner, 3220 m

Die Plattenhörner bestehen aus Amphiboliten und bilden eine fast schwarze Mauer von zwei Kilometern Länge mit hohen, von gewaltigen Schluchten zerfurchten Wänden. Auf der Nordseite füllt Eis die Rinnen und sorgt für ein sehr hochalpines Bild. Das Massiv baut sich in erstaunlicher Symmetrie auf mit je einem großen Gipfel im Osten und Westen, die ihrerseits wieder je zwei Zacken als höchste Punkte tragen. Das Zerborstene, die gewaltigen Schluchten, die großen Geröllhalden lassen schon ahnen, daß hier keine gemütlichen Genußklettereien in bombenfestem Fels warten. Wir hatten es bei unserer Tour 1975 auf den höchsten Gipfel, den Ostzacken des Westlichen Plattenhorns abgesehen. So stiegen wir vom Vereinapaß ins Schneetäli und an den Fuß der Südschlucht hinauf. Doch beim Anblick dieses Steinschlagkanals mit seinem schmutzigschwarzen Eis waren alle Wünsche im Nu verflogen. Westgrat des Hinteren Plattenhorns (3200 m) hieß unsere Alternative. Aber auch dort erwies sich der brüchige, dachziegelartige Fels eher als unangenehm. Deshalb folgt hier auch keine Routenbeschreibung. Wer dieses einsame Massiv auf seinen Wunschzettel setzt, muß selbst die Silvretta-Führer studieren.

Piz Rots (Vesilspitze), 3097 m

Ein Schieferberg der Extraklasse! Der Schutt bestimmt das Bild, Schutt am Grat, Schutt in den Flanken, die so steil sind, daß man sie allenfalls beim Abstieg begehen sollte. Aber es gibt auch richtigen Fels, Wände, scharf gezackte Grate, senkrechte Türme, ein Gelände der Kategorie wild bis sehr wild, abweisend, gefährlich. Der vom Gipfel nach Osten hinabziehende Felstobel ist geradezu ein Schulbeispiel für abschreckendes Gelände, sehr steil, bröselig, der Firn in seinem Grund schwarz von Steinschlag. Durch diesen Höllenschlund zieht laut Führer eine Route mit der Bemerkung »kürzester Anstieg von Samnaun«. Schwierigkeitsangaben fehlen, die Höhe der Rinne wird mit 100 statt mit 200 m angegeben. Hätte der Autor je in diese Schlucht geschaut, dann wäre er sicher vor seinen eigenen Angaben erschrocken. Doch all diese Worte sollen niemanden von der Besteigung dieses mächtigen, alleinstehenden Berges mit seinen so auffallend glatten Hängen abhalten. Der Westgrat erfordert nämlich keinerlei Kletterei, und auch die Mühe hält sich in Grenzen. So hat man alle Muße, die absolut hindernislosen Ausblicke von diesem hohen First zu genießen. Die Höhepunkte im Panorama: die Fluchthörner und die ganz nahe Stammerspitze.

Von der Heidelberger Hütte: Unter der Hütte über den Fimberbach und jenseits über die grünen Hänge erst nach Osten, später nach Nordosten. Dann auf schuttbedeckten Böden und Hängen rechts um den Piz Fenga Pitschna und den Piz Val Gronda und in den weiten Schuttsattel (2752 m) zwischen ihm und dem Spi da Chöglias, zu der der manchmal verwendete Name

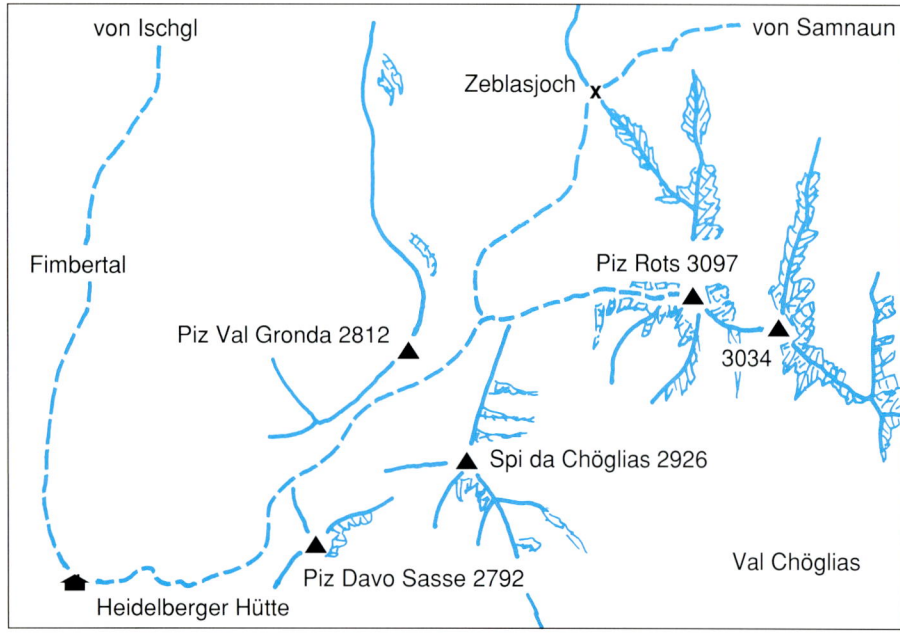

unnötige Skitrasse verunstaltet) zu den weiten Böden von Zeblas und ins Zeblasjoch (2539 m, Grenze). Drüben ein Stück hinab und auf dem Steig über die Schuttböden gegen den Piz Val Gronda. In 2650 m Höhe vom Weg ab und direkt empor ins Vesiljoch. Der Weiterweg von hier zum Gipfel wurde schon beschrieben.

Stammerspitze, 3254 m

Eigentlich dürfte es einen so wilden, von tiefen Schluchten zerrissenen Felsberg dieser Art hier gar nicht geben! Helle Kalke bilden die Gipfel , die auf auffallend gebänderten Bündnerschiefern ruhen. Also ein richtiger Fremdkörper in den Zentralalpen! Je nach Standpunkt erscheint die Stammerspitze als eleganter Dreikant – wie beim Aufstieg zum Muttler – oder als schräges Trapez mit zackengespickten Graten. Der Berg weiß sich so gut zu verteidigen, daß sich fast alle mit dem Anschauen zufriedengeben. Der Gipfelstürmer müßte nämlich entweder im brüchigen Dreiergelände sicher klettern oder den sehr weiten und komplizierten Anstieg von Vna im Unterengadin in Kauf nehmen. Fünf bis sechs Stunden ist man dort unterwegs und muß dabei 400 Hm durch sehr steiles und auch steinschlaggefährliches Rinnengelände zum Gipfel steigen. Wer sich dafür interessiert, sollte die entsprechenden Führer studieren. Es paßt auch zu diesem Berg, daß er trotz seiner auffallenden Gestalt erst 1884 betreten wurde.

Muttler, 3294 m

Über den Muttler konnte man folgende Bemerkung lesen: »Ein richtiger Alpinist besteigt einen Berg dieser Art allenfalls mit Ski.« Diese Äußerung ist ebenso überheblich wie unsinnig! Jede Tour hat ihre ganz persönliche Note, und gerade die Vielzahl von Eindrücken macht die Erlebnisse in den Bergen so reichhaltig.
Der Hauptgipfel der gesamten Samnaunberge mit seiner ebenmäßigen Pyramidenform und der überragenden Höhe gehört durchaus zu den eindrucksvollen Gestalten. Auch der übliche Aufstieg macht Spaß, falls man Touren ohne Kletterei mag und die nötige Kondition mitbringt. Im mittleren Teil kann man die ausgetretene Trasse verlassen und über die 400 m hohen Matten des Langeck ansteigen, um das Rote Seeli zu besuchen. Der kleine Tümpel in 2575 m Höhe ist intensiv gefärbt, eine Alge sorgt für das Rot. Im Roßbodenjoch (2745 m) betritt man den Nordgrat, eine scharfe Trennlinie zwischen den fast vollständig aus Schieferschutt bestehenden Hängen rechts und den hohen Wandabbrüchen links. Deutliche Trittspuren ziehen durch die Trümmerhänge empor, denen man bei trockenem Fels ohne Schwierigkeiten jedoch ein wenig mühsam folgen kann – um so besser eignen sie sich für den Abstieg. Doch bei Vereisung oder größeren gefrorenen Schneefeldern wird die Sache durchaus alpin; einen Sturz darf man sich auf keinen Fall erlauben! Begeisternd an Touren zu so überragenden Gipfeln ist das allmähliche Versinken der

Fuorcla Val Gronda überhaupt nicht paßt. Vom Sattel schräg über die Schutthänge in das Vesiljoch (auch Fuorcla Rots, 2793 m). Rechts an Punkt 2882 vorbei, dann immer in Gratnähe bis zur Gipfelschneide, die aus drei gleichhohen Erhebungen besteht.
Von Samnaun: Auf einem Fahrweg durch das anfangs flache Tal nach Westen, dann in scharf eingeschnittener Tobellandschaft rasch bergauf (durch eine vollkommen

Muttler - Nordgrat
4 1/2 Std. ab Samnaun, Bergwege durchs Tal, Steigspuren in einer sehr hohen, teilweise steilen Mulde, dann 500 m hoher Grat aus zerfallenem Schieferfels, Steigspuren. Meist einfach (Steigspuren), doch sehr von den Verhältnissen abhängig.

Piz Mundin über die Südflanke
5 Std. von Tschlin, langer Zugang auf Alpsträßchen, dann Mattenböden, schließlich 600 m hoher, oben sehr steiler Trümmerhang zum Grat, kurze Kletterei (II) auf den Gipfel. Äußerst selten begangen.

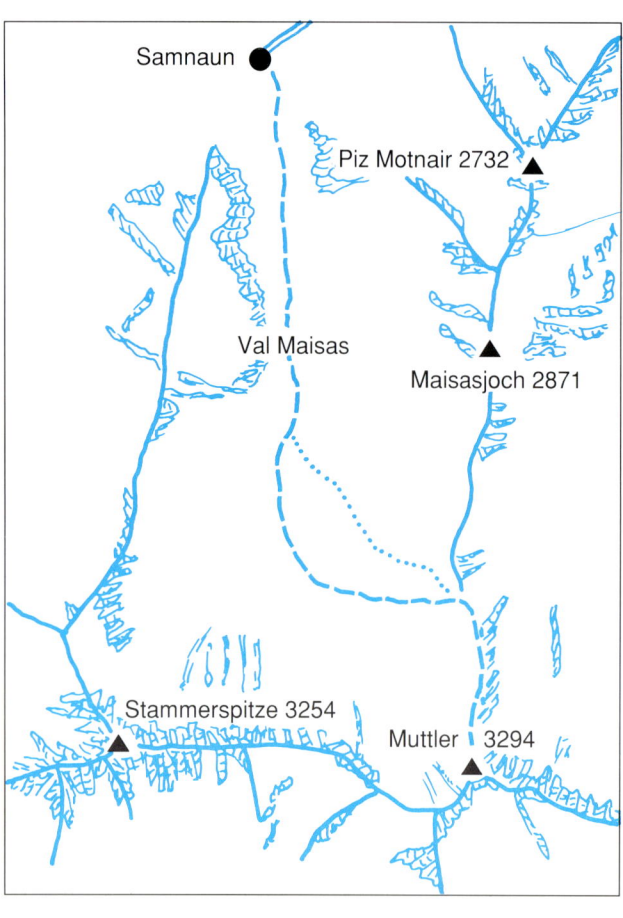

Bergwelt rundum, schließlich bleibt sogar die zuerst so imponierende Stammerspitze (3254 m) zurück.

Der übliche Anstieg: In Samnaun über den Maisasbach und immer an und über dessen Ostufer auf breitem Weg nach Süden. Das Tal ist erst scharf eingeschnitten und mündet dann in den weiten Roßboden am Fuß der 1000 m hohen Muttler-Nordwestflanke, die ganz aus Schutt und Schnee besteht. Links in der Kehle auf Steigspuren über Gras, dann über Geröll weit empor in das Roßbodenjoch. Stets der deutlichen Trasse folgend erst rechts um einige Felsen, dann ziemlich gerade und recht steil längs der Kante zum Gipfel hinauf.

Piz Mundin, 3146 m

Diabas und Grünschiefer sorgen dafür, daß der Samnaun-Südkamm mit einem ganz ungewöhnlichen Massiv ausläuft. Da gibt es nicht nur den beherrschenden Piz Mundin; nach einem auffallenden Zackengrat folgt der Clucher dal Mundin (3120 m), der Mundinturm, ein Zacken von wildestem Aussehen. Er läßt sich nur mit schwieriger Kletterei – leichteste Route III+ – erreichen. Einst konnte man auf der für die Lawinenverbauungen errichteten Straße bis zur Alp Tea fahren, und dann gehörte der Piz Mundin zu den zwar etwas mühsamen, aber doch gut erreichbaren Zielen. Doch heute muß man in Tschlin oder drüben beim Pfandshof im Samnauntal starten, und so wurde unser Berg zu einem der einsamsten Dreitausender überhaupt.

Die einfachste Route: Aus dem Engadin in das malerische Dörfchen Tschlin (1533 m). Hinauf zum obersten Haus

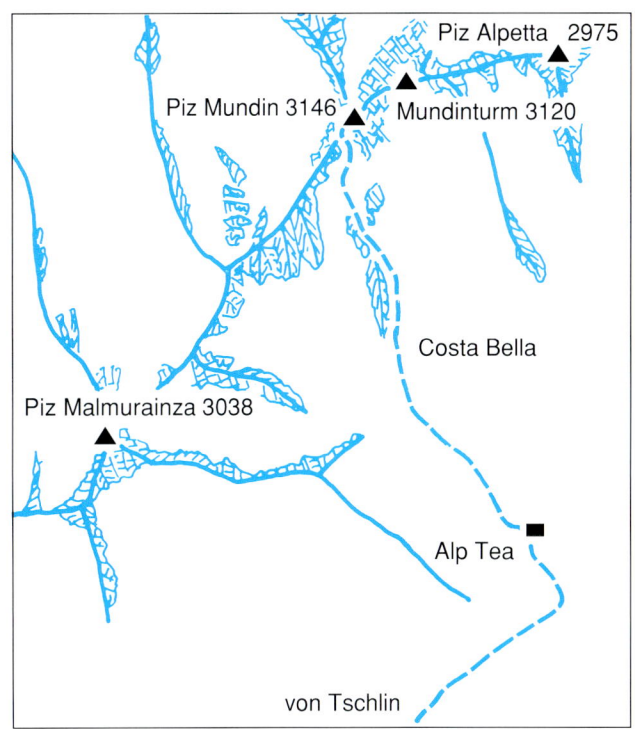

und einem Kirchlein. Dahinter über den Chaflurbach und immer auf dem Fahrweg diagonal über die schönen Wiesenhänge aufwärts zur Alp Tea (2042 m). Nun am besten auf den anfangs begrünten Geländerücken der Costa Bella. Auf dem Rücken, dann rechts daneben auf einer Rampe schließlich stark nach rechts über teilweise reichlich steile Schutt- und Schrofenhänge in die Fuorc-

Das Massiv des Piz Mundin von der Alp Tea gesehen, also von der Aufstiegsseite. Links der Hauptgipfel, in der Mitte der Mundinturm.

la Saronna Pitschna knapp westlich des höchsten Punktes. Um einen Kopf herum und mit Kletterei auf den turmartigen Gipfel.

Vesulspitze, 3089 m

Vesulspitze - Südgrat
2 3/4 Std. von der Idalpe, wegloser, etwas umständlicher Zugang, langer Felsgrat, einige Stellen II, teilweise etwas ausgesetzt. Wenig begangen.

Die Vesulspitze (3089 m) beherrscht den nordwestlichen Teil der Samnaunberge. Trotzdem wird sie recht selten bestiegen.

Hat die Phantasie gefehlt? Vesul- und Vesilspitze heißen die beiden großen Gipfel im Westen der Samnaunberge, die auch noch fast auf den Meter gleich hoch sind. Es handelt sich um einst rätoromanische Wörter. Die Vesulspitze entstand aus Val = Tal und sul = einsam, öd, bedeutet also soviel wie Ödtalspitze. Bei dem anderen Gipfel veränderte sich das ursprüngliche valschil = Tälchen in Vesil. Doch trotz der ähnlichen Namen kann man die Berge in der Natur nicht verwechseln. Als schönes Felskastell steht die Vesulspitze gut 1700 m über dem Paznauntal bei Ischgl, ragt mächtig über die Nachbarberge empor. Wenn sie trotz ihrer auffallenden Gestalt wenig Beachtung findet, dann liegt das an den weglosen Zugängen zur Vesulscharte; sie sind nicht allzu weit, erfordern aber eine gute Spürnase in dem komplizierten Gelände mit den Riesenblöcken und den Gletscherschliffen. Weniger Mühe macht dann der

Südgrat mit seinen vielen steilen Felsaufschwüngen und seinem Höhenunterschied von fast 300 m. Es gibt nur wenige Zweier-Stellen, das Gestein ist meist einigermaßen fest, und die letzte wirklich luftige Kante mit ihren senkrechten Abstürzen nach Südwesten läßt sich rechts im Steilgras umgehen.

Den Bergsteiger lockt eine Kombination mit dem benachbarten *Bürkelkopf* (3032 m), einem Unikum unter den Samnaunbergen, einem Gipfel mit den verschiedensten Gesichtern: senkrechte Wände nach Süden – die steilsten Abstürze im ganzen Gebirge! –, ein messerscharfer Grat über die Bürkelspitzen, riesige Schieferschutthalden nach Norden und schwarzgraue Plattenschüsse im Westen. Eine Gipfelkombination sollte man mit dem Bürkelkopf beginnen, vom Flimjoch zu dessen höchstem Punkt hinaufsteigen, dann von seinem Ostgipfel über die Schieferhänge zum tiefer unten ansetzenden Nordgrat hinabrutschen. Dann folgt man stets dem First mit seinem plattigen, teilweise ungünstig geschichteten Fels, der sich im Mittelteil plötzlich zu einer ganz schmalen, sehr ausgesetzten Schneide mit 10-m-Abbruch zusammenschnürt (II, eine Stelle III-).

Von der Idalpe über den Südgrat: Von Ischgl mit der Kleinkabinen-Seilbahn zur Idalpe (2307 m). In die Velillscharte östlich des Pardatschergrates. Nun entweder – bequemer – 100 Hm hinab ins Velilltal und hinauf in ein Hochtälchen (2600 m) oder dorthin – interessanter – quer durch die teilweise steilen Hänge über schöne Gletscherschliffe, durch Geröll usw. Auf die Geländerippe hinter dem Tälchen, links durch einen Trümmer-(Schnee-)hang und in die tief eingeschnittene Vesulscharte (2804 m). Über den hohen Felsgrat zum Gipfel, Ausweichen in der rechten Flanke.

Die felsigen Seitenkämme

Die Silvretta zerfällt in eine Art Zweiklassengesellschaft.
Alles liebt, alles besucht die zentralen Gletscherberge.
Ein Halbdutzend Hütten erschließt diese Bereiche vollständig.
Doch noch größer ist die Zahl der Gipfel in den Nebenkämmen.
Einige wenige sind Ziele der Bergwanderer, nämlich jene,
die mit Wegen erschlossen sind. Alles andere zählt zum Stillen
bis absolut Einsamen. Mancher Berg wird jahrelang nicht
betreten, obwohl man hier viele schöne und markante Felsgipfel
findet. Außerdem: dieses Kapitel bezieht sich ausschließlich auf
die Silvretta. In den Samnaunbergen gibt es keine so ausgeprägten
Unterschiede zwischen »Häuptlingen« und Bergen »zweiter
Klasse«.

Persönlich liebe ich die Ziele, die ich üblicherweise ganz für mich alleine habe. Deswegen sollen ihnen hier wenigstens zwei Seiten gewidmet werden. Um diese »Stillen der Silvretta« wird es garantiert auch nach unserer Veröffentlichung ruhig bleiben. Wer steigt schon ohne Wege über hohe, manchmal von Buschwerk überwucherte Stufen in die Kare (mit ihren Seen!) hinauf, turnt durch weite Blockfelder, stapft durch Schneerinnen, sucht sich seine Route selbst im zerklüfteten Felsgelände! Heute findet man zwar all diese Gipfel in den Führern, doch die Auswahl der beschriebenen Routen unterliegt oft dem Zufall, viele Beschreibungen sind allzu vage, manche fehlerhaft. So haftet diesen Touren stets ein Hauch von Abenteuer an, etwas von der Spannung einer Pionierfahrt.

Reine Wanderziele wie der Hennekopf bilden die Ausnahme. Fast immer läßt sich der Gipfel nur mit etwas Kletterei in den Schwierigkeitsgraden I bis III erreichen. Das zerborstene, oft mit Zacken und Türmen dekorierte Gelände erfordert vor allem Erfahrung, Trittsicherheit und einen guten Blick für den richtigen Durchschlupf. Der Geschickte kann mancher Schwierigkeit gut ausweichen, wer mit dem Kopf durch die (Fels-)Wand will, kommt rasch in Dreier- oder gar Vierergelände. Die Grate bieten mit Abstand die schönsten Routen, während so manche Flanke mit dem brüchigem Gestein und der Steinschlaggefahr eher abschreckt. Dort trifft man noch am ehesten auf akzeptable Verhältnisse, wenn man früh im Jahr unterwegs ist; vor allem die Rinnen lassen sich mit ordentlichem Schnee am besten begehen.

＊

Bei der Fülle von Möglichkeiten fällt es schwer, einzelnes herauszugreifen. Dank der kleinen Gletscherfelder gehören auf jeden Fall der Kamm zwischen Biel- und

Der Piz d'Anschatscha (2983 m) steht im Kamm südlich des Piz Fliana zwischen den Tälern von Tuoi und Lavinuoz. Er gehört zu den typischen, teilweise recht wilden und absolut einsamen Felsruinen in den Nebenkämmen.

Blick von Westen auf den Bieltalferner mit den Haagspitzen (rechts), dem Totenfeldkopf und der Schneide zum Vorderen Satzgrat.

Drei Vorschläge

Vordere Getschnerspitze,
2975 m
Von der Bielerhöhe Richtung Getschnerscharte bis in 2450 m Höhe. Jetzt auf den Hennebergferner und rechts über den oberen Nordwestgrat in die Gipfelscharte. Über den kurzen Grat (III) oder links über Platten (II) zum höchsten Punkt. 3 Std., hochalpin. Evtl. anschließend Überschreitung der Mittleren Getschnerspitze (2964 m) in die Getschnerscharte (II).

Gemspleisspitze,
3015 m
Aus dem Fimbertal über hohe Gras- und Schutthänge in die Südscharte (2735 m) und über den zerborstenen, noch langen Grat auf den imposanten Felsgipfel (II). 3 1/2 Std. vom Bodenhaus, meist weglos.

Piz da las Clavigliadas,
2983 m
Von Guarda durch das Val Tuoi zur Alp Suot. Über Matten, dann in steilem Schutt auf den Ostgrat und über Blockwerk auf den Gipfel (I). 4 Std., oben pfadlos. Schöner Blick!

Jamtal und jener nördlich des Klostertals zum Auffallenden. Beide lassen sich rasch von der Bielerhöhe aus erreichen. So kann man etwa die Vordere und Mittlere Getschnerspitze (2975 m) mit Aufstieg über den Hennebergferner und Abstieg zur Getschnerscharte überschreiten (3 Std. Aufstieg, II+, auch sehr lohnende Skitour). Schöne Kletterein bieten der Gipfelgrat der Vorderen Lobspitze (2835 m, bis III) und die kurze Südwand des Lobturms (2867 m, III). Die höchsten Berge der beiden Kämme, nämlich der Vordere Satzgrat (3022 m, II) und die Verhupfspitze (2957 m, am Gipfelgrat eine Stelle II), hingegen warten mit etwas morschem und bemoostem Fels auf.

Um das Vorarlberger Garneratal mit der Tübinger Hütte und das Graubündener Schlappintal breitet sich das größte, gletscherfreie Felsbergrevier der Silvretta aus. Die zehn Hauptgipfel gehören ausnahmslos zu den 2800ern. Die mit einem Steig erschlossene Westliche Plattenspitze (2883 m, siehe Seite 42), die kaum je bestiegene Eisentälispitze (2875 m) und die Schildfluh (2887 m), der ein nordseitiges, gratnahes Firnfeld zu ihrem Namen verhalf, ragen am höchsten auf. Auch hier locken in erster Linie die Grate mit kurzweiligen Kletterein, etwa die Überschreitung der Zwillinge (2869 m), der Valgraggestürme (2820 m) oder der Seeschijen (2773 m), ein Kamm besonders wilder, zerklüfteter Zacken. Und dann gibt es noch einen Ausnahme-Felsturm, einen für die herrschenden Granitgneise auffallend schlanken und trotzigen Gesellen, nämlich den Fergenkegel (2844 m). Die kleine, unbewirtschaftete Fergenhütte (siehe Seite 36) beherbergt vor allem die Kletterer, die wegen dieser Routen bis hin zum Schwierigkeitsgrad VI heraufgepilgert kommen.

Auch das Laraintal begleiten auf beiden Seiten die typischen Felsbergkämme. Zum einsamsten Bergland zählt der Grat gegen das Jamtal mit der dominierenden Finsterkarspitze (3012 m), der teilweise aus etwas behäbigeren, breiteren, teilweise aus scharfgezackten Gipfeln aufgebaut ist. Und gegenüber dominiert die Gemspleisspitze (3015 m, II), die man über den Südgrat in etwas zerborstenem Fels besteigen kann. Nach Norden folgt die Gruppe mit dem Dreiköpfl (2970 m) und dem Berglerkopf (2903 m), das eindrucksvollste, gewaltigste, wildeste aller Massive. Bei Mathon im Paznauntal wird mancher schon gerätselt haben, wie diese dolomitenartigen Zacken, die über den Wald lugen, wohl heißen mögen. Bei den sehr langen und auch mühsamen Zugängen bleiben Ruhe und Einsamkeit dort oben bestimmt auch in (aller) Zukunft erhalten.

Vom Hauptkamm zweigen natürlich auch nach Süden gegen das Unterengadin eine Reihe von Nebenkämmen ab. Sie sind jedoch wesentlich kürzer, tragen nur wenige Gipfel, die aber zu den besonders schönen Aussichtskanzeln zählen. Das trifft vor allem für den Piz Cotschen (3030 m) zu, ein breitgelagerter 3000er hoch über dem Weiler Bos-cha bei Guarda, von dort über die weiten Matten der Alp Ardez und den Südostgrat in 3 1/2 Stunden gut zu besteigen.

»Ski-Karte des Inneren Montafon und Paznaun« heißt das Blatt, von dem wir hier einen Ausschnitt bringen. Es dürfte um das Jahr 1925 erschienen sein. Bemerkenswert ist, wie viele der Skirouten damals schon bekannt waren, wie zum Beispiel die Nordabfahrt von der Schnapfenspitze ins Laraintal. Ein Anstieg über den Südostgrat auf das Fluchthorn ist allerdings reichlich kühn!

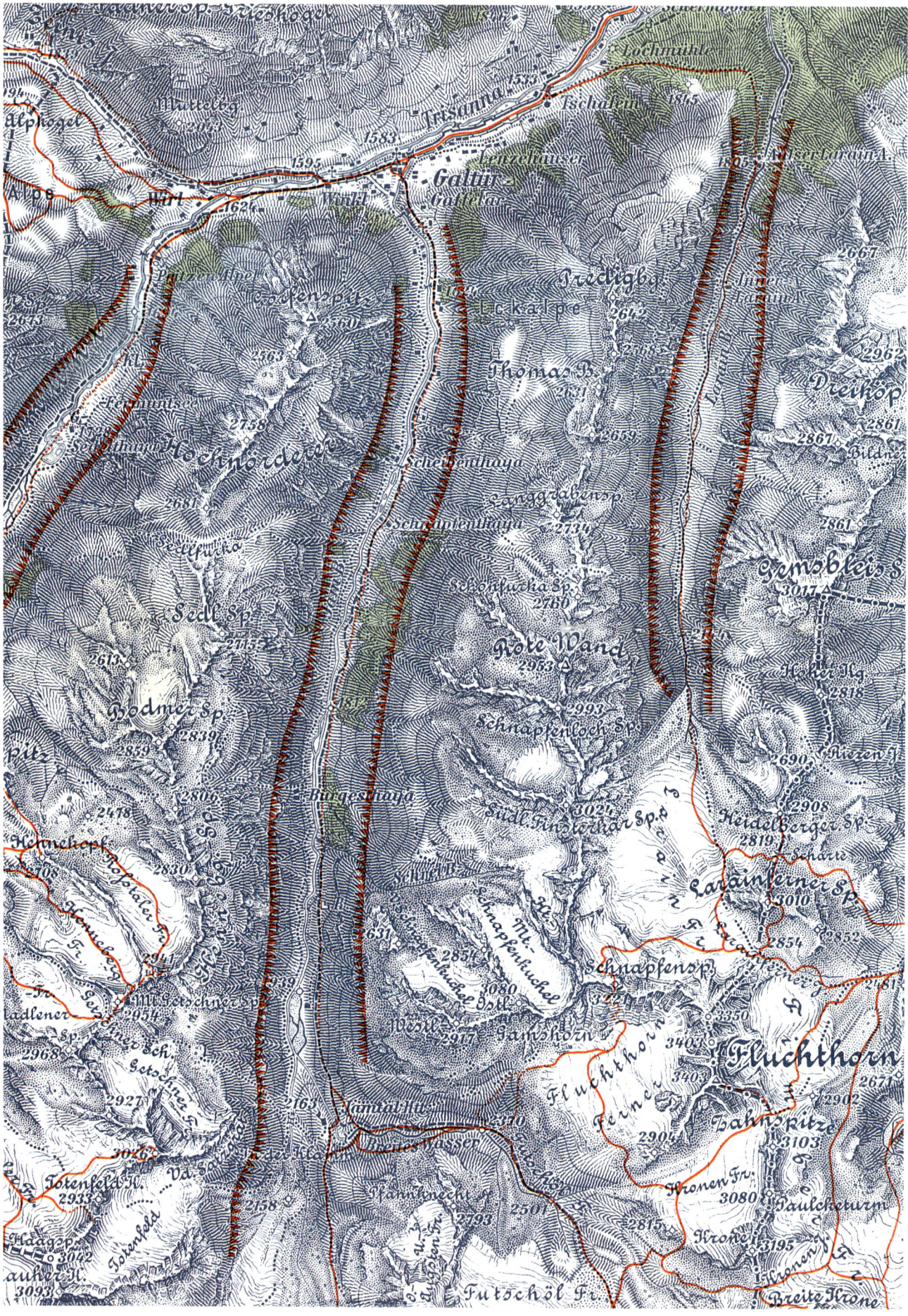

Tiefschnee - Schlaraffenland

Schon zwischen den Weltkriegen zogen die Skifahrer in Scharen durch unsere Region. »Blaue Silvretta« wurde zum Markenzeichen und Schmusewort für das Traumland der Brettljünger. Manche Samnaunbereiche waren kaum weniger beliebt. Blauer Himmel, schwarzer Fels und weiße Flächen mit weitgeschwungenen Spuren bildeten lange Zeit das Ideal. Die eher sanften Hänge und Gletscher kamen der ursprünglichen Fahrweise entgegen; erst in unseren Tagen kann vielen das Gelände nicht steil genug sein. So hat heute die Silvretta ihre Spitzenposition bei den Tiefschneefreunden verloren, ist nur noch ein schönes Gebiet unter anderen. Und doch gibt es dort nicht nur zehnmal so viele Spuren an den klassischen Bergen wie einst, man hat auch immer neue Möglichkeiten entdeckt, Hunderte von Routen.

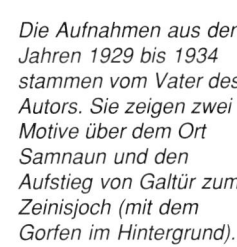

Die Aufnahmen aus den Jahren 1929 bis 1934 stammen vom Vater des Autors. Sie zeigen zwei Motive über dem Ort Samnaun und den Aufstieg von Galtür zum Zeinisjoch (mit dem Gorfen im Hintergrund).

Natürlich können wir im Paradies der Skitouren keine hundert Routen detailliert beschreiben. Das ist nur in einem Skiführer möglich. Doch mit Anregungen soll hier nicht gegeizt werden. Zudem beschränken sich die Beschreibungen nicht auf die klassischen Gebiete. Es gibt so viele weniger bekannte Leckerbissen wie die Traumabfahrten über dem Engadin! Auch das Typische der Touren wird hier zur Sprache kommen, das bei den oft allzu nüchternen Tourenvorschlägen gerne unter den Tisch fällt. Und zudem erscheinen in der Randspalte die technischen Angaben für eine Auswahl der interessantesten Skitouren.

Nordwestsilvretta
Gargellen – Silvretta Nova – Garnera

Startet man in einem Talort zu einer Zentralalpen-Skitour, dann beginnt der Tag fast immer mit einem Talmarsch. Auch von Gargellen, der ersten Station unserer Ski-Rundreise, wandert man zuerst mehrere Kilometer durch die Täler von Valzifenz oder Vergalda, steigt anschließend über steile Stufen empor, bevor man auf die weiten Böden und damit in ein echtes Ski-Schlaraffenland kommt.

700 Hm auf absolut hindernislosen, gewellten, nie steilen Nordhängen bietet das Galaziel der Region, das den verheißungsvollen Namen *Schneeberg* (2588 m) trägt. Unterhalb folgen allerdings eine 100-m-Steilstufe zur Vergaldaalpe und eine Schußfahrt durch das Vergaldatal, dessen Riesensteilhänge regelrechte Lawinenfallen darstellen. Im hintersten Winkel des gleichen, immerhin 5 km langen Tales steht ein noch höherer Skigipfel,

der *Hinterberg* (2682 m). Auch dort findet man Hänge und Böden von 700 m Höhe, die jedoch etwas anspruchsvoller sind.

Auch bei den Zielen über dem Valzifenz wandert man anfangs durch ausgesprochene Lawinentäler, bis man in 2000 m Höhe das weite Gelände und bald darauf die Flächen des Augstenbergs (kein Gipfel, sondern weitgestreckte Weideböden) erreicht. Die erfahrenen Bergsteiger werden weiter bis zur alles beherrschenden *Rotbühelspitze* (2853 m) mit ihrem steilen Gipfelbereich hinaufsteigen, um die ganz große Abfahrt zu genießen. Eine Stunde kürzer und viel bequemer wäre der *Östliche Paschianikopf* (2514 m), ein unauffälliges Gipfelchen im Süden, also im Grenzkamm. Und bei allerbestem Firn lockt der 500-m-Steilhang zwischen Palmtaljoch und Wintertal. Diese Abfahrt verbindet man mit einer Besteigung der *Ritzenspitzen* (2650 m) über den Südostgrat. Das letzte Stück muß man zu Fuß über die scharfe Schneide stapfen. Ritzenspitzen - das sind diese so auffallenden, zerklüfteten Felszacken oberhalb von Vergalda, die zusammen mit der Madrisa und dem Schmalzberg für das wilde Panorama von Gargellen sorgen. Wer würde schon glauben, daß man sie im Frühjahr besteigen kann!

Es begann sozusagen ganz harmlos: Nach der Alp Nova, also der Neualm, erhielt der kleine, bei St. Gallenkirch ausmündende Einschnitt seinen Namen Novatal. Unsere skifahrenden Großväter wußten schon von den herrlich weißen Hängen dort oben, zogen ihre Spuren in paradiesischer Ruhe hinauf zur Versettla oder zum Schwarzkopf. Später konnte es dann gar nicht anders kommen: Lifte und Pisten eroberten die Hänge, bilden heute das größte Skigebiet des Montafon und eines der schönsten überhaupt. Und da ging man auch auf die Suche nach dem klingenden Namen, und das »Silvretta Nova« wurde geboren. Der heutige Tourenfahrer nützt die Aufstiegshilfe für eine Spritztour über die *Versettla* (2372 m) zur *Madrisella* (2466 m), um dann nach Südwesten ins Novatal steil hinabzuschwingen. 700 Hm Tiefschnee und 1000 Hm Piste bei nur zwei Aufstiegsstunden!

Die *Tübinger Hütte* (2191 m) im obersten Garneratal war früher in der Osterzeit bewirtschaftet und lockte dann die Tourenfreunde an. Doch heute gibt es keine Bewirtschaftung und damit fast keine Skispuren mehr – zwangsläufig, denn den Aufenthalt im Winterraum und die dazugehörende Rucksackschlepperei lieben nur wenige. Doch wie wäre es mit einer Zwei-Tages-Rundtour bei nur einer Winterraumnacht? Spannende Erlebnisse in einer von schroffen Felsgipfeln geprägten Landschaft und schöne Abfahrten über insgesamt 2400 Höhenmeter können auch den Verwöhnten begeistern. Ganz sichere Schneeverhältnisse und alpines Können gehören allerdings zu den Voraussetzungen. Gerade die Tübinger Hütte kann nach ausgiebigen Neuschneefällen zur perfekten Lawinenfalle werden; es gibt dann keinen Fluchtweg mehr, den man mit einigermaßen ruhigem Gewissen benützen könnte!

Doch nun zur Rundtour. Von Großvermunt steigt man über den Kromergletscher empor, um dann nach einer sehr steilen Stufe den Schweizergletscher und die gleichnamige Lücke zu erreichen. Eine ebenfalls anspruchsvolle Querung führt ins Plattenjoch (2728 m). Bei der folgenden, herrlichen Abfahrt schwingt man entweder sehr steil direkt zur Tübinger Hütte hinab oder man benützt die etwas sanftere Variante über das Skijoch (4 bis 5 Std. ab Vermuntsee).

Der nächste Morgen gehört dann der *Kessispitze* (2833 m). Mit ihren sehr steilen und »hinterlistig« versteckten Skihängen und -karen bietet sie eine wirklich kesse Tour, obwohl der Name natürlich nicht von diesem Eigenschaftswort herrührt. Kessi sagen die Alemannen zu einem kleinen Kessel; man findet das entsprechende

Minikar genau westlich des Gipfels. Für die Skitour benützt man die Nordostflanke mit ihren Stufen von steil bis äußerst steil. Bei der späteren Abfahrt läßt man dann die Hütte rechts liegen, um unmittelbar ins Garneratal hinabzuschwingen. Bis 1900 m Höhe begeistern die schönen, freien Hänge, dann folgen weitere 1000 Hm (!) in diesem eng eingeschnittenen Lawinental bis hinab nach Gaschurn.

Kromer- und Klostertal
Saarbrückener Hütte und Bielerhöhe

Zur Skitourenzeit liegt die Silvretta-Paßstraße dick unter Schnee, und man kann mit seinem Auto nur Partenen oder Galtür erreichen. Doch die beiden Gasthäuser

Schneeberg, 2588 m
Gut 3 Std. von Vergalda, 1090 Hm Abfahrt, Nordhänge und Tal, relativ einfach.

Rotbühelspitze, 2853 m
4 1/2 Std. von Vergalda, 1370 Hm Abfahrt, Westhänge und Tal, teilweise steil.

Madrisella, 2466 m
Spritztour im Gebiet von Silvretta Nova, 2 Std. für den Zugang, 1700 Hm Abfahrt, Tiefschnee und Piste.

Über dem Seegletscher ragt das Gipfelpaar Großseehorn und Großlitzner auf. Rechts das Kleine Seehorn mit seinem nordseitigen Firnhang, über den der Aufstieg führt.

*Blick von der Mittleren
Getschnerspitze auf die
Madlenerspitze. Man
erkennt noch die alten
Spuren in dem sehr
steilen, nordseitigen
Gletscherhang.*

auf der Bielerhöhe und das Madlenerhaus des Alpenver-eins etwas unterhalb der Staumauer wollen auch zu dieser Zeit nicht auf ihre Gäste verzichten. So kann man von Partenen mit dem Schrägaufzug nach Tromenier fahren, steigt dort in den Kleinbus um, der gleich darauf im großen Tunnel verschwindet, um beim Vermuntsee wieder ans Tageslicht zu kommen. Dann geht es auf der Paßstraße hinauf zur Bielerhöhe. Auch die Strecke von Galtür wird befahren, allerdings nur mit Ratracs und Schneekatzen. Die entstandene Trasse nützen auch die Ausflügler für eine Winterwanderung – mit und auch ohne Ski.

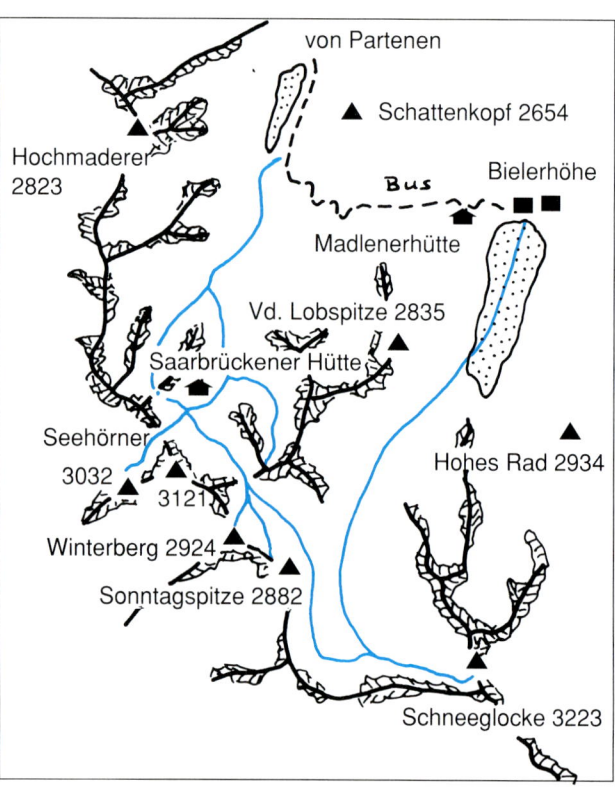

**Westliche Kromer-
spitze,** 2865 m
3 1/2 Std. vom
Vermuntsee, 1050 Hm
ideale Nordabfahrt,
Steilstufe zwischen
Kromer- und
Schweizergletscher.

Schneeglocke, 3223 m
5 Std. von der Bielerhöhe
durchs Klostertal,
1100 Hm über ideale
Westhänge, dann
langgestrecktes Tal.

Trotz des beschränkten Tourengebiets wird die so hochgelegene *Saarbrückener Hütte* (2538 m) im Frühjahr bewirtschaftet. Die meist weiten und bequemen Böden zwischen dem Vermuntsee und der Hütte erlauben einen einfachen Zugang und eine schöne Abfahrt. Die Gipfeltouren zeigen alle das gleiche kleine Manko: Man muß zwischendurch einen Sattel überschreiten. Das höchste und mit Abstand reizvollste Skiziel ist das *Kleine Seehorn* (3032 m), das jenseits der Seelücke ganz auf Schweizer Boden liegt. Schöne, weite Mulden, eine ganz flache Querung des Seegletschers, ein steiler Anstieg über die Nordflanke und ein zu Zeiten anspruchsvoller Gipfelaufbau mit Blockwerk und einem scharfen Grat heißen die Stationen. Man kommt bei dieser Tour auch am Großen Seehorn (3121 m) vorbei, dessen hochalpine Besteigung man nicht unter die Ski-, allenfalls unter die Winterbergtouren einreihen könnte.

Die Anstiege über den Litznersattel zu *Winterberg* (2932 m) und *Sonntagspitze* (2882 m) beschreiben einen weiten Halbkreis um den Großlitzner. So gehört das

Schauen zum Wichtigsten bei diesen Touren. Die rassigste Abfahrt weit und breit, vom *Sattelkopf* (2863 m) über den Verhupfgletscher nach Norden, kennen erstaunlicherweise nur wenige. Man braucht jedoch allerbeste Verhältnisse, gibt es doch am Gletscherende eine wirklich äußerst steile Stufe, die man von links nach rechts befährt. Sie ist jedoch nur 80 m hoch, und alles andere bietet Skigelände vom feinsten. Der schnellste Zugang zum Sattelkopf erfolgt vom Litznersattel über den Blockgrat; die Skier muß man dort tragen.

Ein etwas mühsamer Aufstieg über die steile Flanke in die Kromerlücke (2729 m) wird mit der schönsten Abfahrt zurück zum Vermuntsee belohnt. 500 Hm über Idealhänge bieten Kromergletscher und -kar! Oder man wählt für diese Rückkehr eine ganz große Bergfahrt: Besteigung der *Schneeglocke* (3223 m) und Abfahrt durchs Klostertal. Doch bei dieser Tour gibt es eine »häßliche« Stelle: Unter der Sonntagspitze quert man um eine Geländeecke; sie ist nicht nur selbst steil, sie bricht auch nach unten ab. In dieser prallen Ostflanke weicht zudem der Schnee früh auf. Nach der üblichen Floskel müßte ich nun schreiben: also Vorsicht! Doch ich werde mich hüten, einen so unsinnigen Ausspruch zu wiederholen. Entweder sind die Verhältnisse wirklich sicher, dann kann man ohne Bedenken queren, trifft das nicht zu, wäre doch auch alle »Vorsicht« selbstmörderisch. Dann gibt es nur eines: Umkehren!

Doch der bessere Zugang zur Schneeglocke führt durch das Klostertal. Der Makel dieser beliebten Frühjahrstour: 2 km ebener Marsch längs des Silvrettasees. Auch das Tal selbst ist eher flach und langgestreckt, allerdings ziehen sehr steile Hänge auf beiden Seiten empor, man muß also auf wirklich lawinensichere Verhältnisse warten. Das Skitraumland folgt dann hinter dem großen Talboden mit 700 m hohen, weiten, hindernislosen Hängen.

Zwischen Bielerhöhe und Piz Buin
Wiesbadener Hütte und Bieltal

Das Vermuntgebiet, zu dem auch Kromer- und Klostertal gehören, und das benachbarte Jamtal sind der Inbegriff aller Tiefschneefreuden. Von der Blauen Silvretta schwärmten schon unsere Vorfahren vor 50 und 60 Jahren. In Scharen kommen die Bergsteiger auch heute; die 420 Schlafplätze auf den beiden großen Hütten werden vor allem von den Skifahrern gefüllt. Dabei entsprechen die Touren nicht unbedingt dem neuesten Geschmack, denn steil lautet heute die Devise. Bei den Abfahrten im Herzen der Silvretta herrscht jedoch das weiträumige und bequeme Gelände vor, obwohl kleinere und größere Stufen fast nirgends fehlen.

Zwei Tourengebiete recht unterschiedlicher Art finden Sie in diesem Kapitel. Das Gebiet rund um die sehr stattliche Wiesbadener Hütte mit ihren Gletschern bietet fast ausschließlich die oben erwähnte Art von Bergfahrten. Die hohe Lage der Hütte macht das Gipfelsammeln leicht, man kann gut zwei Ziele an einem Tag

Blick aus dem Bieltal auf den Rauhenkopf und die im Norden vergletscherte Haagspitze, die nur den Charakter eines Vorgipfels hat. Darunter der Bieltalferner und rechts der Rauhkopf-gletscher.

Mittlere Getschnerspitze, 2965 m
3 Std. von der Bielerhöhe, 950 Hm hindernislose Abfahrt, interessante Gipfelpartie.

Rauherkopf, 3101 m
3 1/2 Std. von der Bielerhöhe durchs Bieltal, 1000 Hm einfache Abfahrt, Gipfelaufbau zu Fuß.

Piz Buin, 3312 m
3 Std. von der Wiesbadener Hütte, gut 600 Hm einfache Abfahrt, hoher, manchmal vereister Gipfelaufbau.

Dreiländerspitze,
3197 m
2 1/2 Std. ab Wiesbadener, 4 Std. ab Jamtalhütte, 600 bzw. 1000 Hm Abfahrt über weite Gletscherflächen, steiler Gipfelaufbau zu Fuß.

erstürmen. Und das Ungewöhnliche dabei: Alle Berge sind über 3000 m hoch.

Das benachbarte Bieltal hingegen wird meist direkt von der Bielerhöhe aus besucht. Fünf Gipfel im Kamm gegen das Jamtal bieten ganz freie und sehr zügige Abfahrten. Dem westlich vorgelagerten *Hennekopf* (2704 m) kann man mit den Skiern sogar bis aufs runde Haupt steigen. Knapp 800 Hm einfache, hindernislose Hänge ohne alle Täler verdienen auch in der Silvretta mehrere Sterne!

Um eine ganze Stufe hochalpiner sind die großen Gipfel dahinter, markante Felsgestalten mit kleinen Gletschern in den geschützten Hochkaren. Über den Henneberg-ferner läßt sich die *Mittlere Getschnerspitze* (2965 m) erreichen; eine ausgesprochen schöne und abwechslungsreiche Tour. Wichtig: In 2800 m Höhe muß man nach rechts auf den Westgrat ausweichen. Ein kleiner Schönheitsfehler: Die mittlere Spitze bildet nur eine Art Vorgipfel zur ganz nahen Vorderen Getschnerspitze (2975 m), einer ziemlich unnahbaren, fast schwarzen Felskrone. Den Könner lockt bestimmt dieser interessante Zacken; er stapft unter den senkrechten Abbrüchen äußerst steil zum Nordostgrat hinauf und klettert über den kurzen, aber ausgesetzten Grat auf den Gipfel. Abenteuerfreudige sollten auch einmal die *Madlenerspitze* (2969 m) mit ihrem 150 m hohen Steilgletscher aufs Programm setzen. Auch hier ist der Gipfelaufbau anspruchsvoll; man überwindet die Steilstufe oberhalb der Schulter in einer Rinne. Fast das gleiche gilt für die *Haagspitze* (3029 m); das im Hintergrund des Bieltales leuchtende Eisfeld sorgt hier für die besondere Spannung bei dieser Tour. Mit 1050 Hm Abfahrt findet man hier zudem die längste Strecke in dieser Region.

Die Haagspitze bildet eigentlich nur einen nördlichen Vorposten des *Rauhenkopfes* (3101 m), der schon zum Tourengebiet der Wiesbadener Hütte gehört und eine elegante Möglichkeit für die Rückkehr ins Tal – besonders nach Galtür – bietet. Man kann nämlich, wenn man sich gleich stark rechts hält, vom obersten Rauhenkopf-gletscher den anschließenden Bieltalferner erreichen und sehr schön direkt ins Bieltal abfahren. Der ausgeprägte Grat mit seinen markanten schwarzen Zacken sorgte für den Namen Rauherkopf; nur zu Fuß läßt sich der Gipfel selbst erreichen.

Direkt oberhalb der Hütte bietet sich als relativ einfache Spritztour und bester Aussichtspunkt für Vermunt und Jamtalferner der *Ochsenkopf* (3057 m) an. Berühmt und begehrt ist der nächste Gipfel im Kamm, ein schöner, elegant zugespitzter Eis- und Felsberg. Entsprechend viele drängen sich auf der *Dreiländerspitze* (3197 m), die nicht nur von der Wiesbadener Hütte über ganz bequeme Gletscherflächen, sondern auch aus der Jam über den teilweise zerschründeten Jamtalferner heraufkommen. Häufig wird dieser Gipfel unterschätzt, die Firnflanke zum Grat ist steil, die oberste Felsschneide so scharf und ausgesetzt, daß sich schon viele mit dem Nordgipfel zufrieden gaben.

Ähnliches gilt für den König im Revier. Am *Piz Buin* (3312 m) steigt man 250 Hm (!) zu Fuß hinauf. Bei guten Verhältnissen und dicker Spur kommt man zügig voran, muß nur im sogenannten Kamin, einer nordseitigen Rinne, über die Felsen (I) klettern. Bei hartem Schnee war schon mancher über Pickel und Steigeisen froh,

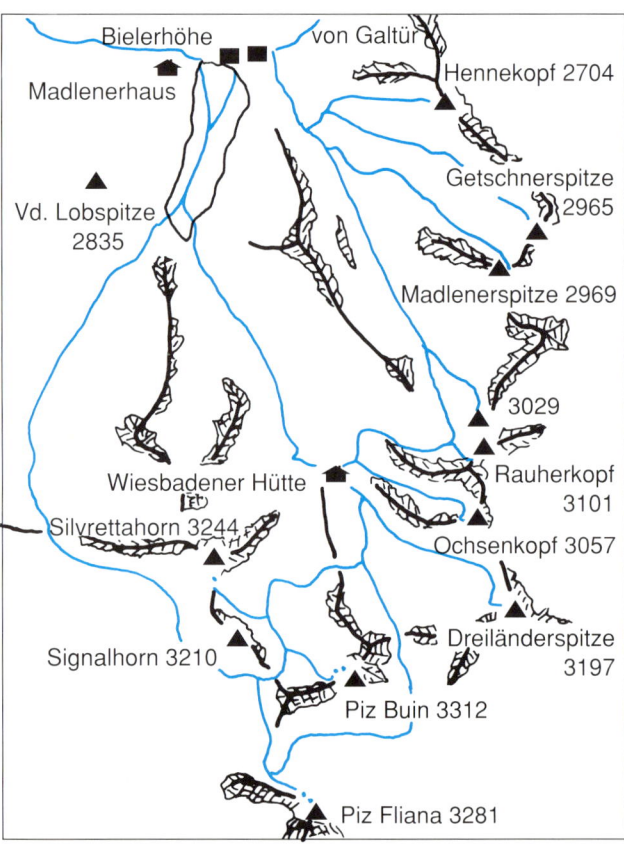

zumal ein Ausgleiten erst unten auf den flachen Böden enden würde. Die Abfahrt über den Ochsentalglet-scher zählt zum Einfachen, erfordert aber wegen der Spalten zwischen 2800 und 2600 m Höhe Vernunft und gute Routenwahl. Unter dem gewaltigen Eisbruch geht es rechts hinüber und mit einem kleinen Gegenanstieg an den Grünen Köpfen zurück zur Hütte. Oder – noch schöner – man fährt bis in den Talboden ab, muß dann allerdings 40 Minuten lang wieder emporsteigen.

Drei weitere Ziele erreicht man vom oberen Ochsen-talergletscher. Das *Signalhorn* (3210 m) schließt mit einer

steilen Felsmauer das Becken nach Südwesten ab, eine scheinbar uneinnehmbare Festung. Deshalb überschreitet man die Fuorcla dal Cunfin hinüber ins Schweizerische und steigt über die Südrippe des Ostgipfels hinauf – wieder eine der typischen Routen mit Blockwerk und steilem Schnee. Am *Silvrettahorn* (3244 m) trifft man auf ähnliches, sogar noch etwas steileres Gelände, doch ist dort der Gipfelaufbau fast 300 m hoch! Und wieder einmal gilt: Bei gutem Schnee und einer von einem Könner gelegten Spur stapft und turnt man ohne viele Bedenken empor. Ist das Gelände jedoch hartgefroren, wird der Aufstieg zur regelrechten Eistour. Bei zu viel Neuschnee oder tief aufgeweichtem Firn kehrt man wegen der Lawinengefahr besser um.

Die Besten unter den Skibergsteigern lockt im Süden noch ein besonderes Ziel, der *Piz Fliana* (3281 m). Auch hier erfolgt der Zugang über die Fuorcla dal Cunfin.

Dann fährt man nach Plan Mezdi ab und steigt anschließend von rechts unten nach links oben durch die jähe Eisflanke empor. Ein Zuckerl für den Könner! Bei ganz sicheren Verhältnissen – nur sie kommen überhaupt für diese Tour in Frage – kann man beim Rückweg den Piz Buin im Süden und Osten umrunden, um über den Vermuntpaß zur Hütte zurückzukehren.

Haben Sie schon von der Großen Silvrettarunde gehört? Statt einer direkten Abfahrt von der Wiesbadener Hütte ins Tal wird gerne die folgende Strecke befahren: Fuorcla dal Cunfin – Silvrettapaß – Rote Furka – Klostertal – Bielerhöhe. Suchen Sie eine Bergtour mit besonders vielen imposanten Ausblicken, dann gibt es in der Silvretta kein Gegenstück zu dieser Route. Wer mehr in Abfahrten schwelgen will, der wird an der zuvor erwähnten Route durchs Bieltal – am besten mit dem Rauhenkopf »angereichert« – mehr Spaß haben.

Kleiner Piz Buin über dem Ochsentalergletscher. Auch er wird im Frühjahr bestiegen: Man erreicht den Grat knapp rechts des Bildrandes und folgt dem anfangs sehr steil ansteigenden Grat (alte Spur auf dem Foto erkennbar).

Das berühmte Jamtal
Tourengebiet der Jamtalhütte

Hier erübrigt sich eine längere Vorrede. Die Jamtalhütte (2165 m) zählt bei den Skitourenfreunden zu den beliebtesten Stützpunkten in den gesamten Alpen. So sind die teilweise weiten und flachen Gletscherböden meist ebenso mit zahllosen Wedelspuren geschmückt wie so mancher recht steile Hang. Der Hüttenzugang folgt stets dem Jamtal, einem insgesamt flachen, gut 8 km langen, doch beiderseits von gewaltigen und entsprechend lawinengefährlichen Steilhängen eingefaßtem V-Tal. Den Süden des Beckens füllt der Jamtalferner, eine 3 km breite Eisfläche mit einem eher gemütlichen Skigelände. Es führen jedoch alle Routen durch Spaltenzonen, und niemand sollte deshalb allzu unbesorgt einfach »querfeldein« fahren. Aus den Fernerböden steigen die Gipfel als schöne, dunkle, auffallend gezackte Gestalten auf. Über die Dreiländerspitze haben wir schon auf Seite 74 berichtet. Im Osten folgen die beiden *Jamspitzen* (3178 und 3156 m), die beherrschenden Gipfel über dem Gletscher. Deshalb paßt eigentlich die einstige Bezeichnung Jamtalfernerspitzen ungleich besser als die heutige. Der Hinteren Spitze steht ein Superlativ zu: Das ist der höchste Silvrettaberg, den man nahezu ganz mit Skiern besteigen kann. Das gibt dann ziemlich genau 1000 Hm hindernislose Abfahrt. Viel wilder ist die nördliche Schwester mit dem steilen Firnfeld und der Felsrinne am etwa 50 m hohen Gipfelaufbau.

Auch der *Augstenberg* (3228 m) zählt zu den ausgesprochenen Skibergen, ist steiler, rassiger, interessanter als die Gipfel über dem Jamtalferner. Man muß bei der Abfahrt jedoch eine manchmal unangenehme Querung an einem Schneefirst (siehe auch Seite 54) und einen ganz kurzen Gegenanstieg an der Chalausscharte in Kauf nehmen. Als besonderer Leckerbissen wird oft die Kombination mit den Nachbarbergen angepriesen. In Wirklichkeit wäre es schade, die spannende Abfahrt über den Chalausferner mit seinem oft guten Pulverschnee zugunsten der Rundtour zu verpassen. Man kann die Sache allerdings umdrehen und somit eine gemütliche, sehr aussichtsreiche Skiwanderung mit einer reizvollen Abfahrt verbinden. Man steigt dann zuerst über das Urezzasjoch zur Fuorcla Urschai (2994 m) auf, turnt zu Fuß über den Grat zum *Piz Urschai* (3097 m) und quert dann die Gletscherhänge in die Chalausscharte, wo der Abfahrtsspaß beginnt. Und die anderen Gipfel des Kammes, die *Chalausköpfe* (3120 m) und die *Gemsspitze* (3114 m), sind sowieso eigene Touren wert. Der nordöstliche Lappen des Jamtalferners – mit Spalten! – bietet zwei schöne Abfahrten.

Chalausferner, die beliebteste Jamtal-Skitour. Links Fuorcla Chalaus, nach rechts die Chalausköpfe.

Blick ins langgestreckte Futschöltal oberhalb der Jamtalhütte. Hinten links die Krone, rechts daneben der Grenzeckkopf, über den der Piz Tasna schaut.

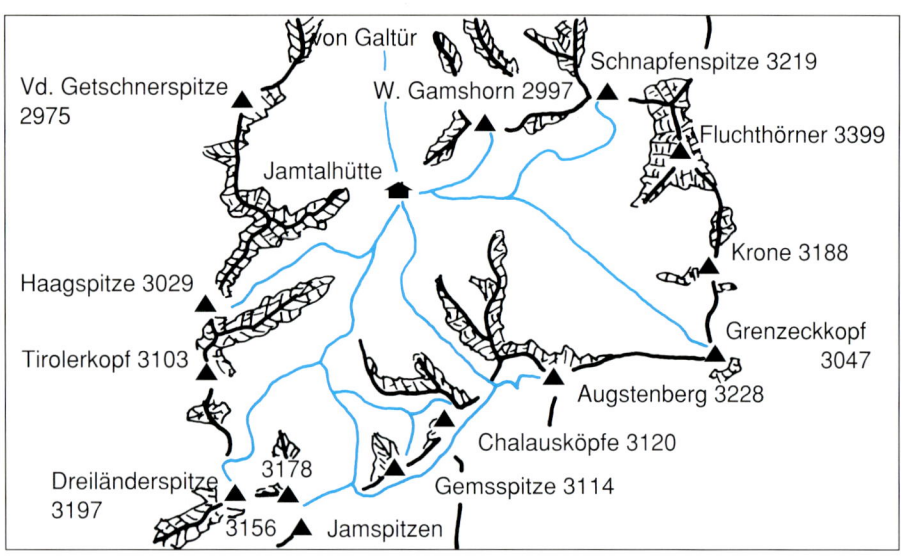

Das ist selten: ein Hüttenzugang mit 1000 Hm Abfahrt. Ohne Seilbahn- und Lifthilfe wäre dies natürlich nie möglich. Vom Ischgl fährt man bis zum Gipfelgrat des Paulinerkopfes (Palinkopf), und dann folgen eine Abfahrt bis unter das Zeblasjoch, ein Anstieg zum Sattel neben dem Piz Val Gronda und die schönen Hänge zur Heidelberger Hütte.

Fünf Gipfel direkt im Osten der Heidelberger Hütte mit dem *Piz Mottana* (2928 m) als höchstem und lohnendstem Ziel eignen sich hervorragend, um sich die ersten Sporen bei Skitouren und Tiefschneefahrten zu verdienen. Das soll natürlich nicht heißen, daß das Gelände dort keine Gefahren birgt. Die steilen Hänge etwa an den *Chalchogns* (2792 m) erfordern zum Beispiel einen wirklich sicheren Schnee. Anspruchsvoller zeigen sich

Ganz im Südosten steht ein weiterer, relativ zahmer Skidreitausender. Aus dem hinteren Futschöl steigt man über weite, stark gewellte Böden zum *Grenzeckkopf* (3047 m) auf. Bei einem schnellen, leichten Pulverschnee macht die Abfahrt den meisten Spaß; so stören die flachen Passagen nicht. Ja, und dann gibt es noch ein paar besonders eindrucksvolle Steilabfahrten. An erster Stelle steht hier die *Schnapfenspitze* (3219 m), der nordwestliche Nachbar der Fluchthörner. Die Route besteht aus den recht steilen Hängen über dem Breiten Wasser, dem bequemen Fluchthornferner und dem äußerst steilen Gipfelaufbau, den man eventuell teilweise oder auch ganz zu Fuß hinaufsteigt. Eigentlich sollte es selbstverständlich sein, daß man derartige Routen nur bei bestem Firn befährt! Das gilt noch mehr für das benachbarte *Westliche Gamshorn* (2987 und 2996 m) mit seinem 800 m hohen Supersteilhang ohne alle Kare und Böden. Einen faszinierenden Fluchthorn-Nahblick gibt es bei beiden Zielen als Dreingabe.

Der wirklich Erfahrene kann auch zu dem Gletscher mit dem Namen Totenfeld hinaufsteigen. Da hier der untere, knapp 300 m hohe Steilhang nach Osten schaut, ist ein früher Aufbruch besonders wichtig! Aus dem alleroberesten Eisbecken führt eine letzte Stufe auf den Kamm zwischen den beiden Gipfeln der Haagspitze (3029 m). Das ergibt 850 Hm rassigste Abfahrt!

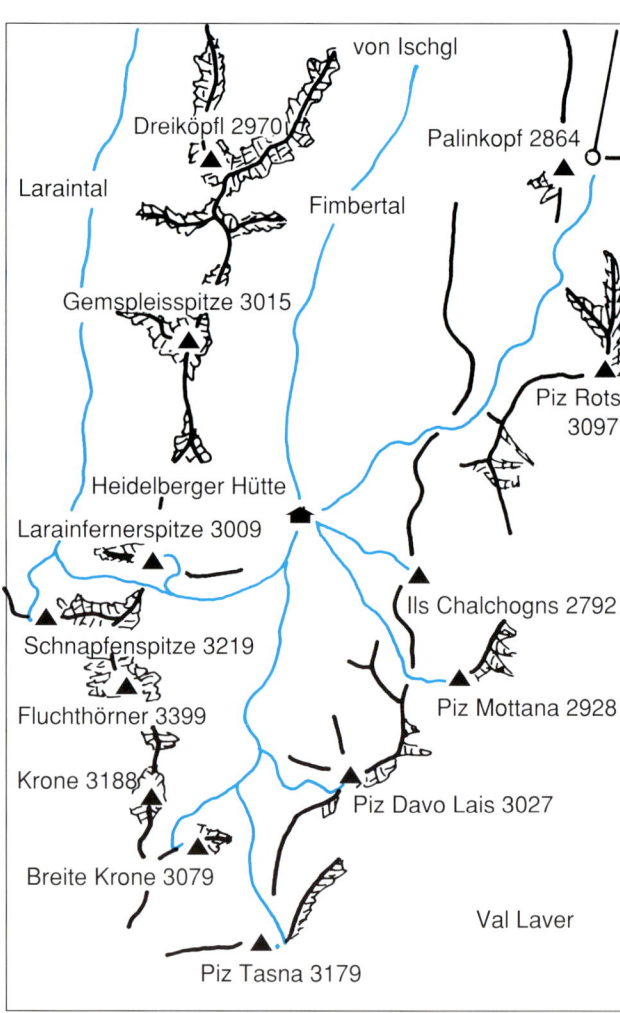

Hintere Jamspitze, 3156 m
3 1/2 Std. ab Jamtalhütte, 1000 Hm Abfahrt über weite, eher sanfte Gletscherflächen.

Augstenberg, 3228 m
3 1/2 Std. ab Jamtalhütte, 1030 Hm Abfahrt, steiler Nordgletscher, Kombination mit den Nachbarbergen möglich.

Larainfernerspitze, 3009 m
2 1/2 Std. von der Heidelberger Hütte, 700 Hm zügige Abfahrt über Osthänge.

Breite Krone, 3079 m
3 Std. von der Heidelberger Hütte, 800 Hm einfache, hindernislose Abfahrt.

Piz Tasna, 3179 m.
4 Std. von der Heidelberger Hütte, 800 Hm teilweise flache Abfahrt, steiler Gipfelaufbau zu Fuß.

Weites Gelände im Fimbertal
Heidelberger Hütte und Laraintal

Das längste Silvretta-Nebental, in dessen Herzen die Heidelberger Hütte liegt, zerteilt das Gebiet in zwei ganz unterschiedliche Kämme. Im Westen bauen die Silvrettagneise wuchtige Felsgipfel mit den alles beherrschenden Fluchthörnern auf, während die andere Talseite ein Dorado der Schieferberge bildet. Viel Schnee verwandelt die Erhebungen dort in makellos weiße Traumgestalten, etwas gefährliche Schönheiten allerdings, denn viele sind so steil und glatt, daß sie besonders günstige Lawinenbahnen abgeben.

dann die folgenden Berge im Süden, etwa der *Piz Davo Lais* (3027 m) mit seinem 300 m hohen Gipfelsteilhang. Eine typische Firntour! Beim berühmten *Piz Tasna* (3179 m) hingegen wäre ein schneller Pulverschnee besser geeignet, gibt es doch sehr langgezogene Mulden und Talböden. Dann kann allerdings der gut 100 m hohe Gipfelaufbau Schwierigkeiten bereiten.

Doch auch im Bereich der Gneise locken wirklich ideale Ziele wie die *Breite Krone* (3079 m). Bei günstigen Verhältnissen kann man mit der Abfahrt direkt auf dem weiten Gipfelplateau beginnen und hat dann gut 500 Hm schönster Hänge vor sich. Eine Strecke ganz ohne Talmarsch bietet die *Larainfernerspitze* (3009 m) mit ihrer pfiffigen Route. Man überschreitet nämlich in 2850 m Höhe die Ostschulter und kann dann auf der Nordostseite bis knapp unter den Gipfel die Skier benützen. Eine rassige Fahrt mit einem raschen Wechsel von kleinen Becken und kurzen Steilstufen bietet dann noch die Heidelberger Scharte (2819 m).

Das war nun eine recht nüchterne Aufzählung einiger der so zahlreichen Tourenmöglichkeiten über der Heidelberger Hütte. Doch bei 15 richtigen Skigipfeln kann man nicht auf jedes Detail eingehen, zumal diese Berge, vom Piz Tasna einmal abgesehen, keine wirklich auffallenden Gestalten zeigen. Doch ein ungewöhnlicher Berg steht über dem inneren Laraintal, diesem schmalen Einschnitt im Westen des Fimbertales. Von der *Schnapfenspitze* (3219 m) zieht nach Norden nämlich ein fast 500 m hoher Steilgletscher herab mit allen entsprechenden Attributen wie blauschillernden Eisabbrüchen und mächtigen Querspalten. Auch das ist eine Skiroute,

die aufregendste der Silvretta, die dem erfahrenen Alpinisten vorbehalten bleibt. Über das Larainfernerjoch ist man von der Heidelberger Hütte aus rasch drüben auf dem Larainferner. Ganz im Westen und 150 m tiefer beginnt dann der Steilaufstieg. Der Freund unberührter Hänge und Täler kann anschließend gleich durch das Laraintal hinausfahren ins obere Paznaun. Stolze 1700 Hm Abfahrt!

Über dem Engadin
Chamanna Tuoi und anderes

Auf der Unterengadiner Seite der Silvretta liegt eine einzige Hütte, die im Ski-Frühjahr aufgesucht wird, die Chamanna Tuoi (2250 m). Von Guarda geht es hinein in das Tal mit dem klangvollen Namen Val Tuoi und mit dem begeisternden Blick auf den Piz Buin und seine 700 m hohen Südostwände. Doch auch hier ist das Tourengebiet eher klein. Nur ein Berg verdient drei Sterne dank seiner makellosen Südwesthänge: die *Jamspitzen* (3178 und 3156 m, Gipfelaufbau siehe Seite 77). Die Ziele

Auf dem Weg von der Heidelberger Hütte zum Zahnjoch. In der Mitte die Chalchogns, dahinter im Nebel die Stammerspitze.

Blick über die Südsilvretta und das Inntal auf die Unterengadiner Dolomiten mit Piz Pisoc und Piz Lischana (links), darüber die Ortlerberge. Vorne in der Tiefe der Vadret d'Urezzas und der Piz Chaschlogna.

Piz Cotschen
Südostgipfel, 2973 m
4 Std. von Bos-cha bei Ardez, 1300 Hm Abfahrt ohne Hindernisse, im oberen Teil jedoch sehr steil.

Fil da Tuoi, 2867 m
4 Std. von Guarda, 1200 Hm Abfahrt über herrliche Westhänge, dann langgestrecktes Tal.

Piz Champatsch,
2969 m
Gut 4 Std. von Guarda, 1250 Hm rassige, waldfreie Südost-Steilabfahrt für besten Firn.

auf der anderen Talseite hingegen lassen sich nur über eine hohe und reichlich steile Stufe erreichen, die man südlich des Cronsel überlistet. Es zeugt von fehlendem Verantwortungsbewußtsein des Skiführerautors, hier von »kaum objektiven Gefahren« zu sprechen. Nur bei besten Verhältnissen wird man derartiges Gelände betreten! Und hat man sich schon mit so steilen Hängen angefreundet, dann kann man auch gleich das stolzeste Ziel der Region ansteuern, den *Piz Fliana* (3281 m). Denn nach den sanften Gletscherböden von Plan Rai steilen sich die Hänge wieder auf, werden fast zu einer Eiswand. 100 m ist die Stufe hoch, die man schräg von rechts nach links ersteigt, dann legt sich das Gelände ein wenig zurück. Natürlich lassen sich oberhalb von Plan Rai – ungleich einfacher – das Signalhorn oder über die Fuorcla dal Cunfin auch der Piz Buin besteigen.

Erst ganz allmählich entdecken die Tiefschneefreunde die Möglichkeiten, die man als Tagestouren im Unterengadin anpacken kann. Damit sind nicht nur die Spritztouren im Pistengebiet von Scuol gemeint, für die schon Toni Hiebeler die Werbetrommel rührte. Durchaus berechtigt: einhalb Stunden Aufstieg zum *Piz Minschun* (3068 m) und schon hat man sich 1500 Hm Abfahrt durch stilles, unberührtes Bergland »verdient«. Nur zurechtfinden muß man sich in diesen vielen Mulden und Tälchen, die dann recht steil in das Val Tasna abfallen! Nach den ersten 500 m hohen Schlemmerhängen klebt der Genießer nochmals seine Felle auf und spurt durch das enge Hochtal von Clavigliadas zum *Piz la Greala* (2928 m, 1 Std.) hinauf, um den Tag auch wirklich auszunützen.

Zwischen Val Tasna und Val Tuoi baut sich ein breites Bergmassiv über den Terrassen des Unterengadins auf. Das ist der *Piz Cotschen* (3030 m), übersetzt die Rot-

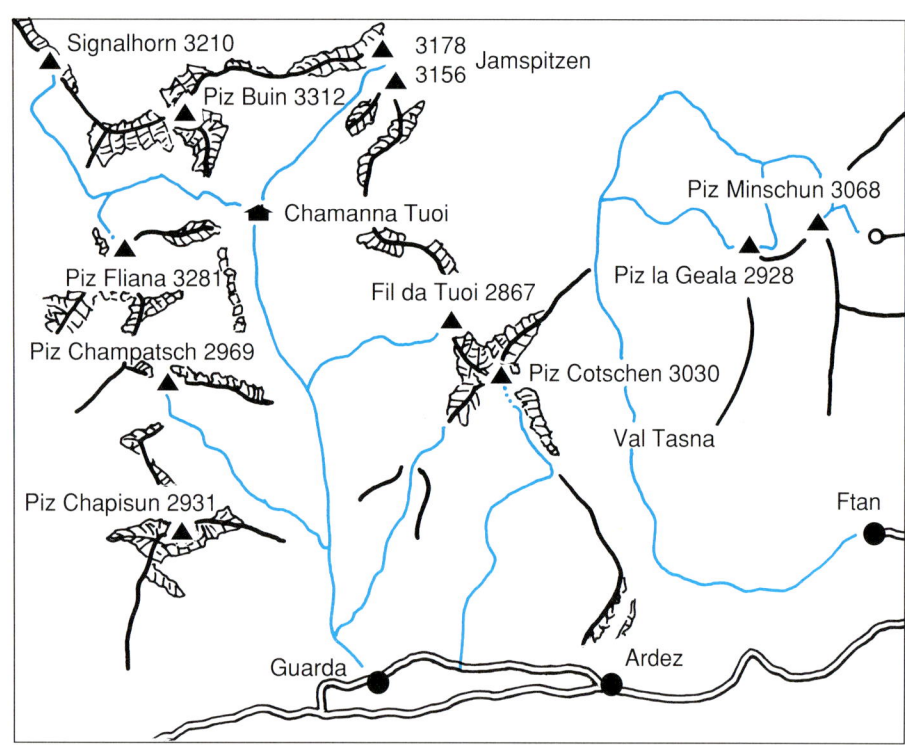

spitze, ein Aussichtsberg allererster Güte. Nach knapp 1000 Hm hindernisloser Alpweiden folgt ein ganz ungewöhnlicher Weiterweg. Man steigt auf dem – vor allem am Anfang recht steilen – Rücken wie auf einem Dach bis zum Südostgipfel (2973 m) empor. Dann folgt noch ein langer, scharfer, stark überwächteter Grat mit einigen einfachen Kletterstellen, eine Aufgabe für den Geschickten und Erfahrenen.

Wer aber eine Aufgabe sucht, die sich auch bei schlechteren Bedingungen lösen läßt, der könnte von Guarda durch Laret, also den Lärchenwald, nach *La Sella* (2707 m) hinaufsteigen. Bei geschickter Routenführung gibt es einen weitgehend lawinensicheren Aufstieg zu diesem Kopf im Cotschen-Südwestgrat. Eine sehr schöne Skitour! Ebenfalls zu den Leckerbissen gehört der Süd- und Hauptgipfel des *Fil da Tuoi* (2867 m) mit herrlichen Südwesthängen zwischen dem Gipfel und der Alp Suot in dem Val Tuoi als Hauptgericht und einem etwas »gestreckten« Nachtisch mit 3 km Straßenfahrt talaus nach Guarda. Dort startet man auch zum *Piz Champatsch* (2969 m), dem unauffälligen Berg mit der umso auffälli-

geren und aufregenden Abfahrt. Schon beim Anmarsch kann man diese 1000-m-Riesenflanke überblicken, ein waldfreies Gelände mit Steilstufen, einem Hochkar und einem rassigen Gipfelaufbau, ein Gelände, das besten Firn und alpine Erfahrung erfordert. Wegen der Südostlage sollte man sich zudem schon im ersten Dämmerlicht auf den langen Weg machen! Aus der alleobersten Südostmulde steigt man links über die Stufe empor, betritt den Südgrat in 2900 m Höhe und trifft hier völlig überraschend auf einen Miniboden, hinter dem erst der höchste Gipfel aufragt.

Die im Westen folgenden Täler von Lavinuoz und Sagliains eignen sich kaum für Skitouren, sie sind allzu scharf eingeschnitten, und die Zugänge aus dem Inntal ziehen sich arg in die Länge. Als ein V-Tal der Extraklasse entpuppt sich auch das Val Fless. Bei ganz sicheren Verhältnissen könnte man trotzdem das *Muttelhorn* (2826 m) auf der Strecke Flüelastraße – Alp Fless Dadaint – Jöriflesspaß in drei Stunden besteigen und hätte dann eine Abfahrt von 1000 Hm vor sich. Zum reinen Vergnügen gehört hingegen bei gutem Firn die Route durch die

Tantermozza Chant Sura, dieses kleine Hochtal am Ostfuß des *Flüela Weißhorns* (3085 m). Es verteidigt sich mit einer Steilstufe über der Flüelastraße und einer, über die man zur Scharte im Südostgrat hinaufsteigen muß. Dann folgt noch die lange Felsschneide mit Firn und Blockwerk , eine anspruchsvolle Aufgabe, die oft durch Schnee und Wächten erschwert wird.

Südwestliche Silvretta
Flüelatal – Silvrettahaus – Schlappin

Fast jeden Gipfel nördlich und südlich über dem Flüelatal zwischen Davos und dem Flüelapaß schätzen die Tiefschneefreunde. Nachdem die Pisten einen Teil des Geländes erobert haben, nützen auch die Skitourenleute die Pischabahn, um rasch das *Pischahorn* (2979 m) zu erstürmen. Aus einem 300-m-Supersteilhang am Gipfel, den weiten Karmulden des Mattjischtälli und den anschließenden Pisten setzt sich die Abfahrt mit ihren 1200 Hm zusammen. Ganz im Tourenbereich liegt das benachbarte *Gorihorn* (2989 m), eine mächtige Gestalt

Rechts: Am Nordgrat des Muttlers; Blick sehr steil bergauf, deshalb etwas verflachende Perspektive.

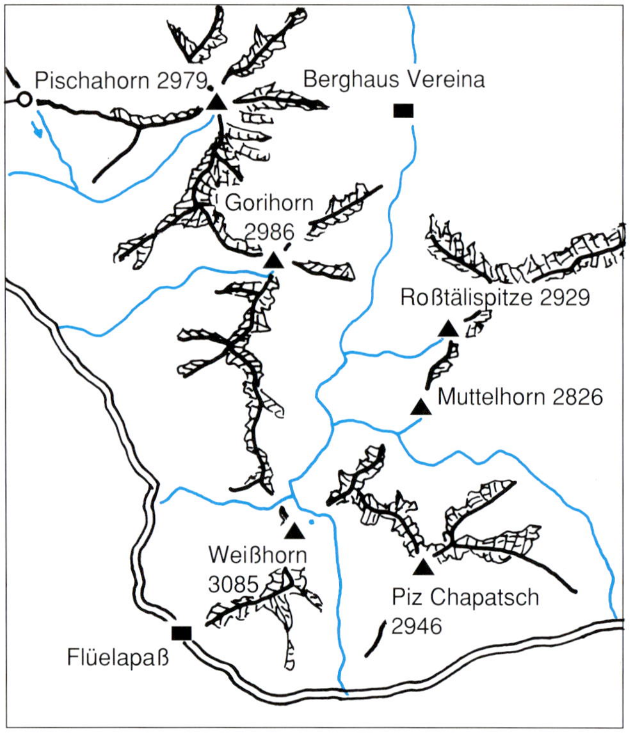

Pischahorn, 2979 m
2 Std von der Bahn, 1150 Hm Abfahrt, südwestseitig, sehr steiler Gipfelhang.

Signalhorn, 3210 m
2 3/4 Std. vom Silvrettahaus, 700 Hm Abfahrt auf freien Flächen, Gipfel zu Fuß.

Verstanclator, 2938 m
Zugang vom Silvrettahaus in 2 1/2 Std., Gesamtabfahrt bis Alp Sardasca 1400 Hm.

mit langen Felsgraten. Die Steilstufe über der Flüela-Paßstraße und den anspruchsvollen Gipfelaufbau verbinden hindernislose und ideal geneigte Karböden. Der in den Führern beschriebene Gratweg vom Eisenfürggli ist arg lang, umständlich (Umgehungen) und auch teilweise schwierig, die Südwestmulde eignet sich ungleich besser. Aus ihr steigt man die letzten 100 Hm sehr steil zu Fuß empor, um über den obersten Südgrat den Gipfel zu erreichen. Der Dritte im Bunde ist schließlich das Flüela Weißhorn (3085 m, siehe Seite 81), das man von Karlimatten über die Winterlücke und die Nordostgratscharte ansteuert.
Die Skiziele über dem landschaftlich so eindrucksvollen Vereinagebiet wie das Flüela Weißhorn und die Roßtälispitze scheitern daran, daß das Vereinahaus zur Skitourenzeit nicht bewirtschaftet ist.
Namen wie Silvrettagletscher und *Silvrettahaus* (2341 m) klingen in den Ohren der Skifahrer natürlich besonders verheißungsvoll. Man ist dort auch wirklich in einer eindrucksvollen Hochgebirgslandschaft unterwegs mit den wilden Nordwänden des Verstanclahorns (3298 m) als

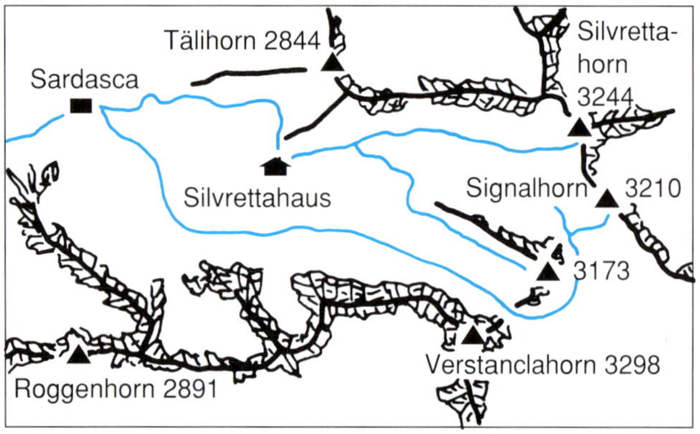

besonderem Blickfang. Doch es gehören zum Skitourengebiet nicht mehr als viereinhalb größere Gipfel. Mit dem halben Berg ist die Schneeglocke (3223 m) gemeint, müßte man doch bei Hin- und Rückweg die Rote Furka überqueren. Und auch der Zugang zum Piz Buin über die Fuorcla dal Cunfin bereitet zwar keine Schwierigkeiten, doch der Abfahrt fehlt das Zügige. So bleibt als Idealziel das Signalhorn (3210 m, siehe Seite 75), während man beim Silvrettahorn (3244 m, siehe Seite 75) vom Gletscherboden reichlich steil in die Nördliche Egghornlücke aufsteigen muß. Auf wirklich pfiffiger Route läßt sich der *Gletscherkamm* (3173 m) erreichen, der kecke Felsdreikant, der ganz alleine zwischen den großen Massiven aufragt. Vom Silvrettagletscher steuert man den Sattel hinter dem Punkt 2811 an und quert nach Südosten auf den versteckten Kammgletscher, ein schmales, langgestrecktes Eisfeld mit Steilstufen und Spalten. Die Felsen der obersten Südwestflanke sind nur im aperen Zustand gut zu begehen.
Der Zugang von Monbiel durch das Sardascatal zum Silvrettahaus zieht sich nicht nur in die Länge, am sogenannten Silvrettaeck muß man auch eine unangenehme Steilstufe überlisten. Kein ideales Gelände für die Abfahrt! Ungleich schöner ist das Verstanclatal, das im unteren Teil jedoch zu den extremen Lawinenfallen gehört. Zu einem wirklichen Erlebnis wird die Rückkehr ins Tal bei einer Gletscherkamm-Umfahrung, die man noch mit einer Besteigung des Signalhorns krönen könnte. Vom Silvrettapaß umrundet man den Gletscherkamm im Osten und erreicht nach einem kleinen Gegenanstieg das *Verstanclator* (2938 m). Hier beginnt nicht nur eine großartige Abfahrt, die auf 1200 Hm ein endloses Schwelgen im – oft unverspurten – Tiefschnee erlaubt, sondern auch die wohl imposanteste Gletscher- und Felslandschaft der Silvretta: Ein schmales, ganz von dem Eisstrom gefülltes Hochtal wird auf der einen Seite von den hohen, düsteren Verstanclawänden, auf der anderen vom Gletscherkamm mit seinem zerklüfteten Kammgletscher begleitet.
Soll man das Schlappintal empfehlen? Man müßte schon in Schlappin (1658 m) logieren, und selbst dann wären die Touren wegen des so langgestreckten Bodens weit und anstrengend. 5 km Tal, bevor das Skigelände beginnt! Im Talhintergrund gäbe es so schöne Ziele wie das Leidhorn, den Chessler, die Kessispitze, die alle zwischen 2833 und 2839 m hoch sind.

Südliche Samnaunberge
Zwischen Engadin und Samnaun

Mächtige Gipfel, steile Hänge, scharf eingeschnittene Täler bestimmen das Bild in diesem Gebiet. Das schließt gemütliche Tiefschneetouren völlig aus. Alle Unternehmen werden zu hochalpinen Bergfahrten, die der Verantwortungsbewußte zur Firnschneezeit im Frühjahr anpackt. Die Möglichkeiten verteilen sich auf die Engadiner Seite mit ihren Südabfahrten über oft sehr weite, steile und ausgesprochen zügige Hänge, und auf das

Samnauntal, wo die schmalen Täler das Charakteristische sind.

Das Val Sinestra trennt die Silvretta von den Samnaunbergen. Nach etwa 6 km verzweigt sich das Tal in die Äste von Laver und Chöglias. Auf dem Zwickel zwischen den beiden Bächen liegt das historische Gasthaus *Zuort* (1711 m), das auch im Frühjahr bewirtschaftet ist. Man erreicht es von Vna in einer guten Stunde. Die Charakterisierung im Führer von »sehr schönem Skigebiet« und »unschwierig« gehört wieder einmal zu jenen Verniedlichungen, die wirklich unverantwortlich sind. Sehr steile Hänge, die allgegenwärtige Lawinengefahr und die scharf eingeschnittenen Tobel schaffen ein anspruchsvolles Gelände, das dem Erfahrenen vorbehalten bleibt. Für ihn ist der Tisch jedoch reich gedeckt. Über der Val Laver locken Piz Soer (2917 m), Piz Tasna (3179 m) und eventuell der Piz Davo Lais (3027 m), während der mitten im Tal aufragende *Mot* (2705 m) eine relativ einfache Abfahrt über teilweise schöne, weite Hänge bietet. Dieser Name bedeutet etwa Kuppe, runder Kopf, es handelt sich aber trotzdem um einen selbständigen Berg. Stört einen der 4-km-Marsch durch das Lawinental von Chöglias nicht, dann findet man dort im hintersten Winkel am Fuß des Piz Rots eine 800-Hm-Idealabfahrt. Steile, ganz freie Hänge ziehen vom *Spi da Bolscheras* (2922 m), dem Gipfel südlich des Fuorcla Chamins, herab. Spuren gibt es dort nur äußerst selten, und das Panorama mit der ganz nahen Stammerspitze als Blickfang ist unerwartet eindrucksvoll.

Die wohl makelloseste Zuort-Skitour bietet der Südgipfel des *Piz Nair* (2954 m). Allerschönste Alpflächen, die nur ganz kurz von lichtem Wald unterbrochen sind, und ein teilweise steiler Westrücken bestimmen den Charakter dieser Bergfahrt ohne alle Talmärsche und Flachstellen. Auch der *Piz Arina* (2828 m) läßt sich von Zuort aus, und zwar über die Alp Pradatsch, besteigen. Man kann auch direkt in Vna starten. Sehr steil sind beide Routen!

In Tschlin (1533 m), diesem reizvollen alten Engadinort an den Hängen hoch über dem Inn, beginnen drei Touren der Extraklasse. Der südlich vorgelagerte Grat mit dem *Mot da las Amblanas* (2783 m), also dem Schneehühnerkopf, läßt sich am schnellsten und einfachsten erreichen. Das Waldstück in 1800 m Höhe überwindet man rechts (oder links auf dem Fahrweg), während man der Steilstufe bei Craduvgias südlich ausweichen kann. Dann folgt nur noch ganz freies, südseitiges Alm- und Gratgelände, immer gleichmäßig geneigt – ein echtes Vergnügen bei Firn. Noch eine Steigerung bildet der *Piz Salet* (2971 m). In anderen Gebieten wäre das bestimmt eine Modetour mit langen Schlangen in der Aufstiegsspur. Von Pra Grond steigt man 1150 Hm über allerschönste Hänge empor in das Hochkar südlich des Gipfels, um dann über eine Steilstufe die Fuorcletta zu erreichen. Hat der Wind das Gelände nicht allzu sehr verblasen, dann kann man die Skier noch bis 2900 m Höhe verwenden, um anschließend zum Gipfel hinaufzustapfen. Bei dem richtigen Firn – Süd- und Südosthänge! – beginnt dann das große Schlemmen. Da kann auch die Nordabfahrt durch das langgestreckte Val Sampuoir ins Samnauntal nicht konkurrieren! Diese eignet sich vor allem für – ganz sicheren! – Pulverschnee. Dann sind auch hier die oberen 500 Hm begeisternd, und man hat zudem das nötige Tempo für die flacheren Abschnitte im Tal.

Durch das Val Sampuoir läßt sich auch der *Piz Malmurainza* (3038 m) erreichen. In 2100 m Höhe biegt man in die Hochmulde der Alp Verda ab, wo sich oberhalb von 2600 m das Gelände steil aufrichtet. Und auch der nordostseitige Gipfelhang über der Fuorcla d'Alp erfordert unbedingt einen sicheren Schnee. Dafür genießt man dann bis ins Haupttal hinab auf 900 Hm eine wirklich zügige, teilweise rassige Abfahrt. Etwa die gleiche Zeit erfordert der Anstieg von Tschlin. Für diese Tour sollte man die Orientierung nach der Karte beherrschen, um sich in dem so weiträumigen Gelände gut durchzufinden. In 2200 m Höhe muß man den Ostrücken des Berges umrunden, um durch das Hochkar von Grava und über einen Steilhang die Fuorcla d'Alp zu erreichen.

Piz Salet, 2971 m
Gut 4 Std. von Tschlin,
1370 Hm Idealabfahrt
über Südhänge,
teilweise steil.

Piz Malmurainza,
3038 m
5 Std. vom Pfandshof
im Samnaun,
1470 Hm Abfahrt mit
idealen, teilweise steilen
Nordhängen und
langgestrecktem Tal.

Der Hexenkopf von
Südosten gesehen.

Ein scharfes V-Tal und ein 1000-m-Steilhang lautet die Kurzcharakterisierung für den *Muttler* (3294 m). Bester Schnee und meisterliches Können müssen zusammentreffen, sonst kann man von dieser Tour nur abraten. Etwas problemloser ist vielleicht die Führe über den Nordgrat, denn dort kann man schon früh seine Skier stecken lassen und dann sehr, sehr weit zu Fuß hinaufstapfen. Doch *die* Abfahrt bietet die Westroute. Vom Roßboden steuert man, sich rechts nahe an die Felsen haltend, das Minikar an, das sich genau im Westen des Gipfels in 2800 m Höhe versteckt. Dann immer gerade empor – äußerst steil! – und schließlich zu Fuß über den oberen Südwestgrat auf den alles überragenden Gipfel. Extraklasse!

Wer je die drei geschützten Nordtäler von Chamins, Gravas und Suler – man findet sie im Westen des Ortes

Samnaun – gesehen hat, wird ihrer Lockung nicht widerstehen können. Doch diese 1000-m-Abfahrten sind nicht so ungefährlich, wie es zuerst den Anschein hat., Vor allem der Talbeginn von Chamins und Gravas ist wild eingeschnitten (man weicht in die linksseitigen Steilhänge aus) und auch die Gipfel bäumen sich sehr steil auf. Das gilt besonders für die *Sulnerspitze* (3034 m), wo man die letzten 100 Hm besser zu Fuß hinaufstapft. Am häufigsten wird der *Piz Chamins* (2928 m) betreten, den man fast ganz mit Skiern erreicht. Einen 300-m-Supersteilhang in dem hintersten Val Chamins muß man hingegen überlisten, um den Spi da Bolscheras (2922 m, siehe auch Seite 84) zu betreten. Also auch hier: stolze Ziele, aber nur für den Könner!

85

Nördliche Samnaunberge
Um Komperdell und Urgtal

Erst in unseren Tagen mit dem Können und auch dem Draufgängertum so vieler Skibergsteiger erhalten die anspruchsvollen Bergfahrten im südlichen Samnaungebiet häufiger Besuch. Der Nordteil des Gebirges hingegen gehört zum klassischen Winterbergland. Vor allem das Komperdell mit dem Kölner Haus liebten schon unsere alpinen Vorfahren. Trotzdem wird dieses Kapitel kurz ausfallen. Denn die Gebiete über Idalpe, Alp Trida und dem Komperdell gehören heute fast ganz den Pistenfreunden. Und es lohnt sich kaum, auf die Gipfel rundum genauer einzugehen, die zu Spritztouren herabgesunken sind. So steht man zum Beispiel nach einer gemütlichen Stunde bereits auf dem Südlichen Grübelekopf (2894 m), dem einst beliebtesten Tourenziel über der Alp Trida.

Ähnlich verhält es sich im Nordostteil der Gruppe, nachdem sich die Lifte bis unter den Hexenkopf auf der einen Seite und zum Schönjöchl am anderen Ende ausgedehnt haben! Masner- und Minderskopf (2828 und 2780 m), der berühmte *Pezid* (2770 m) und der Zwölferkopf (2596 m) sind allenfalls noch Jausen- und Brotzeit-

Furgler, 3004 m
2 1/2 Std. vom Lift, 1050 Hm Abfahrt bis Komperdell, interessante Mulden und Hochkare.

Glockspitze, 2846 m
2 Std. aus dem Medrig-Liftgebiet, 600 Hm Tiefschnee in sehr schönen Nordhängen.

Planskopf, 2804 m
Gut 2 Std. Grattour vom Fisserlift, herrliche Nordabfahrt über gut 900 Hm.

touren. Ja, selbst der Hauptgipfel der ganzen Region, der *Hexenkopf* (3035 m), wird nicht mehr so ganz ernst genommen, und man sieht auch zu unpassender Zeit Spuren in den teilweise doch reichlich steilen Hängen, etwa im kleinen Südwestkar. Harmloser ist da schon ein Abstecher vom letzten Lift auf den Gmairerkopf (auch Ochsenkopf, 2914 m, 1 Std.), den man zu Fuß von der Ochsenscharte aus besteigt.

Doch das bekannteste Ziel, der *Furgler* (3004 m), blieb uns als Skitour erhalten. Das schmale Kar zum Furglerjoch und die teilweise steilen Mulden und Stufen am Nordgrat eignen sich zum Glück für keine Pistenerschließung. Trotzdem ist das Gelände oft von Spuren übersät. Ein Skidreitausender, den man so schnell erreichen kann, wirkt eben als starker Magnet. Ja, es gibt hier sogar zwei etwa gleichwertige Routen, nämlich aus den Pistengebieten von Komperdell und Medrig.

Die zweite, viel weniger bekannte Region erreicht man von See im Paznauntal. Man kann diese Lifte neben dem Furgler für weitere schöne Touren nützen, falls die Lawinen einen Zugang zu der im Winter meist geschlossenen Ascherhütte erlauben. Ungetrübte Skifreuden bietet vor allem die *Glockspitze* (2846 m), der unauffällige Nachbar des Blankakopfs, der auf den Karten keinen Namen und keine Höhe trägt. Die stark gewellten Nordhänge bieten viele Möglichkeiten, das bequemste Gelände findet man bei einem etwas nach Osten ausholenden Bogen. Eine Stufe anspruchsvoller wäre der Nachbargipfel, der *Kübelgrubenkopf* (2870 m, gut 2 Std. vom Lift). Zwischen der gleichnamigen Scharte und dem Gipfel wird das Gelände ziemlich steil. Noch steilere Hänge findet man im Nordwestkar des *Rotpleiskopfes* (2936 m). Das wäre eine wirklich schöne, rassige Abfahrt für den Könner und ein Gipfel, der seine Umgebung um ein gutes Stück überragt.

Die Lifte bei Fiss erschließen eine ganze Reihe schönster Abfahrten von mittelsteil bis »senkrecht«. Vom Fisserjoch (2432 m) braucht man nur dem Grat zu folgen, um nacheinander den Zwölferkopf (2596 m), die beiden Sattelköpfe, den *Brunnenkopf* (2682 m) und den *Planskopf* (2804 m) zu erreichen. Es macht Spaß, so hoch und frei über den Tälern zu wandern, doch noch mehr begeistern die Abfahrten. Als Standardstrecken könnte man die Nordwesthänge des Hinteren Sattelkopfes und die Nordostmulden am Planskopf bezeichnen. Doch bei sicherem Schnee findet man fast überall die Wedelspuren in dieser 4 km breiten und bis zu 900 m hohen Flanke. In 1850 m Höhe verläßt man dann das Urgtal wieder, um über die Fisseralm ins Pistengebiet unter dem Schönjöchl zurückzukehren.

Kurz erwähnt sei schließlich noch der Landecker Spezialskiberg *Tialkopf* (Dialkopf, 2398 m). Berg ist hier eher eine Schmeichelbezeichnung: Stünde auf dem Eck im Nordgrat des Gatschkopfes nicht ein Kreuz, würde mancher diesen »Gipfel« gar nicht erkennen! Vom Diallift geht es über Forststraßen, durch lichten Wald und über einen Steilhang auf das Zirmegg, dann in schönem, freiem, aber manchmal auch abgeblasenem Gratgelände in knapp 3 Std. zum Kreuz hinauf. Man kann auch im Dörfchen Hochgallmig starten und trifft dann im oberen Teil auf besonders schöne, völlig freie Mulden.

SKITOUREN – SPASS ABER AUCH GEFAHR

Nichts kann vor dem Weißen Tod eindrucksvoller warnen als dieses ungewöhnliche Foto aus dem Lawinen-Winter 1988. Es zeigt die Nordflanke der Schlappinerspitze, des letzten Gipfels im Westen der Silvretta, die in das scharf eingeschnittene Wintertal (Valzifenz, Gebiet Gargellen) abfällt. Die auf dem Bild sichtbaren Hänge sind immerhin bis zu 300 m hoch. Sie können sich also ein Bild machen, wie dick die Schneedecke vor dem Lawinenabgang war! Die verschiedenen Abrißstellen sind ein Indiz von starker Aussagekraft. Über Kilometer war das Tal völlig von gewaltigen Lawinenkegeln bedeckt, die teilweise regelrechte Wälle bildeten. Zahllose Täler in der Silvretta und in den Samnaunbergen sind extrem tief und scharf

eingeschnitten und gleichzeitig von riesigen Steilhängen überragt. Dazu zählen auch das Jamtal und der Zugang von Galtür zur Bielerhöhe. Bei zweifelhaften Verhältnissen darf es dort kein Versuchen und kein Wagen geben. Kein Piepsgerät und kein »lawinengerechtes Verhalten« bewahren auf die Dauer vor Schaden; das kann einzig ein Verzicht auf alle Unternehmungen zu derartigen Zeiten!

*

Bei Bergen um und über 3000 m Höhe wird der Vernünftige die herrschenden Verhältnisse stets bei der Tourenplanung mit einbeziehen. Warum sich etwa längere Zeit einem Föhnsturm aussetzen, wenn man auch eine relativ geschützte Route wie jene vom Vermuntsee zur Östlichen Kromerspitze wählen kann! Und an kalten Tagen ist mancher Gipfelaufbau vereist.

Alpine Geschichte und Geschichten

Ohne einen Montblanc oder ein Matterhorn in unseren beiden Berggruppen blieb auch das Sensationelle in der Ersteigungsgeschichte aus. Ihr Ablauf war gewissermaßen ganz brav und den Normen entsprechend. Es wäre deshalb wirklich schade um den Platz in diesem Buch, würde hier ein langatmiger »Abriß« erscheinen, den – seien wir einmal ehrlich – doch niemand liest. So beschränken wir uns hier auf eine kurze Übersicht, auf einige Details, die das Typische oft viel besser wiedergeben, und ein paar Erzählungen aus den verschiedensten Zeiten.

Der Blick von der Kromerspitze auf das einzigartige Gipfelpaar Seehorn und Litzner wurde eines der bekanntesten Werke von Edward Theodore Compton. Der englische Bergmaler führte zusammen mit Karl Blodig eine Reihe von Erstbegehungen in der Silvretta durch.

Wie üblich lockten zuerst die großen und auffallenden Berge die Pioniere an. Bei den ja durchaus selbständigen und interessanten Gipfeln in den Nebenkämmen zog sich die Erschließung bis nach der Jahrhundertwende hin; so erhielt etwa das auffallend wilde Dreiköpfl erstmals im Jahre 1920 Besuch. Ohne viel Systematik wurde der und jener Grat erstbegangen, führte man längere Überschreitungen durch, zu denen gerade diese beiden Gebirge Reizvolles bieten. Noch geringere Beachtung fanden die Wände, die insgesamt wenig auffallend und spektakulär sind, manchmal mehr düster als einladend wirken wie die gut 300 m hohe Nordwand des Verstanclahorns. Der Interessierte findet auch heute noch neue Routen. Wurde z.B. die 500 m hohe Westflanke des Piz Tiatscha über der Val Lavinuoz schon begangen?

Einzig der *Piz Linard* nimmt eine Sonderstellung ein, um ihn ranken sich einige Legenden. Aus dem Tal zwischen Susch und Zernez ragt er so gewaltig und so auffallend in den Himmel, daß er die Phantasie der Menschen früh beschäftigte. Und bei den einst vielbegangenen Pässen von Vereina und Fless standen ihm die Berggänger sozusagen Aug in Auge gegenüber. Ein überwältigender Anblick! Schon im 16. Jahrhundert soll ein Chounard den Gipfel erreicht und dort oben ein goldenes Kreuz zurückgelassen haben, das verschiedene (goldhungrige) Gemsjäger zu weiteren Aufstiegsversuchen veranlaßte. Und dann gab es jenen Pfarrer Leonhard

oder Lienhard Zadrell aus Lavin, der um 1700 nach hartem Kampf mit dem wilden Berg und einem ebenso wilden Adler – angreifende Adler waren zu jener Zeit ein beliebtes Thema für Schauermärchen – ebenfalls auf den Linard gestiegen sein soll. Damit hätte man auch gleich zwei verschiedene Deutungen für den Namen des Berges, den die Sprachforscher nicht so recht zu erklären wissen.

Keinen Zweifel gibt es jedoch an der – immer noch sehr frühen! – Besteigung im Jahr 1835 durch den botanisierenden Professor Oswald Heer mit seinem Führer Madutz. Sie begingen sogar eine viel anspruchsvollere Route aus dem Val Sagliains über die Westflanke. Allerdings wollten die im Wirtshaus versammelten Bürger von Lavin den Erfolg nicht glauben, und sie beschimpften die Gäste als Aufschneider und Lügner. Doch später, als sich die Nebel um den Berg verzogen hatten, wurde das errichtete »Steinmannli« zum Wahrheits-Zeugen (siehe auch Seite 58).

Für die vielen auffallend frühen Erstbesteigungen vor allem in der Süd- und Ostsilvretta sorgte der eidgenössische Vermesser *Coaz*, der auf die schönen Vornamen Johann Wilhelm Fortunat hörte, und der später zum ersten Präsidenten des Schweizer Alpenclubs wurde. Er nahm nicht nur seinen Beruf sehr ernst, er war auch ein begeisterter Alpinist. Seine Erstbesteigung des Piz Bernina 1850 zählt zu den imponierendsten Bergfahrten überhaupt! Er gehörte auch zu den Initiatoren für den ersten Hüttenbau in der Silvretta. Und dann gab es natürlich Johann Jakob *Weilenmann*, den eleganten Herrn mit den weißen Hosen und der Alpenstange aus St. Gallen in der Ostschweiz. Zwischen Monviso und Großglockner kannte er alle großen Berggruppen, eine erstaunliche Aktivität in dieser Zeit der so miserablen Verkehrsverbindungen! Man könnte ihn auch als den ersten alpinen Alleingänger einstufen. »Niemand tut es Weilenmann als die Gemse an Kühnheit des Bergsteigens zuvor«, urteilte ein Zeitgenosse.

»Etwas kraus sah das zum Teil beeiste Couloir mit seinem widerhaarig vortretendem Gestein schon aus und erschreckend rasch tieften sich unter uns die Schneehalden ab. Wie mit einer eisernen Klammer packte des Passeirers Rechte meine Linke, und im Sturm, so daß die Funken sprühten, wo seine Eissporen das nackte Gestein angriffen, klommen wir hinan. Dann, als er mich auf dem Rücken geborgen sah, half er auch meinem Gefährten herauf.« Diese Worte Weilenmanns sollen auf den nächsten Abschnitt einstimmen. Wie man sieht, waren nämlich selbst die guten Bergsteiger immer wieder auf ihre Führer angewiesen. In den Berichten der »Herren« wurde ihre wirkliche Bedeutung nur manchmal herausgehoben, und die Nachwelt vernachlässigt sie noch mehr. Jeder kennt im Zusammenhang mit dem Matterhorn den Namen Edward Whymper, die wenigsten jenen von Michel Croz, obwohl er der Führende war. Nebenbei ein kurioser Zufall, der einem beim Stichwort Matterhorn einfällt: Am denkwürdigen 14.7.1865 wurde auch der bekannteste Silvrettaberg, der Piz Buin, erstmals bestiegen.

Doch zurück zu den Führern, denen hier wenigstens ein paar Zeilen gewidmet werden sollen. Franz *Pöll* und Jakob *Pfitscher* waren oft gemeinsam an den großen Touren ihrer Zeit wie der Erstbesteigung des Piz Buin beteiligt. Pöll diente als Hirte und Gamsjäger im Laraintal, wo ihn Weilenmann »entdeckte«. Durch die Touren mit ihm und dem Wiener Specht wurde er rasch bekannt, und er erhielt als erster Paznauner ein Bergführerpatent. Der Kölner Otto Welter beschrieb ihn so: »Der kleine, wettergebräunte, breitschultrige Mann mit dem durchdringenden Auge, dem kecken Schnurrbart, der unter dem kleinen Hut mit der nach vorne geneigten Spielhahnfeder so verschmitzt lustig in die Welt hineinsah, war Pöll aus Mathon.« Das Gegenstück dazu war Jakob Pfitscher, ein Bär von einem Mann, der nur aus Spaß an der Freude den Bergführer spielte. Als Großbauer und Viehhändler war er auf den Verdienst nicht angewiesen. Seine Heimat, das Passeiertal bei Meran, brachte ihm den Rufnamen Passeirer Joggl ein.

In der Silvretta ungewöhnlich erfolgreich waren die beiden »Kollegen« aus Klosters, *Jann* und *Jegen*, beide mit dem Vornamen Christian. Gerade bei den schwierigsten Gipfeln wie den Plattenhörnern, dem Verstanclahorn, Litzner und Seehorn waren sie nicht nur mit von der Partie, sondern die Besseren, die Führenden. In der Folgezeit gab es auch hier richtige Bergführerfamilien

wie die Guler aus dem Prättigau oder die Lorenz im Paznaun.

Ein Bereich aus der Erschließungsgeschichte wird in den Büchern oft ganz vergessen: der Bau der ersten Alpenvereinshütten. Hier ein paar Beispiele, in welchen Jahren die »Urhütten« entstanden:

1865 Silvrettahütte
1882 Jamtalhütte
1884 Madlenerhaus
1889 Heidelberger Hütte
1898 Wiesbadener Hütte

Interessant sind vielleicht noch ein paar Ziffern aus den Anfangszeiten. Im Jahr 1892 besuchten 275 Personen das Madlenerhaus, 159 waren es in der Jamtalhütte und nur ganze 19 kamen zur Heidelberger Hütte. Im gleichen Jahr lockte hingegen das Glocknerhaus 3342 (!) Bergsteiger an, ein Indiz für zwei bemerkenswerte Tatsachen: Bereits vor 100 Jahren übten die »Modeberge« eine große Anziehung aus, und zudem gab es schon in dieser Zeit Hüttennächte mit drückender Enge.

Man muß sich einmal vor Augen führen, daß für den Hüttenbau im letzten Jahrhundert nicht nur die Hub-

---

Heidelbergerhütte. 2300 m. Eröffnet 19. August 1889. Erbaut in eigener Regie unter Aufsicht des Stadtbaumeisters Schaber in Heidelberg. Die Hütte steht auf einem von der Schweizer Gemeinde Remus auf ewige Zeiten überlassenen Grunde, ist aus Stein erbaut, enthält Vorraum mit Herd, Gastzimmer mit 6 Matratzenlagern und 10 Lagerstätten unter dem Dache. Vereinsschloss, nicht bewirthschaftet. Baukosten; 4500 M., Subvention 2000 M. Besuch: 138 P.

Thalstation: Ischgl 5 St.

Touren und Uebergänge: Fluchthorn, Piz Tasna. — Fimberjoch, Tasnapass, (Zeblesjoch).

Dieses Faksimile stammt aus der Alpenvereins-Festschrift von 1894.

An diesem Foto von 1907 sieht man, welch schmucker Bau die Jamtalhütte schon zu dieser Zeit war.

Ein Übersichtsfoto zu den Gipfeln östlich oberhalb der Wiesbadener Hütte (im Vordergrund der Zugangsweg). Man sieht von rechts nach links: Dreiländerspitze, Ochsenkopf, Tirolerkopf, Rauherkopf.

schrauber fehlten, sondern auch das erste, noch reichlich bescheidene Sträßchen ins Paznauntal 1886 eröffnet wurde. Es erforderte einen heute kaum mehr vorstellbaren Idealismus der Alpenvereinssektionen mit ihren noch wenigen Mitgliedern, um diese, wenn auch kleinen Hütten zu errichten und auszustatten. Und das besondere Kuriosum – gerade die hohen Gebiete der Ostalpen wurden von den alpenfernen Sektionen erschlossen. Um diese Pionierleistungen ein wenig zu würdigen, bringen wir nicht nur die historische Abbildung der Jamtalhütte (siehe Vorseite), sondern auch ein altes Bild der Saarbrückener Hütte auf Seite 32 . Bewußt heißt es auf »Tiroler Boden«. Die Schweiz kann, besser gesagt, konnte, mit einer der ersten Hütten im gesamten Alpenraum aufwarten. Bereits 1865 stand ein ganz bescheidenes Bauwerk etwas oberhalb des heutigen Silvrettahauses. Die Sektion Räthia hatte sie errichtet als dritte Clubhütte des SAC überhaupt. Vergleicht man den bescheidenen Schweizer Teil der Silvretta mit den anderen, so grandiosen Berggebieten der Eidgenos-

Die wichtigsten Besteigungen

Piz Linard	1835	Heer, Madutz
Piz Rots	1849	Coaz
Piz Tasna	1849	Coaz
Gemspleisspitze	1849	Coaz
Augstenberg	1849	Coaz
Muttler	1858	Weilenmann
Schnapfenspitze	1860	Pöll
Fluchthörner	1862	Weilenmann, Pöll
Silvrettahorn	1865	Jacot, Jegen, Schlegel
Piz Buin	1865	Specht, Weilenmann, Pöll, Pfitscher
Verstanclahorn	1866	Jacot, Brosi, Jann, Jegen
Plattenhörner	1866	Schläpfer, Jann, Jegen
Großlitzner	1866	Jacot, Jann, Schlegel
Vesulspitze	1866	Specht, Pöll
Vallüla	1866	Battlog
Großes Seehorn	1869	Brosi, Hauser, Schoch, Jann, Jegen
Piz Fliana	1869	Oberholzer, Schoch, Bruppacher
Fergenkegel	1880	Mettier
Stammerspitze	1881	Farrer, Praxmarer, Prinz
Dreiländerspitze	1882	Blezinger, Stedefeld
Hinterer Satzgrat	1884	Zöppritz, Lorenz
Torwache	1888	Purtscheller, Heß, Blodig
Schildfluh	1890	Imhof
Eisentällispitze	1892	Ludwig, Zwicky
Tirolerkopf	1894	Schweizer, Lorenz
Schneeglocke	1895	Denzler, Hottinger, Guler
Vd. Getschnerspitze	1900	Cranz
Mundinturm	1906	Paulcke, Fuchs
Schattenspitze	1908	Margreiter, Seidel
Zwillinge	1910	Blodig, Gunz, Braun
Dreiköpfl	1920	Strubich

sen, dann verblüfft dieser Standort doppelt. Damals war noch die Initiative einzelner ausschlaggebend, und Coaz liebte eben gerade diesen Bergwinkel.

Silvretta heißt einer der drei Quellarme des Sardascatales, das bei Klosters in das Prättigau mündet. Es gab also ursprünglich nur eine Alp Silvretta und einen mächtigen Gletscher mit diesem Namen. Die Bergsteiger bezeichneten dann den auffallenden Gipfel im Talhintergrund als Silvrettahorn. Aber auch die weite, ganz von Eis überwallte Senke zwischen Gletscherkamm und Signalhorn brauchte einen Namen, so findet man dort den Silvrettapaß. Da war es nur logisch, den 1865 eingeweihten Stützpunkt als Silvrettahütte zu taufen. Dem Erschließungsgedanken der Zeit entsprechend, berichtete man begeistert – vor allem im Vereinsjahrbuch – über das Tal und seine Berge. Der Name *Silvretta* wurde bekannt. Die Ausbreitung des Wortes für das ganze Gebirge ergab sich da als folgerichtige Konsequenz. So lautet heute die offizielle Bezeichnung »Silvrettagruppe«, im Sprachgebrauch auf »Silvretta« verkürzt. Eine zuverlässige Erklärung dieses rätoromanischen Wortes haben die Gelehrten nicht gefunden.

JOHANN JAKOB WEILENMANN
Erstbesteigung des Fluchthorns (1862)

Weilenmann gehörte zu den erfolgreichsten Alpinisten seiner Epoche. Er wurde 1819 im Kanton Zürich als Sohn eines Privatschulmeisters geboren. Er lernte als Kaufmann, und auf dem Umweg über New York, Pernambuco in Brasilien und London kam er nach St. Gallen in der heimatlichen Schweiz. Dort lebte er dann bis zu seinem Tod im Jahr 1896 als beliebter Mitbürger, Junggeselle, Pionier im Schweizer Alpenclub und begeisterter Freund der Alpen, die er in sehr weiten Bereichen kennenlernte. Im Juli 1861 besuchte Weilenmann das Paznauntal. Sein großer Wunsch: die Erstbesteigung des Fluchthorns. Doch miserables Wetter und Kummer mit den Quartieren hätten seine Pläne fast zum Scheitern gebracht. Ein paar Appetithappen dazu aus einer sehr umfangreichen Beschreibung im Buch »Aus der Firnenwelt«. Hier sein erster Eindruck vom Wirtshaus in Galtür:

J. J. Weilenmann aus St. Gallen gehörte zu den erfolgreichsten Bergsteigern seiner Epoche. Seine bedeutendste Neutour in der Silvretta war die erste Besteigung des Südlichen Fluchthorns.

»Wie wenig Ansprüche du machst, so genügsam du sein magst, es kostet dich dennoch Überwindung, den Abend in der Wirtsstube zu verbringen, mit hunderterlei Gerüchen von um den Ofen zum Trocknen aufgehängten Wollkleidern und Kinderbettzeug, regendurchweichten Schuhen, qualmenden Öllampen, ungewaschenen Hunden, jungen Katzen, die noch nicht den Weg zur Türe hinaus finden, von beschmutzten Kindern, die mit ihnen auf dem schwarzen Boden sich wälzen oder unter dem Ofen Verstecken spielen, von feuchtem Regietabak, dem heißen Atem des Branntweintrinkers, vom dampfenden Kneedle (Knödel) und Sauerkraut, ranzigem Selchfleisch, altem Käse herrührend, zu verbringen. Und glaubst du in diesem Qualm, in dieser verdorbenen Atmosphäre es nicht länger auszuhalten, unterfängst du dich, eines der winzigen Fensterschieberchen zu öffnen, so sieht dich der Wirt, ein Lehrer der Gemeinde, seither aber zum Vorsteher, zum ersten Dorfmagnaten emporgestiegen, bedenklich an, als wolltest du ihn vergiften.«

Die Alpe Larain hatte sich Weilenmann als Startplatz für seinen Sturm aufs Fluchthorn ausgewählt. Dort hauste der Schäfer Franz Pöll, der ihm als Führer empfohlen worden war. Eine Almhütte war zu jener Zeit keine luxuriöse Unterkunft und beherbergte für ihn noch einen zusätzlichen Schrecken: Flöhe und andere Haustiere dieser Art. Ein paar Proben seiner Hüttentage:

»Sennerinnen und Küher trieben eben unter wildem Rufen und Pfeifen das Vieh von den Terrassen des Predigberges herab. In der Sennhütte saß ein kleiner Mann. Er ist vergebens bemüht, mit unerlassenem Talg seinen steinharten Schuhen etwelche Geschmeidigkeit beizubringen. Keines Blickes mich würdigend, fährt er in seiner Beschäftigung fort. Franz Pöll kann es kaum sein – die Figur ist auch gar zu wenig versprechend. Mit Staunen und Enttäuschung muß ich aber aus des Mannes Mund vernehmen, daß er dennoch der Gesuchte. Nichts von alledem, was man mich erwarten ließ, gibt sich in seinem Äußern kund, wenn schon aus dem Kopfe ein paar kluge Augen schauen. Doch ist er bereit, mit mir die Besteigung des Fluchthorns zu versuchen. Ein ebenso frostiger Empfang wurde mir von den Sennerinnen. Überhaupt herrschte eine unbehagliche Atmosphäre; man scheint sich gegenseitig zu mißtrauen. Die ältere, aber noch robuste Maid, die das Szepter führt, wiegt jedes Wort ab, tut seltsam verstohlen und geheimnisvoll. Bald liest sie dem einfältigen Küherjungen den Text, bald hätschelt sie den Schäfer, damit er ihr Holz zutrage, und kaum ist's geschehen, beleidigt sie ihn wieder. Eine heikle Frage, deren Lösung mir den ganzen Abend schon Kopfzerbrechen gemacht, war immer noch unentschieden. Es handelte sich um nichts geringeres, als zu wissen, wo ich kommende Nacht mein Haupt hinlegen würde. Im weißen Bett zur Linken schlafen die beiden Sennerinnen, doch fänden auch drei Personen bequem darin Platz. Äußerem Anscheine nach ist es reinlicher, als man es in Sennhütten gewöhnlich findet. Die Bettstelle zur Rechten beziehen Schäfer und Kuhhirt. Sie ist um ein Gutteil schmaler und sehr lotterig. Schmutzige, übelriechende Wolldecken und Mäntel bilden das Oberbett, unterm Rücken hat man wenig mehr denn harte Bretter. Die Sennerinnen ziehen Schuhe und Strümpfe aus und ohne weitere Toilette hüpfen sie angekleidet in zwei verwegenen Sätzen ins hohe Bett hinein. Seltsam aber! Warum lassen sie einen so weiten

Raum zwischen sich? Hoffentlich soll doch keiner von uns etwa… Und doch! Kaum wagt meine zartfühlende Feder das Schreckliche zu berichten – scheint so etwas planiert zu sein. Wer ist wohl das Opfer? Am Ende gar ich? Rasch löst sich indes das Rätsel. Kaum waren die beiden geborgen, als hinein in die Mitte, mit kühnem

Diese Skizze eines Hirten im Fimbertal, dem Nachbarn des Laraintals, zeichnete Professor Mathias Schmid (1835 - 1923). Der Genremaler stammt aus See im Paznauntal.

Sprung, der Schäfer sich schwung. Da liegt er, der Hahn im Korbe, bis an die Ohren unter der berghohen Federdecke begraben und hat sicherlich nicht unter Kälte zu klagen, und mir, der allein noch im kalten Hüttenraum steht, bleibt wohl nichts anderes, als aufs eine Lager sich zu werfen und an des Kühers Rücken mich zu schmiegen. Er ist ein schmutziger, blödsinniger Tropf, der, wie Pöll sagt, nicht Genie genug zum Kühehüten, um so größere Fertigkeit aber im Beten hat. Übrigens lag ich über Erwarten gut und warm neben meinem düngerduftenden Schlafgenossen.«

Nur eine Nacht hatte Weilenmann für die Larainalm geplant. Doch miserables Wetter hielt ihn mehrere Tage fest. Er wollte schon das »gastliche Heim« verlassen, als ihn schließlich eine sternklare Nacht erlöste.

»Um 2 Uhr nachts öffnete ich voll Erwartung die knarrende Hüttentür. So oft schon getäuscht, wagte ich kaum noch an schönes Wetter zu glauben. Doch – in stiller Pracht funkelnd im Sternenglanz wölbt sich das Firmament. Das Herz hüpfte mir vor Freude über den Anblick. Ein Feuer erhellt bald den dunklen Raum. Der Schäfer kochte sich ein Mues, ich trank eine Schüssel kalter Milch. Die ältere Dirn muckste sich nicht im Bett

– wir aber fühlten ihre Argusaugen auf uns haften. Eine Hand voll schmieriger Zehnkreuzerwische, der Sennerin in die unter der Decke hervorgestreckte Hand gedrückt, überraschte sie aufs Angenehmste. Ob das alles für sie? fragte sie und flehte des Himmels reichen Segen auf mich herab…«

Die beiden stiegen die 1000 Hm durch das langgestreckte Laraintal hinauf ins gleichnamige Joch und umgingen dann die Fluchthörner östlich, eine mühselige Beschäftigung bei dem sehr tiefen, kraftraubendem Spuren. Über das Zahnjoch erreichten sie schließlich die Südseite des Berges und stiegen durch jenes Gelände empor, das uns heute als Weilenmannrinne vertraut ist.

»Erst schreiten wir eine Strecke weit am Fuß der Wand entlang, bis die geeignete Stelle zum Angriff gefunden. Immer lebendig und rüstig erklimmt mein Begleiter die unteren Felsabstürze und watet die Schneehalden empor. Sie sind so steil, daß man, wären sie nur einigermaßen hart, ohne Steigeisen nicht hinaufkäme. Einige Zeit halte ich Schritt mit dem Schäfer, bleibe aber bald zurück und immer größer wird zwischen uns die Distanz. Alle zehn Schritte mußte ich rasten und ausschnaufen. Mitleidig lächelnd, an meiner Langsamkeit sich weidend, sah Pöll auf mich herab, mich mahnend nachzukommen, und hielt nur an, um mir hierzu Zeit zu geben, nicht, weil er selber der Rast bedurfte.

Kaum ein Unternehmer mühsamer Besteigungen übrigens, der nicht schon in ähnlichem Zustande der Ermattung sich befunden hätte. Selten aber dringt der Jammer bis zu den Ohren des Lesers, selten sieht er, wie Furcht und Zagen des kühnen Gipfelstürmers Gesicht verzerren. Wohlweislich wird darüber geschwiegen, um sich

Dieses Foto zeigt die Fluchthörner bei ähnlichen Schneeverhältnissen, wie sie seinerzeit Weilenmann antraf.

Links das Silvrettahorn, nach vorne der von Karl Blodig und seinen Kameraden begangene Ostgrat. Rechts folgen in dem Kamm Schneeglocke und Schattenspitze. Auch deren Nordostgrat wurde erstmals von Blodig erstiegen.

keine Blöße zu geben, um die Tat um so eklatanter, den Ruhm um so größer erscheinen zu lassen.

Je näher wir dem Grate kommen (es ist damit der Südwestgrat gemeint, Anm. d. Verf.), umso abschüssiger wurde der Abhang, um so tiefer der Schnee. Jetzt ist der Schäfer oben und läßt sein kundiges Auge über das Fluchthorn wandern. ›Es geht!‹ ist die erfreuliche Botschaft, die er herabruft.

…Der Firnhang zu Füßen der Fluchthornzacken lag noch im Schatten. Seine Kante war etwas heikel zu umgehen, da der schroffe Felsen glatt übereist war. Pöll machte einige Stufen, sprang kaltblütig hinüber und bei dem einen Schritt, den ich nicht allein wagte, reichte er mir die Hand. Dann ging es im Zickzack hinan, ich nun dicht auf seinen Fersen. Bald ging er links, bald rechts rekognoszieren, während es ich wartete und darüber nachdachte, welch untergeordnete Rolle eigentlich bei Besteigungen mit tüchtigen Führern unternommen, der Turist spielt. Ohne Pöll's ermunterndes Beispiel hätte ich hier manchen Schritt nicht gewagt, so ungeheuerlich war der Abhang, so unheimlich das Waten im lose daranhängenden Schnee.

…Pöll begann abermals zu zaudern, starrte bedenklich die turmhohe Halde an. Der Schnee kann jeden Moment unter ihm weichen und ich, etwas seitwärts unter ihm stehend, kann höchstens den Stock ihm entgegenhalten – eine sehr prekäre Hilfe, wenn man selber sich nicht regen darf, aus Furcht, die leiseste Bewegung könnte einen ins Gleiten bringen. Auf mein Zurufen: Er solle lieber umkehren, vielleicht ginge es anderswo leichter – erwiderte er: Das tue er nicht – und, unermüdlich nahm er einen frischen Anlauf. Etwas über ihm entragte ein kleines Felsriff der Mitte der Halde. Kann er dieses erreichen, hat er es einmal hinter sich, so wird ihm das Steigen nicht leichter zwar, denn jäher und jäher wird's dem Gipfel zu, aber sicherer, indem er sich im Falle des Ausgleitens daran klammern kann.

Jetzt hat er das Riff gewonnen, ist darüber hinaus und watet zuversichtlich hinan, bis an die Hüften im Schnee steckend. Mir ruft er zu, ich solle nur bleiben, wo ich sei, er hoffe bald oben zu sein und werde mir dann das Seil hinabwerfen.

Es waren einige peinliche Momente, die ich allein an der schwindligen Terrasse zubrachte. Mit Bangen, mit heißen Wünschen des Gelingens verfolgte mein Blick den verwegenen Birgsmann. Ein paar Schritte noch – und zu Häupten der Halde ist er! Sein Jauchzen verkündet, daß wir gewonnenes Spiel haben. Dann schreitet er dem Rande der linksseitigen Felswand entlang, bis er direkt über mir steht und ich seinen Kopf sehe, macht das Heuseil los und wirft es herab. Ich erfasse es mit Gier, binde mir's um den Leib und wate nun, während Pöll zieht, was er vermag, in aller Sicherheit hinan.

Groß war die Freude, endlich des Zieles gewiß zu sein! Pöll hatte sich glänzend bewährt! In wenig Schritten mehr, um 10 Uhr, war der Gipfel erreicht.

Südliches-Fluchthorn-Südflanke
Gut 4 Std. von der Jamtal- und der Heidelberger Hütte, Zugang auf Bergwegen, sehr hohe Steilflanke mit Geröll, Blockwerk und Schnee, Gipfelwand mit Kletterei bis II. Anspruchsvolle Hochtour.

Dieses Bild von E. T. Compton entstand bei einer Besteigung der Schattenspitze. Es zeigt den Piz Buin und davor im Profil den Silvrettahorn-Ostgrat.

Silvrettahorn-Ostgrat
Gut gestufter, teilweise etwas brüchiger Felsgrat von 350 m Höhe, III+, 5 Std. ab Wiesbadener Hütte. Zugang über die Grünen Kuppen und den unteren Ochsentalergletscher.

KARL BLODIG
Silvrettahorn-Ostgrat – 1. Begehung

»Am 20.August 1913 verließ ich mit meinen Freunden Dr. Franz Braun, G.W. Gunz und K. Powondra die Wiesbadener Hütte um 3 Uhr 15 Min. morgens. Der Mond beleuchtete unseren Pfad, über der Dreiländerspitze erglänzte der Jupiter zauberhaft. Im Anfang folgten wir der gewöhnlichen Buinroute, dann bogen wir gegen Westen ab und querten den Großen Vermuntgletscher (heute Ochsentalergletscher, Anm. d. Verf.) bis unter den Gletscherbruch. Hier nahmen wir das Seil und gleich darauf fiel auch einer der Genossen in eine Spalte. Wir näherten uns dem Ostgrat, umgingen ihn nördlich und betraten um 5 Uhr 15 Min. den Fels im unteren Drittel des Grates. Mit dem Herannahen des Tages war allmählich Farbe in die Landschaft gekommen. Leider hieß es jedoch bald ›Gewittersturm von Norden, starkes Gewölk staute sich dort auf‹.

…Wenige Seillängen ging es in leichter Kletterei aufwärts, bis ein prall nach Süden abstürzender Gendarm unserem Vordringen ein Ende setzte. Während Gunz festen Fuß auf dem Schneegrate faßte, schickte ich mich an, den Turm zu ersteigen. Das außergewöhnlich lockere Gestein machte das ziemlich schwierig; aus unsicherer Stellung räumte ich die lose aufliegenden Platten weg und schleuderte sie über die Köpfe meiner Hintermänner. Endlich war die mühsame Arbeit getan und ich konnte mich an der senkrechten Stufe aufdrücken. Langsam richtete ich mich auf und erfaßte einen sicheren Griff, mit dem ich schon lange von unten geliebäugelt hatte. Ein kräftiger Zug und ich stand aufatmend auf dem Turme. Für meine Gefährten war das Nachkommen nun wesentlich leichter gemacht.

Etwa eine halbe Stunde lang wechselten nun Fels und Firn, bis ein glatter Turm, der nach beiden Seiten völlig senkrecht abstürzte, uns ein entschiedenes Halt gebot. Ein leichter Graupel- und Schneefall hatte eingesetzt; unsere Finger waren trotz der Handschuhe ziemlich steif geworden. Wir stiegen auf dem schmalen Firnhange eine halbe Seillänge zurück und kletterten nach Süden durch eine tief eingeschnittene Rinne etwa 8 m hinab; gute Tritte und Griffe ermöglichten ein rasches Fortkommen. Ein Band führte uns dann schräg rechts aufwärts in eine kleine Scharte in einer Nebenrippe, die von einer Wächte gekrönt war. Von ihr arbeiteten wir uns dann ziemlich mühsam durch den weichen, tiefen Schnee hinauf zum Hauptgrate. Der Pickel gab Kunde davon, daß wir uns auf ziemlich glatten Platten befanden. Die Steilheit des Hanges ist eine beträchtliche und nur die niedere Temperatur ließ uns die Bildung einer Lawine als unwahrscheinlich ansehen.

Es war nun 9 Uhr 45 Min. geworden und wir staken seit zwei Stunden in einem ziemlich dichten Nebel. Phantastisch türmte sich vor uns der steile Grat auf. Die folgende Stunde wird uns allen in schöner Erinnerung bleiben.

Wir waren überrascht von der Steilheit des Aufbaus dieser Firnschneiden und Wächtengrate. Wir balanzierten, sorgsam Fuß vor Fuß setzend, auf den schmalen Kanten dahin, während rechts und links die Welt hinter wallenden Nebeln in das Nichts verschwand und öfter ein Windstoß unser Gleichgewicht ernstlich zu stören drohte. Besondere Mühe machte uns eine Stelle von 15 m Länge. Während die nach Süden abfallende Flanke mit so schlechtem Schnee bedeckt war, daß auch nur ein Mann sich ihr nicht mit Sicherheit anvertrauen durfte, zeigte die nördliche Abdachung des Grates eine solche Steilheit, daß wir mit ihr nichts zu tun haben wollten. Der Grat selbst war mit einer etwa 1 1/2 m überhängenden Wächte besetzt, deren Tragfähigkeit sehr gering erschien. Ich schlug deshalb die Wächte allmählich ab. So drang ich langsam und recht mühsam zwar, aber völlig sicher vor. Plötzlich leuchtete aus dem Nebel zu unserer Rechten eine glänzende weiße Firnhalde auf, die in unheimlicher Neigung nach aufwärts führte. Nun konnte der Gipfel nicht mehr weit sein. Etwa eine Viertelstunde stiegen wir wie über eine Leiter in dem nassen Schnee hinauf, dann standen wir, 7 3/4 Stunden nach unserem Aufbruch von der Wiesbadener Hütte, neben dem Steinmann auf dem Gipfel des Silvrettahorns. Nach allgemeiner, gegenseitiger Beglückwünschung kredenzte ich Himbeersaft. Dann traten wir um 11 Uhr 15 Min. den Abstieg an.«

Der etwa 350 m hohe Grat wird heute mit III bzw. III+ eingestuft. Der SAC-Führer von 1985 formuliert seine Route nach der Beschreibung von Dr. Karl Blodig aus dem Jahr 1914, von der wir oben einige Auszüge gebracht haben. Aber zwischenzeitlich haben sich die Verhältnisse grundlegend geändert; heute ist dieser Grat im Sommer völlig schneefrei, und damit gehört diese Führerbeschreibung nicht nur zum Wertlosen, sie wird sogar ausgesprochen irreführend!

Leo Handl
Masnerjoch und Minderstkopf (1913)

Im Traumland der Skifahrer darf ein Beitrag aus deren Anfangszeiten nicht fehlen. Er beschreibt eine Tour im nordöstlichen Samnaungebiet. Zwei Dinge fallen dabei besonders auf: Trotz der ja wirklich bescheidenen Ausrüstung und einer Technik, die noch in den Kinderschuhen steckte, war man in recht anspruchsvollem Gelände unterwegs und vollbrachte zudem erstaunliche Tagesleistungen. Für die beschriebene Strecke von der Ascherhütte zum Minders(t)kopf und dann zurück über Serfaus bis Ladis würde man heute bestimmt zehn Stunden rechnen. Bemerkenswert ist auch die Tatsache, daß durch die Bergsteiger mit Skiern das Dörfchen Ladis erstmals Wintergäste sah. Die folgenden Zeilen belegen dies:

»Ich gedenke der Jahreswende 1912/13. Eine bunte Gesellschaft hatte sich im Hotel Obladis, dessen Wintereinsamkeit erstmals gestört worden war, zusammenge-

funden. Gemeinsame Skifahrten hatte die kleine Schar der Gäste – sie waren von weither gekommen – zu einer Familie vereinigt.«

Der Autor und ein Führer aus Ladis wanderten von dort in sehr langer Querung ins Urgtal hinein und überschritten dann die Spinnscharte (2681 m) zur Ascherhütte. Dieses Haus war seinerzeit der einzige Stützpunkt in den Samnaunbergen, da das Kölner Haus ja erst 1929 – als modernste Alpenvereinshütte – entstand, und bald von den skibegeisterten Zeitgenossen besonders gerne aufgesucht wurde.

»Der nächste Morgen sah uns um 7 Uhr das Quartier verlassen. Wir waren froh, als wir den steilen, lawinengefährlichen Nordhang des Medrigs hinter uns hatten, den man nicht umgehen kann. Schlecht angebracht wäre es, diesen Aufstieg bei Tauwetter erzwingen zu wollen. Die Kälte machte uns fest ausgreifen. Wir fuhren in das vom Furgljoch herabziehende Tal hinein, überschritten den Kaltenbach und nahmen von jetzt an den Sommer-

weg auf den Hexenkopf auf, dessen rote Markierung uns öfters an großen Blöcken zu Gesichte kam. Der Zugang zum Istalanztale ist von dieser Seite, der steilen Rinnen wegen, die gequert werden müssen, nur unter günstigen Schneeverhältnissen zu empfehlen. In dem ausgezeichneten, leichten Schnee gewannen wir rasch an Höhe; nach vierstündiger Arbeit grüßte von der Höhe des Masnerjochs (2693 m) eine rote Flagge ins Tal und warm umflutete uns die heißersehnte Sonne (11 Uhr). Vor uns lag ein riesiges, gewelltes Schneebecken, ›schier des Skiläufers Märchenland, ungeahnt prächtig, unentweiht weiß‹, – so hatte es mir mein Bruder voll Begeisterung beschrieben.
Mit Siegesfreude musterte ich das ganze Masnergebiet und konnte es kaum erwarten, bis wir unten waren. Aber das ging nicht so einfach, denn wir standen auf einer Wächte und darunter befand sich ein von Steinen durchzogener Steilhang. Daher verfolgten wir den Grat

Minders(t)kopf, 2780 m
Vom letzten Lift auf der Masneralm in 20 Min. über die Nordseite auf den Gipfel, allenfalls wegen der freieren Ausblicke nach Süden, etwa auf den Muttler, lohnend.

Dieses Foto der Masneralpe und des Masnerkopfes gehört zum Besonderen: Es wurde bei der hier beschriebenen Tour im Jahr 1913 vom Leo Handl selbst aufgenommen.

Das Foto zeigt die Verstanclahorn-Nordwand und die doppelgipflige Torwache. Der Eissee am Fuß des Silvrettagletschers ist durch das Abschmelzen neu entstanden.

nach Osten, bis sich eine Möglichkeit bot, nach Süden abzusteigen. Auf einer alten, gefrorenen Lawine stapften wir Schritt für Schritt abwärts und konnten bald unsere Schier wieder anlegen, um sie in das Masnergebiet hineinschießen zu lassen. Nun blieb das Gepäck zurück; in Hemdärmeln, ganz ohne Belastung, fühlen wir uns leicht wie die Vögel. Die Stöcke mit den breiten Schneetellern kamen in dem tiefen Blätterschnee voll zur Geltung. Als wir die Minderstscharte befuhren, brachte uns die Aussicht nach Westen eine neue Überraschung: die weiß blinkenden Gefilde der Ochsenbergalpe. Als Hans ihrer ansichtig wurde, sagte er voll winterlicher Begeisterung: ›Hier habe ich als kleiner Bub viele Jahre Schafe geweidet; daß es im Winter aber so schön ist, hätte ich nicht gedacht.‹

Während ich mich an die Besteigung des Minderstkopfes, 2781 m, machte, um Ausschau zu halten, benützte mein braver Begleiter die Zeit, um in dem herrlichen Schnee den ›verteufelten‹ Telemark zu üben. Mit einem weithin schallenden ›Hioahoh‹ verließ ich die Spitze, – auf Wiedersehen ein andres Mal, heute müssen wir leider nach Obladis zurückkehren, obwohl für uns das Samnauntal viel schneller zu erreichen wäre. Kurz vor 2 Uhr traten wir den Rückweg an; noch gegen 20 km über Berg und Tal lagen vor uns: über das Arrezjoch, die Scheid ins Laustal hinunter und jenseits schief aufwärts quer durch die ganze Komperdellalpe auf den Beutelkopf, oberhalb dem Dorf Fiss vorbei, bis die elektrisch beleuchtete Promenade von Obladis uns aufnahm und dorthin geleitete. Ich kam gerade recht, um meine äußere Verfassung, die in den zwei Tagen ziemlich gelitten hatte, auf eine höhere Stufe zu bringen und noch die vier Gänge der Abendtafel würdigen zu können.«

WALTHER FLAIG
Verstanklahorn - Nordwand (1923)

»Wir durchzogen die Firnmulde bis hinüber unter die spaltenreiche, steile Firnwand, die hoch in die Nordwand des Verstanklahorns hinaufgreift und im Halbrund einen riesigen Bergschrund weist. Zur Rechten, am Westrande, wo der Schrund aus der Waagrechten in die Senkrechte und in stufenweise übereinandergereihte Klüfte übergeht, da sind noch drei schmale Brücken, deren eine tragfähig schien. Die Wand stieg in unheimlicher Steile aus der gähen Firnhalde auf. Sie hatte sich beim Näherkommen nicht so weit zurückgelegt, als ich erwartet hatte.

Der Firn war hier gut und unsere Eisen auch. Wir näherten uns der Brücke, und Fritsch stieg gerade an mir vorbei höher, da kam aus der so friedlichen goldbraunen Wand ein abscheulicher Gruß geknattert: Steinschlag! Zusammengezogen wie Katzen vor dem Sprung klebten wir am Steilfirn, warfen blitzschnelle Blicke hinauf, um drohenden Geschossen mit weiten Sätzen zu entweichen. Die großen Brocken überschwirrten uns glücklicherweise, nur die kleinen pfiffen frech und dicht vorbei.

Dann war es wieder still und kalt um uns her. Ich überkrabbelte vorsichtig die Brücke, und er mir nach. In der sicheren Kluft zwischen Firn und Fels legten wir die Eisen ab und begannen um sieben Uhr unser eigentliches Tageswerk im Fels. Ich bitte, hier von der geschlossenen Beschreibung einer langen Reihe schwieriger Kletterstellen absehen zu dürfen. Dagegen möchte ich gerne die merkwürdige Entwicklung dieser Erstbesteigung lebendig machen. Mein heutiger Gefährte »auf großer Fahrt« war noch viel zu wenig erfahren und erprobt. Sein angenehmes Wesen, sein guter Wille konnten diesen Erfahrungsmangel nicht ersetzen. Es war natürlich auch mein Fehler, daß ich seinem heimlichen Wunsch entgegenkam.

Als schon am Einstieg die Steinschläge knatterten, da schien ihm diese unheimliche Begleitmusik das selbstverständliche Signal zur raschen Umkehr. Noch sehe ich sein basses Erstaunen, als ich ihn nach Vorbeischwirren des letzten Steins zum ›überraschenden Angriff‹ trieb. So gesellte sich zum Überwinden der ganz beträchtlichen Schwierigkeiten, zum Wegsuchen und Durchhalten noch die kaum leichtere Aufgabe, den Kameraden zu überzeugen, ihn aus dem Dickicht seines Widerstandes auf die freie Kampfbahn zu locken. Die technischen Schwierigkeiten waren nämlich so groß, daß er sie auch als Nachsteigender mehrmals nur knapp meistern konnte. Es ist eben anders, in Nagelschuhen mit vollem Gepäck samt Steigeisen, Eispickel usw. durch eine steinschlagbedrohte, finstere Wand zu klettern auf ungewissem ›Weg‹ und bald in sehr schwierig plattigem, bald in tückisch moosig-brüchigem Fels und selbstverständlich ohne ›Schlosserei‹.

Der gangbare Fels führte uns, schwierig genug, in eine Art Sackgasse unter Überhängen und zwischen vereisten, glattpolierten Steinschlagrinnen, zwei mächtige, glattgefegte Lawinen- und Steingassen. Beim Versuch, aus dieser verdammten Falle herauszukommen, wurde ich abgeschlagen. Das scheußliche Zurück stieß mich in häßliche Bedrängnis, denn ich kam nur mit allergrößter Mühe wieder zurück. Jetzt wollte der Kamerad mit aller Teufelsgewalt umkehren. Er wußte nicht, daß ein Wiederabstieg in die vor allem unten zunehmend steingefährliche Wand wirklich nur als letzter verzweifelter Ausweg in Frage kam.

Hatte ich soeben links oben versucht, so packte ich jetzt das Rechts, das noch viel unwahrscheinlicher erschien. Aber ich erlebte hier mit einer fast wilden Freude jenen Zustand der unbedingten Willensüberlegenheit über Stoff und Geist, der mir immer in Zeiten höchster Not und Gefahr zur Seite stand und der gerade die schwierigsten Bergfahrten dann zum berauschenden Erlebnis erhebt.

Mit trotziger Verbissenheit ließ ich den Seilgefährten bis an die entscheidende Stelle nachsteigen, koste es, was es wolle. Endlich steht er an meiner Stelle und sichert mich mit jener peinlichen Sorgfalt und Verläßlichkeit, die mich das so schwierige Vorhaben mit Zuversicht anpacken läßt. Trotz der Steile und Ausgesetztheit ist

gerade dieser Teil sehr schlecht, kein Griff brauchbar. Dabei drückt der Überhang stark auf mich. Trotzdem nähere ich mich rasch der Ecke. Vorsichtig richtige ich mich auf und luge hinüber und – sehe, von Staunen und Dankbarkeit voll, ein Gesimse mit Moos und etwas Schutt bedeckt, ganz waagrecht und so lang wie eine Ofenbank! Aber dahinter und darüber schwebt noch immer das verfl… Vorsichtig steige ich um die wackelige Ecke auf das Moosgesimse, mache eiligst die zwei Schritte bis an sein Ende und: ›Frei!! Es geht!‹

Drunten atmet einer auf. Dann kommt er nach, wobei er zornig manchen schlechten Brocken in die Tiefe poltert. Mit großen Augen bewundert er die Mooskanzel. Wir beschließen, hier zu rasten und ein leeres, winziges Fläschchen in einem Steinmann zurückzulassen. Die Sorge des Durchkommens fällt langsam ab und macht der Freude Platz. Jetzt fällt uns wieder auf, daß der Tag herrlich ist, ja allzu heiß die Sonne es meint. Dicht uns zu Füßen, aber ein paar hundert Meter tiefer, liegt der Einstieg.

Nach halb elf Uhr steigen wir durch eine Rinne und rechts neben ihr zum Schneefeld hinauf, das oberhalb in der Wand klebt. Dort wird ein zweiter Quergang in die Wand hinein angetreten. Der Gefährte möchte zwar zum Grat hinauf, aber ich will durch die Nordwand und setze meinen Dickschädel durch. Ein breites, schlechtes Schuttband, eine kurze Eisrinne, und wir haben die Mittelrippe. An ihr geht's empor bis dicht unter den Gipfel. Zehn Meter vom Steinmann treten wir westlich auf den Gipfelgrat.«

Die 400 m hohe Nordwand (IV+) des Verstanclahorns wird heute kaum begangen, obwohl sie nach der Linard-Nordwand wohl die »größte« Silvrettatour darstellt. Das Düstere der Mauer und das teilweise brüchige Gestein sind daran schuld.

WALTHER FLAIG
Christen Guler und der Vadder von drei Kender

»Christen Guler war ein erstklassiger Bergführer aus Klosters. Er liebte seine Berge geradezu inbrünstig und war ein Meister in Eis und Fels. Und so liebte er auch jeden, der seine Berge liebte. Er konnte auch vortrefflich erzählen, und als er in uns die Schwaben erkannte, gab er eine Begegnung zum Besten, die ihn am Litzner mit einem unserer Landsleute zusammenführte. Dieser wackere Schwabe suchte Guler eines Tages in Klosters auf und erklärte, er möchte unbedingt einmal den Großlitzner besteigen, nachdem so viel Aufhebens um diesen Berg gemacht wurde. Er sei zwar kein Kletterer, aber ein guter Turner, und was andere können, könne er auch. Guler wollte dem unternehmungslustigen Mann die Freude nicht verderben und sagte mit einigen Vorbehalten zu. An dem Tag, an dem sie den Gipfel angingen, lag trockener Nebel um den Berg. Sie klommen an dem Fels empor, dessen Turmgestalt, Steile und Ausgesetztheit überhaupt nicht in Erscheinung trat. Der Schwabe ›turn-

100

Verstanclahorn-Nordwand
400 m hohe Gneiswand, teilweise brüchiger Fels, stark von den Verhältnissen abhängig, bis IV+, 7 Std. vom Silvrettahaus, Zugang über den Sattel östlich der Kremerköpfe (Spalten, steiles Eis).

Großlitzner - Südostgrat
Gut 3 Std. von der Saarbrückener Hütte, Zugang über kleine Gletscher, Moränenschutt und Firnfelder, dann längerer Blockgrat, schließlich Wandkletterei bis III, teilweise sehr ausgesetzt. Anspruchsvollster Anstieg in diesem Kapitel.

te‹, von Guler gut am Seil gesichert, wirklich leicht an dem Gestein hinauf und war baß verwundert, als nach einigen Schritten über den Gipfelgrat Guler ihn zum Gipfelsieg beglückwünschte. ›O du liebs Herrgöttle vo Biberach‹ – brüstete sich abschätzig der Held – ›ond deswäga machet se so a Gschroi!?‹

Als sie eine Weile dort oben gesessen und die fast lautlose Nebelstille sie umgeben hatte, kam plötzlich ein Wind auf, setzte das Gewölk in Bewegung. Mit einem Schlag sanken die Nebelschleier tiefer und tiefer. Der Gipfel, der Litznerturm, schien wie im Zauberfahrstuhl lautlos emporzuwachsen, von unheimlichen Kräften gehoben. Abgründe taten sich auf dicht vor den zweien. Der schwäbische Turner richtete sich mit entsetzten Augen auf. Er fand sich auf der Spitze eines Kirchturms wieder, eines treppenlosen, massiven Kirchturms, an dem er sozusagen als Traumwandler außen heraufgeklettert war und jetzt in der Sonne erwachte. Mit leisem Beben in der Stimme stammelte er die Frage: ›Ja, wo ben i denn do rauf?‹ und plötzlich aufs entschiedenste erklärte er: ›Do gang i nemme nonder – onder gar koine Omschtänd! I bin dr Vadder von drei Kender!‹ Guler meinte zwar, das hätte er schon vorher gewußt. Worauf jener nicht ohne Grund erklärte, aber nicht gewußt hätte er, wie kirchturmsteil und hoch das herauf- bzw. hinunterginge. Schließlich überredete Guler ihn, sich am Abstiegsbeginn der Gipfelfelsen niederzusetzen und sich die Sache einmal anzuschauen, bevor er ein solches Jammergeschrei anhebe. Er krabbelte an den Abbruch

vor und mußte sich dort, die Beine nach außen, niedersetzen. Das erzwang Guler mit eiserner Ruhe, denn schließlich hatte er ja auch einen ›Schwobagrind‹, einen Dickschädel von schweizerischem Format. Und schlau war er auch. Denn kaum saß der Schwabe, hatte er auch schon einen Tritt im Hintern und rutschte, von Guler über die Schulter am Seil gesichert, brüllend über die obersten Felsen hinunter. Guler gab das Seil nach, so rasch es die Sicherheit erlaubte, und so fuhr der Vadder von drei Kender im hochalpinen Fahrstuhl in die Tiefe. Auf einem ersten Absatz angelangt, stellte Guler es ihm frei, Stand zu suchen und sich so lange reglos festzuhalten, bis er bei ihm sei, oder endgültig abzufahren. Er krallte sich fest und Guler kletterte eiligst nach. Der zweite ›Abstieg‹ vollzog sich schon ganz ordentlich, und schließlich turnte er hinunter wie herauf, wunderte sich über sein Können und schämte sich, denn wo sollte das hinführen, wenn er sich so blitzdumm benahm!«

ERINNERUNGEN DES AUTORS
Val Lavinuoz und Val Sagliains

Ab 1959 gehörte dem Engadin unsere besondere Liebe, dem »untypischen« Engadin wohlbemerkt, jenen Nebentälern in der Albulagruppe etwa, in die damals nahezu nie ein Bergsteiger kam. Bei unseren eher schwindsüchtigen Geldbeuteln ergab es sich ganz von alleine, daß wir in die teure Schweiz sowohl Hotel wie Hütte selbst mitbrachten. So stand unser Zelt in manchem Hochtal auf einem ebenen Grasfleck am Glet-

Der Großlitzner gehört zu den elegantesten Bergen in ganz Österreich. Sieht man ihn von der Schmalseite, dann wirkt er noch wesentlich schlanker als auf dieser Aufnahme. Der Aufstieg erfolgt über den linken Grat. Rechts das Hochjoch und der Grat zum Seehorn.

Das Bild zur Getschnerspitzen-Tour auf der Seite 105: Auf der rechten Seite der Nordwestgrat, über den gerade noch der Gipfel der mittleren Spitze lugt. Links daneben als schwarzes Mäuerchen die 10 m höhere Vordere Getschnerspitze. An ihrem Fuß führt – von rechts nach links – unser Steilanstieg entlang.

scherbach oder an einem der zahllosen Bergseen. Alle Extreme umfaßte die Erlebnis-Palette, Sonnenauf- und Sonnenuntergänge, ein »unendlicher« Sternenhimmel, Regengüsse, Gewitter, schenkeltiefer Neuschnee und am Südfuß des Piz Kesch ein Sturm, der – mitten in der Nacht – das Zelt in Fetzen riß.

Das Wort »Schleppen« verbindet sich unauslöschlich mit den ältesten Erinnerungen an die Südsilvretta. Zelt und Schlafsäcke, Kocher und Lebensmittel für fünf Tage, Seil, Hammer und Haken, Pickel und Steigeisen buckelten wir von Lavin hinauf in die Val Lavinuoz, richteten uns dann häuslich ein auf Las Maisas (2121 m, siehe auch das Umschlagbild). Rauschende Bäche, Rasenflecken, mächtige Blöcke prägen den Talboden, auf drei Seiten ragen gewaltig die Felsberge auf, und die Hängegletscher von Tiatscha und Las Maisas sorgen für einen hochalpinen Anstrich.

Der einzigartige Zeltplatz, das schöne Wetter, die bergsteigerischen Erfolge - wir fühlten uns als Könige von Lavinuoz. Winzige Menschen in der Riesenwand, das war das stärkste Erlebnis: 1300 m hoch und mehr als ein Kilometer breit ist die Ostflanke des Piz Linard (3411 m), gewissermaßen eine Unendlichkeit aus Rinnen und Rippen, aus blockigem oder plattigem braunem Fels, aufgelockert durch ein paar Schnee- und Eisschluchten. Einzig »der Blick fürs Gelände« hilft in diesem verwirrenden Labyrinth von gewaltigen Ausmaßen.

Damals wurde der höchste Berg der Silvretta wenig bestiegen. Ganz alleine faulenzten wir mehr als zwei Stunden auf dem 3411 m hohen Gipfel, bestaunten immer wieder die »unendliche« Rundsicht mit Ortler, Bernina, Tödi usw. Anschließend turnten wir über den Nordostgrat hinab, nochmals eine Route der Extraklasse. Denn auch hier ist der Fels volle 1000 Hm hoch. Die Schwierigkeiten übersteigen allerdings nie ernsthaft den Schwierigkeitsgrad II, so kamen wir erstaunlich rasch tiefer.

Ein Hauch von Westalpen haftete unserer großen Grattour an: die Hängegletscher im Talschluß, die Firnschneide an der Torwache, die weit in die Wände hinaufleckenden Eisflächen, der kantige, bizarre, steil aufgerichtete Fels. Der eleganteste Teil der Kletterei ist die Überschreitung der Torwache (3220 m) auf teilweise messerscharfer Felsschneide über den fast senkrechten Südwänden. Viel ernster wirkt der Verbindungsgrat zum Verstanclahorn (3298 m) mit seinen Steilaufschwüngen im dunklen, manchmal brüchigen Fels (bis IV).

Auch am Nordgrat des Chapütschins (3232 m), dem südlichsten Gipfel dieses Dreigestirns, mußten noch ein paar recht pfiffige Stellen überlistet werden. Nach der vielen Kletterei im so rauhen Gneis wurden unsere Fingerkuppen allmählich dünn, die Berührung mit dem Gestein schmerzhaft. Diese Felsbastion gehört wahrlich zu den ungewöhnlichen und unverwechselbaren Bergen. Über einem Sockel mit steilen Wänden ruht ein nach Süden abfallendes Dach mit mächtigen Plattenschüssen und einem einzigartigen Schneegupf. Es wäre jammerschade, wenn die warmen Sommer dieses Mar-

kenzeichen, das ja auch zu dem Namen Chapütschin = Kapuziner führte, abschmelzen würden.

✳

Fast gegensätzliche Eindrücke bei unserem Besuch der benachbarten Val Sagliains, wo wir unser Material sogar über 900 Hm hinaufschleppen mußten! Der Name, der sich etwa mit »Tal der springenden Wasser« übersetzen läßt, bekam etwas Symbolisches. Spaß machte noch die Überschreitung von Piz Fless und Piz Murtera (3044 m, bis III). Der Grat mit seinen zimmergroßen, steil übereinander getürmten Blöcken prägte sich ein.

Dann begann der Regen. Die Andeutung eines Aufreißens nützten wir für die Überschreitung des Piz Sagliains (3101 m, III), einem kecken Felsberg zu Füßen des übermächtigen Piz Linard. Wie schnell doch eine Bergtour in 3000 m Höhe zu einem ernsten Unternehmen werden kann! Eilende Nebel ließen nur hin und wieder einen Blick frei, der Sturm zerrte an den Kleidern, eine Eisglasur überzog den plattigen Fels. Da waren wir sogar um unsere Haken froh. Die zweite Tageshälfte, den Abend, den Anfang der Nacht verbrachten wir gemütlich und geborgen in unseren Schlafsäcken, knabberten an den Vorräten, ratschten miteinander, hörten dem Trommeln des Regens auf dem Zeltdach zu.

Plötzlich ein eigenartiges zusätzliches Rauschen! Die eine Zeltseite wurde naß, begann zu triefen. Hinaus in die Nacht, in den strömenden Regen! Mit der Taschenlampe zwischen den Zähnen und dem Eispickel als Werkzeug war es ein verzweifelter Kampf mit diesem neugeborenen Wildbach, der mit allem Nachdruck seinen Weg durch unser Schlafzimmer nehmen wollte. Heute waren wir nicht die Könige von Sagliains, sondern triefende Kanalarbeiter, verließen aber doch als Sieger das ungewöhnliche Schlachtfeld.

Nach Mitternacht ein neuerlicher Umschwung. Es wurde geradezu unheimlich still. Leise, aber gleichmäßig und dicht rieselte der Schnee. Augustwetter! Noch wollten wir es nicht glauben. Am Vormittag stiegen wir – den Kompaß in der Hand – über die schier endlos weiten Böden hinauf Richtung Piz Zadrell. Immer tiefer wurde der Schnee, immer mühsamer das Bergaufstapfen. Am Beginn der glatten Steilhänge gaben wir auf, hatten Angst vor Lawinen.

Wir packten zusammen, spurten talaus, das nasse Zeug drückte doppelt schwer auf die Schultern. Unterhalb von 2000 m blieb das Weiß zurück, überall sprudelte das Wasser über die Felsen, die den hier scharfen Einschnitt umrahmen. Tal der springenden Wasser!

Im August-Neuschnee unterhalb des Piz Zadrell.

Eisige Sonne an den Getschnerspitzen

Für eine zuverlässige Beschreibung bräuchte man den Piz Buin gar nicht selber zu besteigen. So mancher Bekannte erstürmte schon den berühmtesten Silvrettaberg, und er könnte einem von allem Wichtigen berichten. Je mehr die Gipfel jedoch im »Abseits« stehen, desto schlechter werden die vorliegenden Beschreibungen. Der Führer des SAC lockt zum Beispiel, wie die Hexe im Märchen, beim Südanstieg zum Piz Fliana (3281 m) den Gutgläubigen in die Flanke unterhalb des kleinen Firnkessels, in häßlichstes Terrain im Urgestein, wasserüberronnene Felsplatten mit Unmengen von Steinen und Geröll in labiler Steillage. Steinschlaggelände der Extraklasse! Ganz kommt man diesem Geschiebe nicht aus, doch um Stufen angenehmer steigt man über die schwach ausgeprägte Südrippe an. Im Mittelteil bietet sie sogar hübsche Kletterei.

Um derartige Fragezeichen aufzulösen, bin ich immer wieder an den wenig bekannten, aber trotzdem ganz bestimmt nicht langweiligen Bergen unterwegs. Meist lassen sich die Probleme gut meistern, finde ich einen brauchbaren Anstieg ohne allzu unangenehme Werkelei. So war zum Beispiel der Westgrat zur Verhupfspitze (2957 m, eine Stelle II+) nicht so grimmig, wie es im Führer stand. Auch die Getschnerspitzen reizten meine Neugier, nachdem ich gemerkt hatte, daß der vordere Gipfel zu den richtigen »Stiefkindern« zählt. Sogar auf der so exakten Alpenvereinskarte fehlt jede Höhenangabe! Deshalb wollte ich es zuerst gar nicht glauben, daß die Vordere Getschnerspitze (2975 m) im gesamten Kamm bis hin zum Vorderen Satzgrat am höchsten aufragt. Erst der Blick vom Gamshorn quer über das Jamtal schaffte Gewißheit.

✳

Ein Morgenhimmel von kristallener Klarheit wölbte sich über der Bielerhöhe, wie man ihn an einem 30. Mai nur äußerst selten antrifft. Einer Ahnung folgend verschwanden die Skistöcke wieder im Auto, und ich nahm den Eispickel mit. Schon beim Zugang zum Bieltal zeigten sich die Folgen der kalten Nacht; der Schnee war bockhart gefroren, ja, wie von einer Eiskruste überzogen – sehr zur Freude meines vierbeinigen Begleiters. Die Punta, eine Boxerhündin, liebt den Schnee über alles, und der Harsch regte sie zu einem wilden Rennen in Schleifen und Achtern an.

Gleich nach der Überquerung des Bieltalbaches stiegen wir über die hier aperen Steilhänge hinauf und wanderten dann auf den teilweise fast ebenen Böden nach Osten, eine geschlossene, weiße Fläche. Es war ein müheloses Gehen auf festem Untergrund. Ich hielt mich stets etwas links, um im Schatten zu bleiben. Ein Tag wie ein Geschenk! Die Berge standen ungewöhnlich klar in diesem reinen Licht, von den noch üppigen Schneemänteln mit zusätzlicher Zeichnung geschmückt. Die Punta hatte ihre Rennerei aufgegeben, hielt sich knapp hinter mir, was sie sonst allenfalls am Schluß einer achtstündigen Tour macht. Ich wurde schon leicht ärgerlich, offensichtlich hatte sie sich diesmal ihre – scheinbar auch nicht unbegrenzten – Kräfte falsch eingeteilt. Doch dann ließen mich leise Winsel- und Jammertöne aufhorchen. Das hatte es noch nie gegeben. Die Frage, »was hast du denn«, einem Hund gestellt, ist eigentlich leicht infantil. Und doch bekam ich eine Antwort – durch das Heben der rechten Vorderpfote. Ich untersuchte sie gründlich, konnte aber keine Verletzung und keine festgefrorenen Schneeballen entdecken.

Zehn Minuten marschierten wir weiter. Dann kam wieder das Winseln, das Heben der Pfote. Diesmal war's jedoch die linke. Da dämmerten mir allmählich die Zusammenhänge. Nach der eiskalten Nacht hatte der Schnee hier oben in 2500 m Höhe immer noch viele Grade unter Null, und um diese Jahreszeit waren die im Winter ja völlig unempfindlichen Pfoten nicht mehr an Kälte gewöhnt. Ich bog also von unserer Route stark nach rechts ab, um in die Sonne zu kommen. Das war ein Umweg, mehr aber bedrängte mich die Sorge vor einem weichen und dann zum Spuren recht mühsamen Schnee. Doch die Oberfläche blieb beinhart und offensichtlich auch reichlich kalt, denn das Winseln nahm noch zu. Mit einem Problem dieser Art hatte ich an den Getschnerspitzen am allerwenigsten gerechnet. Kann ein Hund sich bei diesen Bedingungen die Pfoten erfrieren?

Um für eine Erholung zu sorgen, machte ich mitten auf der makellosen Fläche des Hennebergferners eine Rast, zwei Punkte im endlosen Weiß. Ich breitete den Anorak aus. Doch die Punta ist zu wohlerzogen; weder mit freundlichen noch mit strengen Worten konnte ich sie dazu bringen, sich auf den Anorak zu setzen. Schließlich lag sie halb auf meinem Schoß – bald reichlich unbequem für beide. So ging es schon nach kurzer Zeit weiter bergauf.

Vor dem obersten Becken muß man das Eisfeld nach rechts verlassen und über eine Steilstufe nach Süden emporsteigen. So erreicht man den Nordwestgrat, der – ganz überraschend – keine scharfe Schneide bildet, sondern als Rücken mit kleinen Mulden und Rampen gegen die Mittlere Getschnerspitze hinaufzieht. Das gibt dieser Tour eine ganz eigene, sehr reizvolle Note und schafft zudem einen besonders schönen Zugang mit Ski. Über eine letzte Rampe erreichten wir die kleine Lücke zwischen dem mittleren und dem vorderen Gipfel. In einem vom Wind freigefegten Kolk fanden wir die erste nicht mehr ganz so eisige Stelle. Hier sollte der Hund bleiben, während ich mich die etwa dreißig Meter zur Mittleren Getschnerspitze (2965 m) hinaufarbeitete. Auf den mächtigen, steil aufgetürmten Felsblöcken lag noch meterdick der Schnee. Zum Glück hatte ihn, hier auf der Ostseite, die Sonne aufgeweicht. Die steilsten Kanten räumte ich mit den Armen weg, dann wurden tiefe Stapfen getreten, wobei ich immer wieder in die Hohlräume zwischen den Blöcken einbrach. Offensichtlich hat auch ein Tier seinen Ehrgeiz. Fünf Minuten lang schaute die Punta von unten zu, dann kam sie in meiner Himmelsleiter hinterher, hart mit den steilsten Stellen kämpfend. Schließlich standen wir nebeneinander im tiefen Schnee auf dem Minigipfel. Doch das eigentliche Problem war ja die gleich nebenan aufragende Vordere Getschnerspitze. Ein schöner, sehr steiler und ganz scharfer Felsgrat zog direkt aus der Lücke zum nahen Gipfel. Kühne Schneeverzierungen schlossen dort jeden Versuch von vornherein aus. Diese Schneide stürzt nach Norden mit fast senkrechten Felsen auf die folgenden Plattenschüsse ab, die bei unserer Tour ein makelloses Schneekleid trugen. Diese Fläche schaute zwar reichlich steil aus, sie bot aber die einzige Chance. Und einen Versuch war's allemal wert.

Auch diesmal blieb der Hund nicht in der Scharte zurück, zumal die anfängliche Querung in dem deutlichen Kolk am Wandfuß recht bequem war. Er wird schon rechtzeitig umkehren! Von einem Schritt zum anderen ging es aus dem Geborgenen hinaus in die jähe Flanke. Die steilste Stelle wurde gleich hier am Anfang serviert. Schräg stieg ich empor, trat mit aller Kraft Stufen durch die harte Decke, der eingerammte Pickel bot dabei den einzigen Halt. Heikel wurde die Sache auf den letzten beiden Metern, wo nur noch 10 cm Harsch die glatten Platten bedeckte. Hinter mir stets mit genau dosiertem Abstand folgte die Punta mit der Ruhe eines routinierten Bergsteigers, sauber und sorgfältig die Tritte benützend. Aufatmend stieg ich in eine kleine Rinne hinüber, stapfte kurz aufwärts und folgte dann auf einer Andeutung von Rampe wieder genau dem Wandfuß. Hier drängte sich der Hund an mir vorbei, war in Windeseile am Ende der Rampe, lief gewissermaßen Schuß über die letzte Schneestufe hinauf, und stand gleich darauf in der Sonne auf dem Grat, während ich noch etwa zehn Minuten mit dem steilen Gelände kämpfte, eine Aufgabe, die nur mit Pickelhilfe zu lösen war. Beim Schlußstück über die Schneide fiel die Spannung ab, obwohl noch immer jeder Schritt in dem dicken Schnee viel Vorsicht erforderte, bricht das Gelände doch auf beiden Seiten beängstigend steil ab.

Sicher hatte die Vordere Getschnerspitze noch selten so ausgefallenen Besuch erhalten! Mich hielt es jedoch nicht lange auf dem schmalen Gipfel, die Spannung vor dem Abstieg ließ keine Muße zu, und der Hund betrachtet das Rasten sowieso als etwas höchst Lästiges. Am Beginn der Flanke drängt er sich wieder vor, auch abwärts ging es wieselflink, kopfüber stieg er die kirchdachsteile Schneehalde hinab und verschwand im Kolk. Ich folgte entsprechend bedächtig und vorsichtig und wurde dann mit einem lang anhaltenden Freudentanz empfangen nach dem Motto, »ich bin so froh, daß auch du es geschafft hast«.

Beim Rückweg über die kilometerweiten Schneeflächen kehrte die Spiellust zurück. Eine vielleicht dreifache Strecke war das Resultat. Auch jetzt, am späten Vormittag, hinterließen wir kaum Spuren auf der noch immer harten Decke, bester Beweis, wie ungewöhnlich kalt dieser Maitag war!

Vordere Getschnerspitze, 2975 m
3 Std. von der Bielerhöhe, Zugang über den Hennebergferner und den Nordwestgrat des mittleren Gipfels. Dann entweder über den ausgesetzten Verbindungsgrat (III) oder links über Platten zum Nordostgrat (II).

Mittlere Getschnerspitze, 2965 m (Skitour)
3 Std. von der Bielerhöhe, 950 Hm hindernislose Abfahrt, interessante Gipfelpartie.

Unser Leitmotiv »Gebirge der Gegensätze«
zeigt sich in den Kapiteln über Täler,
Menschen und deren Geschichte besonders
ausgeprägt. Die Nachkommen von drei
ganz verschiedenen Volksgruppen –
Bajuwaren (Tiroler), Alemannen und
Rätoromanen – schaffen auch dreierlei
Lebensräume, die sich ganz auffallend
unterscheiden. Selbst die Landschaft der
einzelnen Täler gleicht sich dieser Vielfalt
an. Welche Kontraste bestehen etwa
zwischen der weiten Wiesenlandschaft bei
Ardez im Unterengadin und dem typischen
V-Tal bei See und Kappl im Paznaun.
Es gäbe wirklich viel darüber zu schreiben;
doch in einem Buch für Bergsteiger und
Wanderer bleibt für Themen dieser Art
nur ein bescheidener Platz.

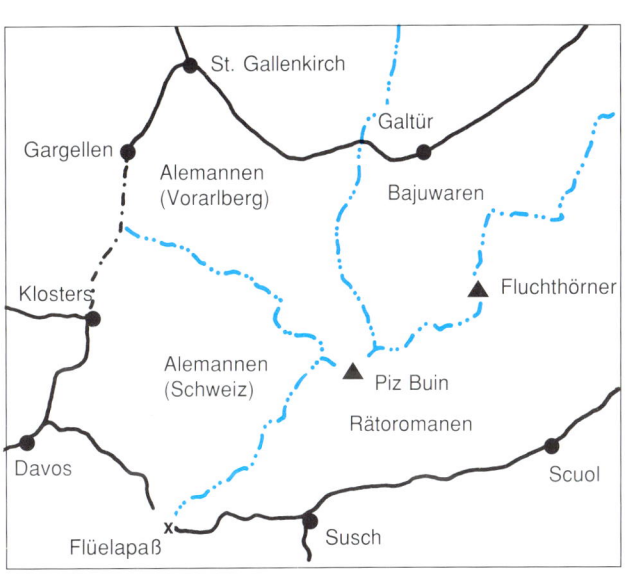

Die Täler in Tirol

Das oben abgedruckte Kärtchen zeigt die heutige Ver-
teilung der Volksgruppen in und um die Silvretta und
die Samnaunregion. Das drückt sich natürlich auch in
den Berg- und Flurnamen aus. Aber – diese Grenzen
lassen sich keineswegs so ohne weiteres zum Beispiel
auf der Karte verfolgen. Namen wie Pfunds, Ladis,
Pians, Ischgl gehören zu rein tirolerischen Orten und
klingen doch so gar nicht deutsch. Diese Bezeichnungen
blieben von der ursprünglichen Bevölkerung erhalten.
Als Rätoromanen besiedelten sie einst weite Teile der
Alpen. Auf der Seite 120 können Sie Näheres darüber
nachlesen, denn heute noch bestimmen sie im Unterengadin Sprache und Leben. In allen Tälern rund um

*Das Dörfchen
Hochgallmig (1218 m)
liegt 400 m über dem Inn
bei Urgen (etwas
oberhalb von Landeck)
inmitten recht steiler
Hänge. Im Hintergrund
der Wannenkopf in den
Lechtaler Alpen.*

Zu den auffallendsten Pflanzen in der Trockenzone des Oberinntals gehört die Golddistel.

unsere beiden Berggruppen waren sie bereits seßhaft, als von Nordosten die Bajuwaren, von Nordwesten und Westen die Alemannen allmählich in diese Gebiete vordrangen.

Das Nebeneinander der Welschen und der Deutschen sorgte für die bunte Mischung von Namen und Bezeichnungen. Etwa bei der Vesulspitze sind sogar die Elemente zweier Sprachen in einem Wort verquickt, und man hat dabei die Betonung auf der zweiten Silbe (Vesùl) beibehalten, wie das im Rätoromanischen üblich ist. Man muß also beim Feststellen der Grenzen so vorgehen: Jene Gebiete, in denen es ausschließlich romanische Namen gibt, gehören zum Engadin, den gemischten Bereich teilen sich Tiroler und Alemannen. Mit Hilfe mancher Dialektwörter läßt sich auch dort eine Grenze ziehen. So lauten rund um die Dreiländerspitze die Bezeichnungen für die Eisströme in Tirol Ferner (Jamtalferner) in Vorarlberg und der deutschsprachigen Schweiz Gletscher (Vermuntgletscher) und über dem Engadin Vadret (Vadret Tuoi).

Das Oberinntal

Der Talkessel von Landeck (817 m) war stets von besonderer strategischer Bedeutung. Hier erreicht der schon zur Römerzeit bestehende Weg über den Reschenpaß den Talboden, zudem mündet an dieser Stelle die Strecke über den Arlberg ins Inntal. Die Burgen von Landeck, Wiesberg, Fließ (Schloß Biedenegg), Laudegg bei Ladis, die Ruinen Schrofenstein und Kronburg blieben als steinerne Zeugen erhalten. Heute bildet Landeck mit seinen gut 7500 Einwohnern als Bezirkshauptstadt und Verkehrsknotenpunkt das Zentrum der Region, lädt den Gast zu einem Schaufensterbummel und Cafébesuch in dem eng verschachtelten Stadtkern ein.

Fährt man weiter nach Süden, dann kommt man nach einer Schlucht ins obere Inntal, das mit zwei recht unterschiedlichen Eindrücken aufwartet. Nach dem weiten Kessel von Prutz (864 m) mit eindrucksvollem Blick auf die äußeren Felsgipfel des Kaunergrates folgt ein durchgehender, doch meist schmaler Talboden, der ganz unvermittelt in sehr steile Waldhänge übergeht. Hier liegen Ried, Tösens und Pfunds (970 m), letzteres ein stattliches Dorf mit einem alten, engen Ortskern, das fast den Talboden in der gesamten Breite füllt. Der Name kommt vom rätoromanischen fuonz = Grund, Boden.

Die meisten kennen dieses Tal nur von der Durchfahrt Richtung Reschenpaß und Meran oder zum Engadin und sind von diesem so tiefen Taleinschnitt wohl nicht allzu begeistert. Und doch wird der Aufgeschlossene und Verspielte hier immer wieder Neues entdecken. Viele Nebenbäche münden mit interessanten Schluchten ins Inntal wie etwa der Fraunstobel mit seinem Wasserfall südlich von Ried. An zahlreichen Stellen liegen hoch oben in den Hängen noch Bergbauernhöfe. So lassen sich oberhalb von Pfunds bei reizvollen Ausflügen die Weiler Wand mit Jausenstation und uraltem Bauernhaus, Vorder- und Hinterkobl (1540 m) besuchen.

An einem einzigen Beispiel soll gezeigt werden, was es bei einem ganz kleinen Ausflug alles zu sehen gibt: Die »Römerbrücke«, die in Wirklichkeit jedoch aus dem Mittelalter stammt, auffallend geschieferter Fels, die älteste Kapelle der Region, die noch aus der Romanik stammt, ein malerischer »Uralthof«, ein schöner Ausblick. Nur 40 Minuten dauert der Anstieg von Tösens hinauf nach St. Georgen (1104 m), das schon zur Gemeinde Serfaus gehört.

Von Pfunds ein Stück weiter talein folgt bald eine besonders wilde und gewaltige Schlucht des Inns, die die natürliche Grenze zum Engadin bildet und in eine ganz anders geartete Welt hinüberführt. Der Piz Alpetta mit seinem Haifischzahn-Nordostgrat paßt so recht zu diesem eindrucksvollen Bild. Dessen 1800 m hohe Steilhänge sorgen zudem für einen der gewaltigsten Lawinenstriche der gesamten Alpen. Hier führt die Straße durch eine sehr lange Galerie.

Nach rechts zweigt das tief eingefurchte Samnauntal ab, in dem sich auch noch ein tirolerisches Dorf versteckt. Spiss (1627 m) gehörte zu den abgelegensten Bergbauernnestern in ganz Österreich. Die »lawinenspukkenden« Riesensteilhänge und die in das recht weiche Gestein sehr scharf eingeschnittenen Bachtobel schufen besonders schwierige Bedingungen. Steigen Sie doch einmal von der neuen Zufahrtsstraße hinauf nach Gstal-

den (1715 m). Der Anschauungs-Unterricht in Sachen »härteste Lebensbedingungen« könnte nicht eindrucksvoller sein!

Als Kontrapunkt dazu gibt es die »Sonnenterrasse« mit den Orten Ladis, Fiss und Serfaus (1429 m), die sich – bis zu 500 m hoch über dem Inntal bei Prutz und Ried – über Kilometer hinzieht und mit dem freien Blick auf die Berge um die Kuppkarlesspitze drüben in den Ötztaler Alpen begeistert. Hier ist die Werbung mit der Sonne durchaus gerechtfertigt. Die Leelage hinter den hohen Bergkämmen sorgt für vermehrte Schönwettertage. So fällt auch die Trockenflora zum Beispiel mit dem Sanddorn auf. Wußten Sie zudem, daß auch die Oberinntaler Römerstraße über das Plateau führte? Das klingt unwahrscheinlich! Doch damals war der Talboden unterhalb von Tösens wegen Sumpf und undurchdringlichem Urwald, wegen Überschwemmungen und Muren so unwirtlich und schlecht begehbar, daß man lieber den Gegenanstieg von annähernd 500 Höhenmetern auf sich nahm. Wenn man heute die so freundliche Landschaft um Ried betrachtet, dann begreift man so richtig den tieferen Sinn des Wortes »Urbarmachung«.

Trotz des alles beherrschenden Fremdenverkehrs, wobei das Pistenfahren auf Komperdell und am Fisserjoch an erster Stelle steht, gibt es in den Dörfern auch heute noch einiges zu sehen. Serfaus beherbergt gleich zwei alte Kirchen, während in Fiss und Ladis so manches Haus an die rätoromanische Vergangenheit erinnert.

Wer heute die stattlichen Höfe und die weiten, saftig grünen Wiesen sieht, könnte das einstige Bauernleben für angenehm und sorgenlos halten. In Wirklichkeit herrschte im 18. und 19. Jahrhundert hier und auch drüben im Paznauntal teilweise bittere Not. In Tirol gehörte man zwar zu den freien Bauern, aber der Boden war insgesamt eher karg, die Flächen begrenzt. Dazu kam das Prinzip der Erbteilung. Da gab es dann plötzlich Drittel-, Viertel oder gar Sechstelhöfe, die keinen mehr so recht ernährten. Oft blieb nur eine Lösung: Die Männer mußten im Sommer als Händler, Maurer, Zimmerleute, Steinmetze Arbeit im Ausland suchen; es bestanden also schon damals eine Art Zuerwerbsbetriebe. Sogar die Kinder, teilweise noch unter zehn Jahren, verdingten sich weit entfernt von der Heimat als Hirten, Küchen- und Stallhilfen. In großen Gruppen wanderten sie wie eine Herde über die Pässe hinaus ins Schwäbische zu den Gesindemärkten. Über diese »Schwabenkinder« wurde ja in der letzten Zeit immer wieder berichtet.

Das Paznauntal

Der Fimberpaß ist 2608 m hoch, der Futschölpaß 2768 m und der Vermuntpaß 2797 m. Zum Vergleich: der Watzmann bringt es auf 2713 m und die Mädelegabel auf 2645 m. Wozu dieses Zahlenspiel? Man kann sich dann vielleicht eine bessere Vorstellung vom Bergbauernleben des Paznauntals im Mittelalter machen. Im 11. Jahrhundert suchten die Rätoromanen des Unterengadins

(siehe auch Seite 119) neue Weidegründe. Sie drangen nach Norden vor, überquerten die erwähnten Pässe, kamen ins Fimbertal, ins Vermunt und dann auch ins obere Paznaun.

Anfangs wurde die Region nur für Almen genützt, doch dann entstanden im oberen Tal auch Dauersiedlungen. Viele Namen erinnern noch heute an die Rätoromanen. So leiten sich Galtür von cultura = bebautes Land und Ischgl von ischla = Insel oder auch Aue am Fluß her. Über Jahrhunderte blieb die Abhängigkeit vom Engadin. So gehörte Galtür bis 1383 zu Steinsberg, dem heutigen Ardez. Der Handel, es gab zum Beispiel eine beliebte Pferdezucht im Paznauntal, aber auch die weltliche und kirchliche Zugehörigkeit sorgten für einen regen Paßverkehr. »Es mußten im Herbst und Winter die Leichen auf Dachböden gefrieren und aufgehoben werden. Wenn dann der Weg aufging, wurden die Leichen über Gletscher getragen, um in heiliger Erde zur Ruhe zu kommen.«

Die Natur war dann der Auslöser für mehr Unabhängigkeit. Durch eine Klimaverschlechterung im 16. Jahrhundert begannen Vermunt- und Futschölpaß zu vergletschern. Da nahmen dann die Engadiner nur noch ihre Almrechte in den oberen Tälern wahr, obwohl der Viehtrieb immer mühevoller und gefährlicher wurde. »Ihr Vieh mit höchster Gefahr über die Glötscher führen müssen«. Man wurde erfinderisch, um die Spalten zu überbrücken: »...der aine ein Prätt, der ander ein Laden, der dritt ein steckchen oder anders genomen, das sy auf dem gletschner über die Klüfften gelegen umb das vihe darüber zu treiben...« Stürze blieben nicht aus. Mit geflochtenen Lederseilen versuchte man Eingebrochene – Menschen und Vieh – zu retten. Trotzdem wurden erst 1910 die letzten Almrechte im Vermunt an die Vorarlberger verkauft, und bekanntlich gehört noch heute das innere Fimbertal, wo die Heidelberger Hütte liegt und das bei Ischgl ins Paznauntal mündet, zu den Engadiner Gemeinden Sent und Ramosch.

Um 1320 begann die Germanisierung des oberen Paznauntals. Doch es waren nicht etwa die Tiroler, die talauf weiter vordrangen. Walser (siehe Seite 116) kamen aus dem Montafon über das Zeinisjoch. Noch heute kann man zum Beispiel bei Galtür die alemannische Formulierung »Ußerer Sonnaberg« für den Äußeren Sonnenberg hören. Anders in den Paznaungemeinden Kappl und See. Wegen der so abweisenden Schlucht von Gfäll am Beginn des Tales kamen auch hier die neuen Siedler »von oben«, und zwar aus dem Gebiet von Fiss und Serfaus über die hohen Scharten.

Eine bequeme Talstraße, gepflegte und schmucke Häuser, ein lebhafter Fremdenverkehr – der Unaufmerksame gewinnt vor allem bei einem Sommerbesuch des Paznauns nur allzu leicht einen falschen Eindruck. Das Wesen einer Region lernt man erst beim Bummeln durch jene Bereiche kennen, die noch nicht ganz vom Heute umgestaltet wurden. Nehmen Sie sich einmal Zeit, steigen Sie von See hinauf nach Schrofen (1502 m) und wandern Sie dann auf dem kleinen Teersträßchen wei-

Kleine Ausflüge

Fraunstobel
Bei Ried über den Inn, dann nach links von der Straße ab und nach Süden bis Frauns. Am Bach entlang in den Tobel und zum Wasserfall. 40 Min.

St. Georgen, 1104 m
In Tösens über den Inn. Kurz nach Norden, dann auf einem Steig durch steilen Wald hinauf zur Kapelle auf freier Fläche. 40 Min. Weiter- und Rückweg evtl. über Stadelwies und Tschupbach mit der Ausmündung der Lausbachschlucht.

Bergbauern-Landschaft

Gebiet Langesthei
Von See/Lahngang durch Wald nach Schrofen (1502 m) empor, dann auf dem Sträßchen über Langesthei nach Kappl. 3 Std.

Zum Schweißgut
Von See über Frödenegg zum Schweißgut, Straße und Fußweg, gut 1 Std. Oder große Rundtour: See – Medriglift-Bergstation – Ascherhütte (2256 m) – Giggleralm – Schweißgut – See, Bergwege, ca. 4 Std.

ter nach Kappl. Grandios ist der Blick hinab in das bis zu 500 m tiefer liegende Tal, auf die breiten Samnaungipfel vis-à-vis, auf die elegante Fatlarspitze im Verwall. An der Straße aufgereiht folgen rasch hintereinander kleine Dörfer, Weiler, einzelne Höfe, oft malerische Holzhäuser aus Balken, die das Alter fast schwarz gefärbt hat, und die an den jähen Grashängen kleben. Das Steile wird zum Bestimmenden. Man muß sich einmal zurückversetzen in die Anfangszeit, als Urwald und Wildnis die Hänge bedeckten, an die Möglichkeiten im Mittelalter denken, um hier Weideflächen, Mähwiesen, selbst Äcker zu schaffen. Manche landwirtschaftlich genutzte Fläche ist so steil, daß ein Bergwanderer von heute sie ohne Weg nicht begehen kann!

Die zahllosen Kapellen, Bildstöcke und Marterl blieben als Symbol erhalten. Nur in wenigen anderen Alpentälern ist die Lawinengefahr so allgegenwärtig wie im Paznaun mit seinen riesigen Steilhängen so unmittelbar über dem Talboden. Wegen des teilweise schiefrigen Gesteins und des vielen Hangschuttes kam es auch immer wieder zu Muren. Das Leben wurde hier einst vollständig von der Natur bestimmt. Sie ließ sich nie ausschließen, nicht bändigen, oft nicht einmal berechnen. Der Bergbauer konnte sich lediglich »hineinschmiegen«, sie studieren, sich den Gegebenheiten anzugleichen versuchen – und letztendlich blieb eben nur das Vertrauen auf Gott.

Jeder sollte einmal von Langesthei nach Kappl wandern, oder zur höchstgelegenen Fraktion der Gemeinde, nach Oberhaus (1510 m), hinaufsteigen und dabei sich ganz bewußt die landwirtschaftlichen Flächen, also die jähen Wiesen und die ebenfalls steilen Miniäcker, anschauen. Vielleicht wird ihm dann so manches bewußt. In unserer Zeit kann dieser Boden mit seinen wahrlich extremen Bedingungen, wenn überhaupt, nur noch wenige ernähren. Es wäre aber eine echte Verarmung, wenn die Weiler verschwinden und die freien Flächen mit Buschwerk und Wald überwuchert würden. Der wesentliche Reiz der Region um See und Kappl ginge damit verloren. Nur zweierlei kann eine allzu starke Abwanderung verhindern: zusätzliche Verdienstmöglichkeiten, und die bietet in erster Linie der Fremdenverkehr, und gute, vor allem wintersichere Straßen für die Berufspendler.

Wahrscheinlich hat sich so mancher, der sich für die »Rettung der Alpen« engagiert und mit Vehemenz alles Neue bekämpft, sich nie in die Lage der – noch – dort lebenden Bevölkerung versetzt. Alte Häuser schätzt der Gast als sehenswert, als malerisch, je urweltlicher, desto interessanter. Doch – wer möchte darin leben? Der Tiroler Oberländler hat den gleichen Wunsch und das gleiche Recht nach den Annehmlichkeiten unserer Zeit wie etwa ein Rheinländer oder ein Berliner! Wie unehrlich doch mancher ist, der das Alte erhalten möchte! Denn er selbst logiert sich nur in einem Komfortzimmer mit Dusche, WC und Telefon ein, und verlegt ihm die Lawinengefahr die Zufahrt zum nächsten Pistenrevier, dann kommt er garantiert nie wieder in diese unwirtliche Gegend. Es bleibt stets das Gleiche: Wer nicht selbst betroffen ist, kann am schwungvollsten argumentieren.

＊

Vier Gemeinden gibt es im Tal. Nach der Gfällschlucht kommt man als erstes nach *See* (1056 m). Hier füllte einst wirklich ein See den Talboden; der Schwemmkegel des Schallerbachs hatte ihn aufgestaut. Deshalb steht auch die Kirche ein Stückchen höher am schattseitigen Hang. Der Freund ruhiger Orte in abwechslungsreicher Landschaft wird gerne hierherkommen und in einem der vielen Weiler Quartier beziehen, die teilweise hoch oben an den Hängen verstreut liegen.

Noch ausgeprägter ist die Hanglage in *Kappl* (1256 m), der einwohnerreichsten Gemeinde des Tales. Ein Dutzend weit verstreuter Weiler gehören dazu. Trotz des hier besonders engen und scharf eingeschnittenen Tales ist die Landschaft nicht dunkel und bedrückend, da die meisten Häuser hoch oben am Sonnenhang liegen. Auf einer vorspringenden Nase gut 50 m über dem Tal thront die Pfarrkirche (von 1726), und ein Stückchen weiter talein trifft man in Ulmich auf die Martinskapelle mit schöner Ausstattung aus dem 18. Jahrhundert. Der Name des Ortes kommt von Chappla = Kapelle.

Eine auffallend reiche, prunkvolle Rokokoausstattung findet man in der Pfarrkirche von *Ischgl* (1376 m), der nächsten Gemeinde weiter oben im Tal. Das Gotteshaus wurde 1757 neu erbaut, ein erstaunlicher Aufwand für eine eher arme Berggemeinde. Der Ort drängt sich weitgehend auf einem kleinen Rücken unmittelbar über dem Tal zusammen, denn die Lawinengefahr erlaubt kaum eine Ausbreitung. Hotels und Pensionen prägen heute völlig das Bild, denn die weiten Flächen über der Idalpe haben Ischgl zu einem begehrten Wintersportplatz aufsteigen lassen. Etwas talein auf der anderen Seite der Trisanna versteckt sich der Weiler Paznaun, der dem Tal zu seinem Namen verhalf.

In der stattlichen Höhe von 1584 m und in einer ganz anders gearteten Landschaft liegt die letzte Gemeinde des Tales, der Bergsteigerort *Galtür*. Hier gibt es den einzigen weiten Talboden, der ganz von Wiesen überzogen ist. Der Fremde mag sich wundern, daß große Strecken ganz frei von Häusern sind. Die Lawinen schränken den Siedlungsraum so stark ein. Man braucht nur die über 1000 m hohen und 4 km breiten Steilhänge auf der Sonnenseite zu betrachten! Um neue Flächen für die steigende Bevölkerungszahl zu gewinnen, war man einst allzu großzügig im Abholzen der Wälder.

Hier gibt es eine Art Dreisprachigkeit. An die rätoromanische Urbevölkerung erinnern Namen wie Galtür, Tschafein oder Gaffelar. Im 16. Jahrhundert herrschte noch ihre Sprache vor. Um 1300 kamen aus dem Montafon über das Zeinisjoch die Walser als Neusiedler und brachten das Deutsch mit alemannischer Färbung. In mancher Bezeichnung ist zum Beispiel ihre typische Verkleinerungsform erhalten, in Alpele, Gampele, Brandle… Und schließlich breitete sich, vom Unterpaznaun ausgehend, der Tiroler Einfluß aus und setzte sich immer stärker durch.

See, 1056 m
Verkehrsverein, A-6553,
Tel. 05441/296,
1100 Einwohner,
1200 Gästebetten.

Kappl, 1256 m
Verkehrsverein, A-6555,
Tel. 05445/6243,
2400 Einwohner,
3500 Gästebetten.

Ischgl, 1376 m
Verkehrsverein, A-6561,
Tel. 05444/5266,
1250 Einwohner,
7500 Gästebetten.

Galtür, 1584 m
Verkehrsverein, A-6563,
Tel. 05443/521
700 Einwohner,
3300 Gästebetten.

Wasserfälle

Schallerbach
Von See an der Kirche
vorbei zum nahen
Bach und im Wald hinauf
zum Wasserfall,
30 Min.

Visnitzbach
In Kappl über die
Holzbrücke, Parkplatz.
Auf Forststraße und
Fußweg in 30 Min. zum
malerischen Wasserfall
des sehr wasserreichen
Visnitzbaches,
mächtige Felsblöcke,
Tiefblick ins Tal.

BERGBAUERN IM PAZNAUN

In den Talorten des Paznaun blieb nur ein Rest der historischen Bauernhäuser erhalten. Will man einen Eindruck des einstigen Lebens gewinnen, dann wird man die am Hang »klebenden« Dörfchen, Weiler und Einzelhöfe zwischen Kappl und Langesthei besuchen

oder die entsprechenden Ansiedlungen im Süden oberhalb von See. Der Interessierte kann dort noch manches malerische Blockhaus, manchen alten Schuppen entdecken, obwohl hier die Zahl der Vollerwerbsbetriebe natürlich immer kleiner wird.

Links:
Ein alter Hof in Stockach bei Langesthei.

In der Mitte:
Blick über das Paznauntal bei Holdernach.

Oben:
Mentaalm kurz oberhalb von Galtür im Jamtal.

Die alemannische Seite

Im gesamten deutschsprachigen Alpenraum gibt es nur zwei Volksgruppen, und die entsprechende Grenze verläuft mitten durch die Silvretta. Die Linie Dreiländerspitze - Arlberg trennt die Bajuwaren von den Alemannen. Die Vorarlberger sind zum Beispiel mit den Deutschschweizern wesentlich näher verwandt als etwa mit den Tirolern, das zeigt sich ja auch unverkennbar am Dialekt. Im Norden und Westen der Silvretta stößt man zudem auf ein ganz besonderes Kapitel der Erschließung – auf die »freyen Walser«. Dieser Name hängt, so ungewöhnlich das klingen mag, direkt mit dem Wallis in der Westschweiz zusammen.

St. Gallenkirch, 878 m
Verkehrsverein, A-6791,
Tel. 05557/6600,
2300 Einwohner,
3000 Gästebetten.

Gaschurn, 979 m
Verkehrsverein, A-6793,
Tel. 05558/8201,
1750 Einwohner,
3550 Gästebetten.

Maisäß-Ausflug

Tanafreida, 1350 m
Von der Ortsmitte
St. Gallenkirch auf dem
Zamangweg empor.
Dann links auf dem
Fußweg oder geradeaus
über den Fahrweg zum
Maisäß. Etwa 1 1/4 Std.

Schluchten, Wasserfälle

Balbier-Wasserfall
Von St. Gallenkirch bis
kurz vor Gortipohl,
dann links auf dem
Innergantweg zu den
oberen Häusern. In
wenigen Minuten zu Fuß
zum sichtbaren
Wasserfall.

Garneraschlucht
(Fenggatobel)
In Gaschurn bei der
Bergbahn-Talstation
rechts ab und längs des
Baches zu den letzten
Häusern. Kurz auf der
Straße, dann auf einem
Fußweg durch die lange
Schlucht. Rückweg über
das Garneu-Maisäß mit
schönem Talblick.
Gesamtgehzeit gut 2 Std.

Ronggtobel
In Gargellen vis-à-vis des
Hotels Silvretta auf einem
Weg am Ronggbach
entlang zur Schlucht mit
Wasserfall und Quelle,
15 Min.
Rückweg auf der anderen
Bachseite möglich.

Das Montafon in Vorarlberg und das Gebiet von Klosters und Davos haben ähnliche Ursprünge. An verschiedenen Bezeichnungen im Montafon läßt sich schon einiges ablesen. Dem Talfluß gaben nämlich bereits die Kelten den Namen; die Ill leitet sich von ilara = eilig her, sie ist also die Eilende. Der Talname Montafon hingegen kommt aus dem Rätoromanischen (siehe auch Seite120), setzt sich aus munt = Berg und tavon = Tobel zusammen. Ab dem fünften Jahrhundert drangen dann allmählich die Alemannen in das Gebiet ein, die für die heute überwiegend deutschen Namen wie Sankt Gallenkirch und Klosters sorgten.

Ab 1320 gab es für die Region noch eine weitere Besiedlungswelle. Fehlender Grund und Boden und eine schwierige politische Lage im fernen Wallis trieben dort viele aus der Heimat fort. Diese »freyen Walser«, ebenso stolze wie fleißige und geschickte Menschen, kamen auch nach Vorarlberg und in das Prättigau. Natürlich waren hier alle guten Plätze bereits genützt und besetzt. Doch die Walser, als echte Meister des Bergbauernlebens, siedelten sich in den abgelegenen Tälern und an so unzugänglichen Stellen an, daß sie mit den Einheimischen kaum in Konflikt gerieten. Aus manchem mit Urwald überzogenem Steilhang zauberten sie Weideflächen und Mähwiesen. Wo immer ein Hof in besonders exponierter und (in unseren heutigen Augen) schöner Lage thront, wo immer ein Hochtal mit sehr weit verstreuten Höfen überzogen ist, kann man auf Walsersiedlungen tippen. Sie schätzten stets das Gefühl, als Herr inmitten des eigenen Besitzes zu leben, und so waren sie uns mit der Idee des Aussiedlerhofes um Jahrhunderte voraus.

Das innere Montafon

Nur der obere Abschnitt der Region grenzt an die Silvretta. Er zeigt sich hier als relativ schmales, von hohen, steilen Waldhängen eingefaßtes Tal mit einem durchgehenden Wiesenboden. Von St. Gallenkirch über Gaschurn bis in den letzten Winkel bei Partenen reiht sich eine Siedlung fast ohne Unterbrechung an die nächste, und im Hintergrund steht als ganz markantes Felsdreieck die Valülla (2813 m). Von dort klettert dann die Silvretta-Hochalpenstraße mit 27 Serpentinen über knapp 1000 Höhenmeter zu den beiden Stauseen und der Bielerhöhe hinauf.

Der Fremdenverkehr prägt stark die Szene; dazu trägt natürlich das große Pistengebiet von Silvretta Nova einen guten Teil bei. Noch stärker trifft dies für das Seitental mit dem Ort Gargellen (1423 m) zu, der jedoch zur Skisaison die Menschen viel stärker anlockt als im Sommer. Dabei sorgen die drei Felsberge rundum mit der zum Rätikon zählenden Madrisa (2770 m) für einen besonders schönen Talschluß.

Zum Typischen des Montafon gehören die Maisäße, ein Mittelding zwischen Talhof und der eigentlichen Alm. Diese Hütten gleichen kleinen Höfen mit Stube, Küche und Kammer. Sie wurden einst von der ganzen Familie,

die dadurch eine Art Nomadenleben führte, aufgesucht. Etwa Mitte Mai trieb bzw. treibt man aus dem Tal zum Maisäß auf, bevor man etwa einen Monat später zur Alphütte weiterzieht. Dort oben übernehmen Sennen und Hirten die Arbeit, während die Bauernfamilie zu ihrem Talgut zurückkehrt. Im Sommer liefert jedoch das Gebiet des Maisäßes eine Mahd mit vorzüglichem, würzigem Heu. Ab Mitte September kommt dann das Vieh nochmals für etwa drei Wochen dorthin und kehrt anschließend ins Tal zurück. Früher war es dann üblich, vom Spätherbst bis vor Weihnachten wieder auf das Maisäß zu ziehen, um das Heu zu verfüttern.

Allein im Gemeindegebiet von St. Gallenkirch gibt es 28 Maisäße; das oberste – Netzamaisäß – liegt in immerhin 1634 m Höhe. Die große Zahl der oft recht malerischen Hütten hatte ihren besonderen Grund: Jede Familie besaß ihr eigenes Domizil. Heute schätzen die Urlaubsgäste in den Talorten diese freien Wiesenflächen mit den schönen Ausblicken als Wanderziele. So kann man von St. Gallenkirch in 1 1/4 Std. wahlweise auf einem Fuß- oder einem Fahrweg zum Maisäß Tanafreida (1350 m) hinaufsteigen. Wer Lust hat, wandert weiter zur Zamangalpe (1860 m) oder gar zur Zamangspitze (2386 m, 4 1/2 Std., Bergwege) mit ihrer herrlichen Aussicht in die Täler, auf die Silvrettaberge und in den Rätikon. Für den Genießer gibt es eine etwas gemütlichere, noch eindrucksvollere Variante: von Schruns Fahrt mit der

Hochjochbahn, auf und neben den Graten über das Kreuzjoch (2395 m) zur Zamangspitze und Abstieg über Tanafreida.

Wie so oft gehört auch im inneren Montafon das Wasser – die Wildbäche mit ihren Schluchten, Klammen und Wasserfällen – zu den reizvollen Ausflugszielen. Selten fallen diese Kleinode so ins Auge wie der Balbier-Wasserfall bei Innergant. Vor allem die Schluchten sind ja versteckt, und kein Mensch beachtet sie, so lange es keine gut beschilderten Wanderwege gibt. Zum Spannendsten gehört der 500 m lange Einschnitt des Garnerabaches mit Fenggatobel und Wasserfall im Süden von Gaschurn. Und zum reinsten Naturlehrpfad wird die kurze Schlucht des Ronggbaches unmittelbar über Gargellen. Innerhalb von wenigen Gehminuten kann man das Unterschiedlichste betrachten: Eine Betonsperre für Schlamm und Lawinen, eine schön ausgewaschene Schlucht mit Wasserfall, eine Felsquelle in diesem Tobel und das Phänomen, daß hier erdgeschichtlich jüngere Kalkschichten unter dem älteren kristallinen Gestein lagern. Das ist das »Gargellner Fenster«; hier erlaubt das so tief eingeschnittene Tal gleichsam einen Blick ins Innere der Erdgeschichte, in den Aufbau der Gesteinsformationen.

Apropos Gaschurn. Dieser Ort am Tor zur Silvretta zeigt mit einer Alpinschule und dem Klettergarten auf der anderen Illseite nicht nur seine Bedeutung für die Bergsteiger. Schon früh begann hier der Fremdenverkehr, wie meist in jener Zeit der Initiative eines einzelnen entspringend. In diesem Fall war dieser »er« eine Frau, die resolute Wirtin des Gasthauses Rössle, Viktoria Keßler. Sie beherbergte schon vor hundert Jahren Gäste aus England, Ungarn, Rußland, Ägypten… Noch etwas ganz anderes ist in Gaschurn erwähnenswert. Diese Gemeinde, die hinaufreicht bis zum Piz Buin, umfaßt eine Fläche von nicht weniger als 177 qkm und ist damit die größte in ganz Vorarlberg. Hier leben im Schnitt nicht einmal zehn Menschen auf dem Quadratkilometer! Aber es gehören ja 27% der Fläche zum Ödland, 62% sind Alpweiden.

Davos und Klosters

Davos (1560 m) und Klosters (1206 m) sind zwei der bekanntesten Fremdenmetropolen in den Alpen. Sie liegen außerdem nicht, wie die meisten annehmen, im gleichen Tal. Klosters gehört zum Prättigau, das bei Landquart ins Rheintal mündet, während der Fluß bei Davos, das Landwasser, nach Südwesten zur Albula und weiter zum Hinterrhein strömt. Zwischen beiden Orten liegt der etwas unauffällige Paß von St. Wolfgang (1631 m), der, wie so manche Talbarriere, erst durch einen vom Totalphorn kommenden Bergsturz entstanden war. Er schuf auch den immerhin 1,5 km langen Davosersee, der dadurch gewissermaßen zu einem natürlichen Stausee wurde.

Stöbert man ein wenig in der Geschichte, dann erhält man einen Anschauungsunterricht in menschlicher Nächstenliebe. Auch die kargen und sowieso schon eher armen Hochtäler wurden immer wieder mit Krieg überzogen, man eroberte, und die Helden zeichneten sich durch Zerstörung, Brandschatzung, Unterjochung, Vergewaltigungen usw. aus. Man eroberte wieder zurück… Dann zwischendurch ein Akt ganz anderer Art: Die Region kaufte sich 1649 selbst von der österreichischen Herrschaft frei, um dann jedoch während der nächsten 50 Jahre allein im Hochgericht Klosters jährlich wenigstens eine Hexe zu verbrennen.

Auch heute kommen noch Heerscharen nach Davos und Klosters, doch bei diesen Invasionen werden allenfalls die Gäste (finanziell) geschröpft. Viele lassen es sich einiges kosten, die gleiche Luft zu atmen wie mancher Große dieser Welt. Die Skigebiete mit Weißfluh und Parsenn als Aushängeschild gehören zum Mannigfaltigsten dieser Art; Davos alleine wartet mit 320 km Pisten auf! Außerdem schätzen Lungen-, Herz-, Kreislaufkranke, um nur einige zu nennen, das Höhenklima in dieser geschützten Lage.

Während das tiefer gelegene Klosters mehr als Ausgangspunkt für die Täler von Vereina, Silvretta und Schlappin dient (mit Busverkehr zum Vereinahaus und zur Alp Sardasca), findet man in Davos eine ungewöhnlich reiche Auswahl mittelgroßer Bergziele, die sich auf die drei Gebirge Silvretta, Albulagruppe und Plessurer Alpen verteilen. Es gibt nicht weniger als vier mit Straßen erschlossene, recht malerische Nebentäler mit kleinen Dörfern und schönen, teilweise jedoch recht zerborsten-brüchigen Bergen wie dem Ducanmassiv (3063 m) über Sertig. Auch der Skitourenfreund findet eine besondere Fülle schönster Skigipfel (keine Übertreibung!).

In der letzten Zeit verwenden die Schweizer auf ihrer – ausgezeichneten! – Landeskarte vermehrt eine Dialektschreibweise zum Beispiel bei Bergnamen. Sie kann hier nicht übernommen werden. In einem Buch unserer Art ist es wichtig, daß *alle* Leser die Begriffe verstehen. Natürlich weiß jeder Schweizer, was mit dem Wort »chli« gemeint ist; aber für die anderen Deutschsprachigen dürfte es kaum zu entziffern sein. Ganz anders verhält es sich bei der hochdeutschen Schreibweise »klein«; sie verstehen die Einheimischen *und* die Gäste. Die immer wieder abgeänderte Dialektschreibweise gehört vor allem bei Bergnamen sowieso zum höchst Zweifelhaften. Der Herr Aufbauer würde sich herzlich bedanken, stünde er plötzlich als »Ufbaura« im Telefonbuch.

Klosters, 1179 m
Kurverein, CH-7250,
Tel. 083/35135,
3500 Einwohner,
8800 Gästebetten.

Davos, 1558 m
Kurverein, CH-7270,
Tel. 083/41877,
10400 Einwohner,
23000 Gästebetten.

Die Tracht der Montafoner »Meiggana«, der Jungfrauen, um 1900. Dazu gehört der Schäppel, ein Krönchen aus Flittergold.

ERNST PLATZ

Unterengadin

Zum Unterengadin gehören drei Eigenschaftswörter: schön, freundlich, interessant. Nur langweilige Allgemeinbegriffe? Doch paßt für diese Bergwelt mit ihren Dörfern in völlig freier Sonnenlage und mit dem Blick auf die scharf gezackten Felsgipfel der Unterengadiner Dolomiten ein anderes Wort als schön? Wie soll man diese weiten Wiesenlandschaften, die relative Ruhe und Beschaulichkeit in vielen Regionen anders als mit freundlich beschreiben? Und wer je durch die alten Dörfer mit den Engadinerhäusern gebummelt ist, wird voller Interesse mehr über die rätoromanische Kultur wissen wollen. Mit den vielen Unterengadiner Themen könnte man spielend ein eigenes Buch füllen.

St. Moritz und ein weltweites Jet-set-Publikum, die tiefblauen Seen von Silvaplana und Sils, die bis zu 4000 m hohen Eisgipfel der Berninagruppe – diese Bilder drängen sich bei dem Wort Engadin auf. Doch das ist nur ein Bereich, das trifft nur für den südlichen Teil des Oberengadins zu. Das bei Zernez beginnende Unterengadin bietet eine völlig andere Landschaft, zudem herrscht dort statt Betriebsamkeit eher Ruhe. Nur an der einstigen Kultur, die vor allem in den historischen Ortskernen sichtbar wird, erkennt man die Zusammengehörigkeit.

Engiadina Bassa

Selten zeigt ein Alpental zwei so grundverschiedene Gesichter wie das Unterengadin. »En« lautet das regionale Wort für Inn, es steckt auch in der rätoromanischen Bezeichnung Engiadina Bassa für diese Landschaft. Südlich des Inns, der teilweise durch ein schluchtartiges Tal fließt, steigen die schattseitigen Berghänge steil und unvermittelt auf. Ein dichter Waldmantel überzieht sie fast lückenlos. Die Gipfel oberhalb bieten ein für die Zentralalpen recht fremdartiges Bild: Aus langen Schuttströmen streben wild zerklüftete, bizarre Kalkberge empor, unnahbare Gesellen, die auch wirklich kaum je bestiegen werden. Der Name Unterengadiner Dolomiten trifft den Charakter recht genau.
Die Sonnenseite des Tales hingegen überziehen weite Wiesenflächen. Auf den Terrassen 200 bis 400 m über dem Fluß liegen die stattlichen Dörfer Sent, Ftan, Ardez,

Der wohl schönste Teil des Unterengadins: Blick aus dem Gebiet von Ftan auf das Schloß Tarasp und auf das Dorf Fontana rechts unterhalb. Dahinter Piz Lischana (links) und Piz San Jon in den Unterengadiner Dolomiten südlich des Tales.

Guarda. Die Eiszeitgletscher sorgten für diese Abdachungen. So lag der Talboden zwischen Ardez und Sur En einst bei etwa 1450 m Höhe, und erst später grub sich hier der Inn um 150 m tiefer ein. Derartige Gletscherterrassen findet man in vielen großen Alpentälern. Bei Innsbruck etwa werden sie als Wohngebiet mit angenehmem Klima besonders geschätzt.

Oberhalb der Dörfer steigen die Weidebödem bis in die Hochregion empor, nehmen mehr Platz ein als der Wald, der vor allem an den Steilstufen und in den Bacheinschnitten »überlebte«. Es war schließlich der Mensch, der für die Viehzucht und den – einstigen – Ackerbau den Wald im großen Stil rodete. Diese Bilderbuchlandschaft geht jedoch ab Ramosch flußabwärts in ein immer schmäleres und strengeres Bergtal mit recht steilen Hängen über.

Die Region liegt in der inneralpinen Trockenzone, wie es im Fachchinesisch heißt. Der Besucher hört dies gerne, kann er doch auf besonders viele Sonnentage hoffen. Hier herrscht eine Art Kontinentalklima mit kalten Wintern, warmen Sommern und relativ geringem Niederschlag. Zwei Vergleiche zeigen die auffallenden Unterschiede:

	Niederschlag in cm	Sonnentage
Klosters	125	89
Scuol, 1243 m	65	109

So fällt die Vorherrschaft der Kiefern (Föhren) und der Lärchen im Wald und die Trockenflora bei den Blütenpflanzen im mittleren Abschnitt des Unterengadins auf.

Besonders schön läßt sie sich etwa bei der Ruine Tschanüff betrachten, die man von der Straße bei Ramosch in wenigen Minuten erreicht. Die Bauern zwingt das zur Bewässerung ihrer Wiesen. Diese werden oft von Steinwällen und -mäuerchen getrennt, auf denen üppig das Buschwerk mit Heckenrosen, Schlehen, Berberitzen, Traubenkirsche usw. wuchert, ein idealer Bereich für manches Kleingetier wie Mäuse, Vögel, Eidechsen, Schlangen. Das sind auch für den Menschen reizvolle Plätzchen, um in aller Muße vor sich hinzuträumen und auf das rundum allmählich wieder erwachende Leben zu warten.

Im Unterengadin muß der Bergfreund, der Gipfeltouren vom Tal aus unternehmen will, eine gute Kondition mitbringen. Die Höhenunterschiede zwischen den Ausgangspunkten und den Bergen sind groß und manche Täler reichlich lang. Zudem gibt es nur eine Bergbahn und keinerlei Höhenstraßen. Selbst der Fahrweg zum Berggasthaus Zuort ist gesperrt.

Rätoromanen und Engadinerhäuser

Über die alpine Urbevölkerung weiß man wenig Bescheid. Es waren Illyrer, Etrusker und Kelten. Räter nannten sie die Römer, die um 15 vor Christus mit den Feldherrn Drusus und Tiberius die Region eroberten und die Provinz Rätien gründeten. Das Spätlatein der Besetzer vermischte sich bald mit der Sprache der Einheimischen, und so entstand das Rätoromanische. Einst sprach man es in den Alpen von Friaul bis zum Wallis; an zahlreichen Ortsnamen etwa in Tirol (z.B. Igels, Lans,

Rätoromanische Begriffe
Die wichtigsten Bezeichnungen, die in der Natur und damit auch auf der Landkarte vorkommen.

aua - Bach
bescha - Schaf
bleis - steile Grashalde
chamanna - Hütte
chapütschin - Kapuziner
chaste - Burg, Felsklotz
cotschen, cotschna - rot
crap, crappa - Fels, Stein
cudera - Kessel
cuort, cuorta - kurz
dadaint - innerer, innerhalb
dadoura - äußerer, außerhalb
davo - hinter
fil - Grat, Schneide
fless - Biegung
fliana - Pflugschar
foppa - Grube, Mulde
funtana - Quelle
fuora - Loch
fuorcla - Scharte
glims - Schwelle
god - Wald
gonda - Blockfeld

grava - Geröllfeld
griosch - Geröll
grisch, grischa - grau
grond, gronda - groß
immez - in der Mitte
lad, lada - breit
lai - See
laret - Lärchenwald
laviner - Lawinenstrich
lung, lunga - lang
maisa - Tisch, flache Felsplatten
mal, mala - schlecht, schlimm
marangun - Hochalpe
marsch, marscha - faul, brüchig
mezdi - Mittag
mot, motta, muot - Kuppe
mulin - Mühle
munt - Berg, Almfläche
nair, naira - schwarz
ot, ota, auta - hoch
palü - Sumpf
paraid - Wand
pischa - Wasserfall

pitschen, pitschna - klein
piz - Spitze
plan - Boden, Ebene
pra - Wiese
raduond - rund
ruina - Rüfe, Erdrutsch
sagliains - Wasserfälle
sass -Fels
sella - Sattel
sinestra - links
sot - unten, untere
spadla - Schulter
spi - Grat
sul, sula - einsam, öd
sur - über
tanter - zwischen
tea - Alphütte
tiatscha - schlechte Alp
tort, torta - krumm, gebogen
trid, trida - häßlich
uors - Bär
vadret - Gletscher
val - Tal

Sistrans, Aldrans bei Innsbruck) läßt sich das noch heute ablesen.

Bis auf Graubünden und einige Inseln in den Südtiroler Bergen verschwand das Rätoromanische als Sprache. Ja, bei den so gründlichen und demokratischen Schweizern ist es seit dem Volksentscheid von 1938 sogar zur vierten Landessprache aufgerückt. Aus den verschiedenen Dialekten, die sich zwischen dem Münstertal und dem Oberalppaß entwickelt hatten, formte man eine offizielle Schriftsprache, das Rumantsch Grischun (=Graubündener Romanisch), das auch in der Schule als Hauptsprache unterrichtet wird. Doch nur etwa 50000 Schweizer zählen zu den Rätoromanen, also nicht einmal 1% der Einwohner.

In dieser strategisch wichtigen Region hatte die Bevölkerung immer wieder unter den internationalen Machtinteressen zu leiden. So trugen die Österreicher und die Franzosen im ausgehenden 18. Jahrhundert einen Teil ihrer Fehden in diesem Tal aus, und sie waren sich dabei nur in einem Punkt einig: beide zerstörten und brandschatzten abwechselnd die Dörfer. Edle Kriegskunst! Trotzdem blieb der Drang zur Unabhängigkeit, Selbständigkeit, Freiheit im Engadin in besonderem Maße bestehen. Das war wohl auch eine wesentliche Ursache, daß sich hier die rätoromanische Sprache halten konnte. Und dazu paßt auch ein ungewöhnliches Geschäft: 1652 kaufte sich das Unterengadin für 26600 Tirolergulden von der österreichischen Herrschaft frei. Stark wie der Freiheitsdrang des Volkes insgesamt war das Unabhängigkeitsstreben des einzelnen. Es gab keine Hörigen und Leibeigene, jeder Bauer regierte wie ein kleiner König in seinem Reich. Nur das Bewußtsein des Eigentums, der Stolz auf den Erbhof vermag eine so hohe bäuerliche Kultur zu schaffen, wie wir sie hier antreffen. Und jene Orte oder Ortsteile, die von den so zahlreichen großen Bränden verschont blieben, präsentieren sich heute wie die schönsten Freiluftmuseen. Das gilt für Guarda, Ardez, Scuol-Sot, Tschlin usw. Bummeln und auf Entdeckungstour gehen, heißt dort die Zauberformel für den Besucher.

Das ursprüngliche Dorfschema bot stets das gleiche Bild: Um den Brunnen auf dem zentralen Platz gruppierten sich die Häuser so, daß die Vorderfront immer zum Brunnen gerichtet war. So entstand das unregelmäßige, verwinkelte Ortsbild. Auch die einzelnen Höfe zeigten jeweils denselben Aufbau. Sie sind in der Regel von einer klaren kubischen Form, ein einfaches Rechteck, drei Stockwerk hoch aufgemauert und von einem flachen Satteldach gedeckt. Hier wird alles in einem Gebäude zusammengefaßt, Wohnung, Stall, Scheune und selbst eine Art Hof im Haus. Diesen Hof im Erdgeschoß bezeichnet man als Sulèr. Er dient(e) als Zugang zur Stube, zur Küche und in die Scheune im hinteren Teil des Gebäudes. In der Front ist ein gewölbtes Tor in so breiter und hoher Ausführung eingefügt, daß der beladene Heuwagen durch den Sulèr in die Scheune fahren kann. Rechts oder links, jedoch stets auf nur einer Seite, liegen die Stube (Stüva), die Küche (Chadafö) und

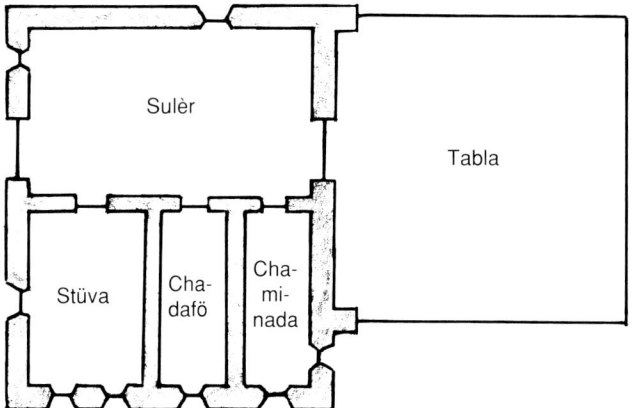

Das ist der übliche Grundriß eines Engadiner Bauernhauses. Um das Gebäude in den oft sehr begrenzten Raum einzufügen, war dieser Grundriß in manchen Fällen nicht rechteckig. Sulèr = Diele, Stüva = Stube, Chadafö = Küche, Chaminada = Speisekammer, Tabla = Scheune.

ein Vorratsraum. Diese Aufteilung wiederholt sich im Keller: Wieder finden wir eine Art Hof, die Court, unter Stube und Küche liegen die Kellerräume und unter der Scheune der Viehstall.

Die ungewöhnlich dicken Mauern und die schießschartenähnlichen Fenster des typischen Engadinerhauses lassen sich auf eine Bauvorschrift zurückführen. Nach den leidvollen Erfahrungen mit den oft verheerenden Dorfbränden wurden steinerne Wände verlangt. Aus Kostengründen mauerte man diese Wände einfach außen um den Holzbau und schrägt die Fensteröffnungen ab, damit es in den Räumen nicht dunkler würde. Diese einstigen Notlösungen entwickelten sich dann zu einem wesentlichen Stilelement.

Noch augenfälliger aber ist der Fassadenschmuck, der an keinem Haus fehlt. Das sind keine Malereien, sondern sogenannte Sgraffiti. Das italienische Wort »graffiare«, kratzen, hat den gleichen Ursprung. Es handelt sich hier also um eine Art Kratzmalerei, die auf die folgende Weise entsteht: Ein grober, grauer Vorputz

Nahaufnahme eines Sgraffito. Man erkennt deutlich, daß die Zwischenräume herausgekratzt wurden.

121

ENGADINERHÄUSER IN GUARDA

In der stolzen Höhe von 1653 m liegt das Unterengadiner Dorf Guarda auf einer Sonnenterrasse. Der Name kommt von Warda, einem altgermanischen Wort, das sich im Deutschen zu Warte entwickelt hat. Das paßt bestens zu diesem Ort in seiner freien Lage hoch über allem anderen.
Hier hat sich die Engadiner Bauernhaus-Kultur in besonders reiner Form erhalten, was eher eine Folge von Armut als von Kunstverständnis war. Das wurde erst in den Vierzigerjahren unseres Jahrhunderts lebendig. Damals begann man, die Häuser stilgerecht zu renovieren, und so stellt heute Guarda ein einzigartiges »Dorf-Museum« dar.
Unsere Aufnahmen zeigen den typischen Aufbau und Fassadenschmuck dieser Häuser, die stets dicht gedrängt wie in einem Städtchen südlicher Prägung stehen, wodurch der Charakter des Bauerndorfes verwischt wird. Sozusagen das Markenzeichen sind die Sgraffiti, eine Art Kratzmalerei, die nahezu jedes Haus – meist mit Ornamenten – schmücken. Wer es sich leisten konnte, demonstrierte seinen Status mit dem Bau eines Erkers, der im Unterengadin stets drei Flächen zeigt. Auch schmiedeeiserne Fenstergitter zeugten von einer gewissen Wohlhabenheit.
Der ungewöhnliche Aufbau der Haustore hingegen entsprang der Notwendigkeit: Man fuhr mit dem Heuwagen durch das Tor und den Sulér in die Scheune. Das führte zur Größe, zur abgerundeten Form und zu dem komplizierten Aufbau des Tores selbst, von dem sich jeder Teil einzeln öffnen läßt.

Susch, 1426 m
Verkehrsverein,
CH-7542,
Tel. 082/81146,
220 Einwohner,
500 Gästebetten.

Lavin, 1412 m
Verkehrsverein,
CH-7543,
Tel. 082/81482,
180 Einwohner,
450 Gästebetten.

Guarda, 1653 m
Verkehrsverein,
CH-7545,
Tel. 084/92342
150 Einwohner,
500 Gästebetten.

Ardez, 1464 m
Verkehrsverein,
CH-7549,
Tel. 084/92330,
400 Einwohner,
600 Gästebetten.

Ftan, 1633 m
Verkehrsverein,
CH-7551,
Tel. 084/90557,
400 Einwohner,
900 Gästebetten.

Bad Scuol, 1243 m
Kurverein,
CH-7550,
Tel. 084/99494,
1900 Einwohner,
3900 Gästebetten.

Sent, 1430 m
Verkehrsverein,
CH-7554,
Tel. 084/91544,
750 Einwohner,
1350 Gästebetten.

wird mit einem feinen, geglätteten Kalkputz überdeckt und dick mit Kalkmilch überstrichen. Solange der Putz noch weich ist, kratzt man die gewünschten Ornamente und Figuren heraus, so daß der dunklere Unterputz im hellen Kalk sichtbar wird. Es ergeben sich nur dezente Tonunterschiede, eine feine Ornamentik.

Waren die älteren Sgraffiti mehr in Streifen und Bändern angeordnet und in geometrische Figuren aufgeteilt, so folgten später auch Ranken, Blumen und Tiermotive. Und man zeigte stolz sein Wappen. Weiterer Schmuck wie Gitter, Erker, verzierte Tore, kunstvolle Beschläge sollte den Reichtum einer Familie zeigen.

Die Orte und der Panoramaweg

Von der Eigenart des Unterengadins und seiner rätoromanischen Kultur war schon ausreichend die Rede. Viele kommen zum Blitzbesuch nach dem so verbreiteten Abhake-System: Suche im Führer nach den Drei-Sterne-Zielen, möglichst nahe Anfahrt mit dem Auto, betrachten, schwärmen, fotografieren, Weiterfahrt zum nächsten Ziel… Schade um diese besondere Landschaft! Zu ihr gehört eigentlich eine ganz andere Einstellung, nämlich Bummeln, Schauen, Träumen, Faulenzen, Genießen.

Die Orte des Unterengadins vermitteln drei recht unterschiedliche Eindrücke. Scuol-Tarasp-Vulpera zeigt sich als echtes, internationales Kurzentrum, Guarda ist das Vorzeige-Bauerndorf, schon fast ein Freiluftmuseum, und schließlich gibt es noch die Orte mit einem wenig veränderten Aussehen. Von den letzteren schätze ich persönlich vor allem Tschlin und Vna, die nördlich des Inns hoch oben im Gelände liegen, so richtig angeklebt an die reichlich steilen Hänge.

Die holperigen, sehr kräftig steigenden Gassen erlauben nichts anderes als ein Bummeln zu Fuß. Das geschlossene, ja gedrängte Ortsbild, die so engstehenden Steinhäuser, das Fehlen von Grün – um so üppiger ist jedoch der Blumenschmuck – erinnern stark an die Bergnester

im südlichsten Teil der Alpen. Das Wort »malerisch« trifft den Charakter am besten. Man entdeckt manchen engen Durchschlupf zwischen den Häusern, versteckte Winkel, uralte Schuppen, aber auch immer wieder den schönsten Schmuck, Sgraffiti, vergitterte Erkerfenster, geschnitzte Tore, zahllose Katzen sorgen in den sonst eher stillen Orten für Leben, Geißen gehören zum Alltäglichen.

»Gemütliches Herumstehen« paßt hierher, nicht die auffallende, ja manchmal aufdringliche Neugierde des Fremden, nicht dessen Herablassung, wenn er mit Einheimischen spricht. Als Bergbewohner in einem seit langem freien Land ist jeder ein kleiner König in seinem – manchmal kargen – Reich, freundlich und aufge-

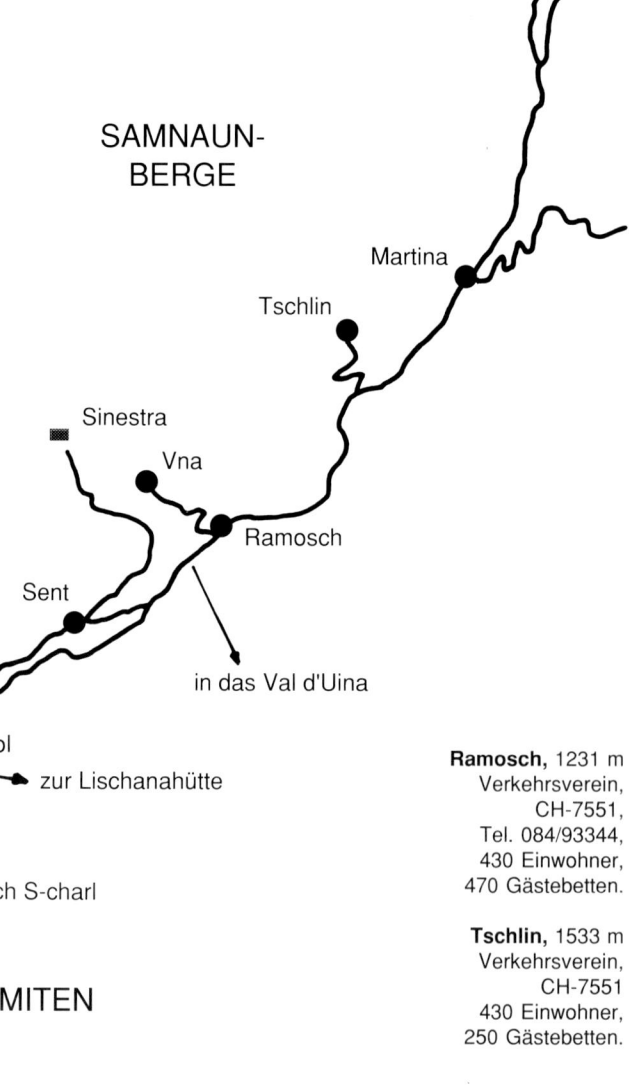

Ramosch, 1231 m
Verkehrsverein,
CH-7551,
Tel. 084/93344,
430 Einwohner,
470 Gästebetten.

Tschlin, 1533 m
Verkehrsverein,
CH-7551
430 Einwohner,
250 Gästebetten.

schlossen, wenn der andere bescheiden und ruhig auftritt, mürrisch und unnahbar, wenn er sich als etwas Besseres gebärdet.

In ähnlicher Weise sollte man auch die Landschaft in sich aufnehmen. Und nachdem hier schon etwas so Interessantes wie die »Spassegiada da panorama Engiadina bassa« geschaffen wurde, könnte man durchaus einmal auf dieser Route zum Wandern gehen. Man muß ja nicht die gesamten 60 km des Panorama-Höhenwegs ablaufen; schließlich suchen wir keine strenge Aufgabe, wollen keine Hochleistung vollbringen. Sucht man sich nur einen Abschnitt aus, dann liegt es natürlich nahe, die beiden oben erwähnten Orte zu verbinden, also von Tschlin nach Vna zu spazieren (die bessere Richtung!, 2 1/2 Std.).

Hier noch ein paar Daten für jene, die den gesamten Höhenweg begehen wollen. Er beginnt in Lavin und bleibt dann meist im Almbereich hoch über dem Engadin, führt zum Teil auch ziemlich tief in die großen Täler, vor allem in das Val Tasna. In Sent erreicht er erstmals wieder einen Talort. Dann geht es weiter über Sinestra, Vna und Tschlin und schließlich durch immer einsameres Gelände nach Vinadi (an der Abzweigung der Samnaunstraße). Der Steig erfordert auch manchmal ein wenig Geschicklichkeit und Schwindelfreiheit. Auf die anspruchsvollsten Abschnitte trifft man gleich am ersten Tag in der beängstigend steilen Südflanke des Piz Chapisun. Vier Tage ist man auf jeden Fall unterwegs. Im Frühsommer zur Hauptblütezeit oder im Herbst mit seinen bunten Farben zeigt sich das Unterengadin im schönsten Gewand.

Man kann die Sache jedoch noch gemütlicher anpacken und nur zu einem der Aussichtspunkte im Almbereich nördlich des Tales hinaufsteigen. Es gibt ein Dutzend fast gleichwertiger Möglichkeiten. Der Tiefblick auf die Dörfer ist dabei ebenso faszinierend wie die Silhouette gegenüber, geformt aus diesen ungewöhnlich bizarren Fels-Dreitausendern der Unterengadiner Dolomiten. Einzig die Alp Sura oberhalb von Guarda nimmt eine Sonderstellung ein, zu der ihr die Sicht auf die fast schwarzen Felsgestalten der Silvretta wie Piz Buin und Piz Fliana verhilft.

Bad Scuol (sprich:Schkuol), zu deutsch Schuls, das Zentrum des Tales, verdient hier einen eigenen Abschnitt. 25 Mineralquellen, von denen nur ein Teil gefaßt sind, sorgen für einen regen Kurbetrieb, zumal das Quellwasser recht unterschiedlich zusammengesetzt ist. Es gibt Schwefel, Bittersalz, Eisensäuerlinge, Glaubersalz, und drüben im Val Sinestra auch Arsen. Seinen eigenen Zauber erhält Scuol durch die Kontraste, das Nebeneinander von modernstem Ferien- und Badezentrum und einem schönen historischen Ortsteil mit Dorfcharakter. Jenseits des Inns zieht sich der Zwillingsort *Bad Tarasp* hoch über die welligen Wiesenböden hinauf bis zum Schloß Tarasp (1499 m), dem Wahrzeichen der ganzen Region.

Unser letzter Tip wird vor allem die Kinder begeistern. Die *Foura Baldirun*, diese kleine Felsschlucht mit ihrem dunklen Gestein, den gewaltigen Blöcken, den geheimnisvollen Winkeln diente den Bewohnern von Susch in Kriegszeiten als Versteck. Sie liegt perfekt in den damals noch recht urwüchsigen Wäldern verborgen. Doch für den besonderen Schmuck der bachlosen Schlucht sorgt die Vegetation. Vor allem das saftig grüne Moos schafft die schönsten Polster und Vorhänge.

Das Samnaun

Das Samnaun ist sozusagen als letztes Eckchen der Schweiz im Osten angeklebt. Die einfachere und kürzere Zufahrt erfolgt aus Österreich, aufregender allerdings ist die Strecke von Martina im Unterengadin über Vinadi. Es war 1913 eine Meisterleistung im Straßenbau, in diesem felsdurchsetzten und von wilden Tobeln zerfurchten Steilgelände der grandiosen Schergenbachschlucht eine Zufahrt zu schaffen. Mit Hilfe der Tunnel, Galerien und Brücken läßt sich die Straße auch im Winter benützen. Fünf Dörfer liegen in dem Hochtal in der wahrlich ungewöhnlichen Durchschnittshöhe von 1768 m!

Sonnseitig überziehen die Weideflächen, auf denen es im Frühsommer herrlich blüht, die Hänge, während die südliche Talflanke dicht bewaldet ist. Wenig Platz bleibt den Bauern in diesem schmalen Tal, über dem nur allzu rasch die Steilhänge beginnen, ein wild zerfurchtes Gelände dank der stark verwitternden Schiefer. An schwindelerregenden Stellen wurde noch gemäht, während es rund um die Alp Trida wenigstens gute und weite Alpweiden gibt. Um die Jahrhundertwende bestand deshalb der Weiler Samnaun lediglich aus sieben ärmlichen Höfen. Die ersten, rätoromanischen Siedler waren von Ramosch durch das Val Sinestra und über die Fuorcla Maisas (2848 m) gekommen. Später gab es auch Verbindungen ins Paznauntal, während der direkte Zugang aus dem Inntal als letzter erschlossen wurde.

Um die Not im Tal zu lindern, erklärte der Schweizer Bundesrat 1892 das Samnauntal als zollfrei. Damals ahnte wohl niemand, daß damit der »Aufstieg« von weltabgeschiedener Einsamkeit zum Jahrmarkt begann. Anders kann man die heutigen Einkaufs-400-Meter des Hotel- und Geschäfteortes Samnaun nicht bezeichnen. Als neutraler Beobachter staunt man schon ein wenig über diese Ausflugs-Hysterie, die der Billigeinkauf auslöst. Zudem paßt es schlecht zu den Umweltgedanken, zum Beispiel Benzin erst per Tanklaster ins Hochtal zu karren, damit es dann die Auto- und Motorradfahrer kleinweis wieder herunterholen.

Es gibt noch ein zweites wirtschaftliches Standbein, den Fremdenverkehr. Vor allem die Skifahrer lieben das weite Pistengebiet der Alp Trida, das mit der Idalpe und Ischgl zusammenhängt. Auch die Tiefschneefreunde finden hier eine Reihe schöner, allerdings recht anspruchsvoller Ziele. Der Sommergast, der die Ruhe schätzt, kann bei seinen Wanderungen und Touren rasch dem ganzen Rummel entfliehen.

Aussichtspunkte

Alp Sura, 2119 m
Von Guarda Richtung Val Tuoi bis Clüs, dann nach oben durch den Lärchenwald zu den Alphütten; 1 1/4 Std.

Alp Laret, 2206 m
Von Ftan Grond auf dem Alpsträßchen durch Wald zum Sass Major, dann im Bereich des Rückens hinauf zu den Alphütten. Alternative auf einem Fußweg. 1 1/2 Std.

Besonderer Ausflug

Foura Baldirun
Ungewöhnliche, wasserlose Felsschlucht. In Susch über den Inn und knapp 30 Minuten Richtung Plans/Lavin, dann nach rechts in die nahe Foura. Auch rundum interessante Block- und Waldlandschaft.

Samnaun, 1840 m
Verkehrsbüro,
CH-7563,
Tel. 084/95154,
650 Einwohner,
1900 Gästebetten.

MAKELLOSER OKTOBER

Das Schlußbild in unserem Buch soll noch ein kleiner Anstoß sein. Es entstand an einem 25. Oktober. Bei der Tour von der Bielerhöhe durchs Ochsental, vorbei an der geschlossenen Wiesbadener Hütte zum Tirolerkopf (3103 m) und einem Rückweg durchs Bieltal gab es keine einzige Begegnung mit einem Menschen; nur einige Steinböcke standen recht faul im Blockwerk. Offensichtlich haben die wenigsten Bergfreunde den Mut, im späteren Herbst noch die großen Berge aufzusuchen. Man muß vielleicht mit mehr Sorgfalt seine Tour auswählen, vor allem auf die Himmelsrichtung der Aufstiegsseite achten. Ist man sich über die herrschende Schneelage unsicher, gibt ein Anruf beim Verkehrsverein, bei einem Bergführer etc. vielleicht die notwendige Entscheidungshilfe. Die Ruhe bei der Tour wird viel Freude bereiten.

Blick vom Tirolerkopf nach Nordwesten. Auf der linken Seite Schattenspitze und Klostertaler Egghorn, in der Mitte Litzner und Seehorn und ganz rechts das Zackenmeer im Garneragebiet.

Stichwortverzeichnis

kursive Ziffer = Abbildung